孔子真相

破一百多年来难解之谜

赵士孝　著

郑州大学出版社
郑州

图书在版编目(CIP)数据

孔子真相:破一百多年来难解之谜/赵士孝著. —郑州:
郑州大学出版社,2013.10(2014.11 重印)
ISBN 978-7-5645-1519-5

Ⅰ.①孔… Ⅱ.①赵… Ⅲ.①孔丘(前551~前479)-
人物研究 Ⅳ.①B222.25

中国版本图书馆 CIP 数据核字 (2013)第 163431 号

郑州大学出版社出版发行
郑州市大学路40 号　　　　　　邮政编码:450052
出版人:王　锋　　　　　　　　发行部电话:0371-66966070
全国新华书店经销
郑州中方印刷有限公司印制
开本:710 mm×1 010 mm　　　 1/16
印张:14
字数:242 千字
版次:2013 年 10 月第 1 版　　　 印次:2014 年 11 月第 2 次印刷

书号:ISBN 978-7-5645-1519-5　　 定价:33.00 元
本书如有印装质量问题,由本社负责调换

作者简介

　　赵士孝,1931 年生,浙江余姚人,郑州大学教授。1954 年毕业于北京大学哲学系,曾工作于中央党校哲学教研室、化工部干校理论教学组和郑州大学哲学系。长期从事于哲学基础理论和中国哲学史的教学和科研工作,业余爱好诗词。在教学工作中五次被评为先进工作者。个人专著有《周易拾珠》。和他人合作著书数十部,如:《劳动创造了人》(人民出版社)、《戴震学术思想论稿》(安徽人民出版社)、《中国古代治国思想百家》(中州古籍出版社)、《中国人知识库》(吉林人民出版社)、《五经宝典》(北京燕山出版社)、《古今绝唱》(作家出版社)、《世界杰出华人百家诗词精选》(作家出版社)、《中华名诗汇编》(中国文联出版社)、《中外哲理名言》(中国文史出版社)、《新时期中国共产党人优秀格言选集》(红旗出版社)等。其诗歌多次获特等奖,被中华诗词创作协会授予"金牌诗人"称号,被中国当代文学研究会授予"当代文学之星"称号。其哲学论文被世界学术成果研究院、中国新闻文化促进会、前沿创新理论部等单位多次评为特等奖,被世界优秀华人成就交流协会称为"中国当代重大理论成果创新人物",还被世界管理科学研究院授予"最具权威的世界学术华人"称号。

自序

在这里,我奉献给读者的是一本有关孔子真相的书。研究孔子,这个题目既古老,也新鲜。说古老,因为几千年来,孔子一直为人们所熟悉,也一直为人们所研究;说新鲜,是因为我这里所提出来的研究结论,和过去的一些观点,有很大不同,可能在一些人看来,感到离奇,不合规矩。但是,不管别人怎么看,我说的这些都是我真实的想法,也许不对。我欢迎各方面的批评,坚持真理,修正错误。

近一百多年来,人们在研究孔子思想时,首先碰到的一个问题,是他的时代背景和阶级性问题。一种看法认为他代表奴隶主复辟派的利益,另一种看法又认为他代表封建保守派利益,维护封建劳役制,这两种观点是主流。除此以外,也有少数人认为孔子的思想代表新兴地主阶级中革新派和开明派的利益。在这三派思想中,我赞成第三派观点。这种观点,可说离开了主流。但我认为,少数人的观点,有时可能是正确的。

在涉及每个章节时,我的观点也有不少和传统观点不同之处。

第一,过去有些人认为,孔子不是严格意义的哲学家,他只是一个政治家。我则认为,孔子有一个以"道"为核心的哲学体系。孔子说的"道",既指自然界和人类社会的客观规律,也指正确的思想理论,他以认识这些客观规律,获取真理作为终身追求的目标,完全说明他是一个哲学家。什么是哲学?哲学是研究世界万物的普遍规律的,孔子求道,正是为了弄清这些规律。

第二,过去和现在一些人都认为孔子是唯心主义哲学家,他们以天命鬼神思想和正名思想作为孔子唯心主义世界观的根据。但我在研究中发现,孔子是精气起源论的最早提出者,在万物起源问题上,孔子是气本论者,在他看来,天帝鬼神都是气的各种状态。他强调名对实的能动反作用,这是正确的。

第三,孔子对天帝鬼神实际上是否定的,但他支持神道设教,他肯定宗教神学对暴君污吏有警戒作用,对人民群众惩恶扬善也有积极意义,应当说,孔子这种对待宗教神学的态度,对目前制定宗教政策是很有借鉴意义的。

第四,过去人们在评论孔子认识论时,认为他的认识论是唯心主义的。但我在研究中发现孔子的认识论基本倾向是唯物主义的,他虽有生而知之的说法,实际上是虚设。他的认识论内容很丰富,很有现实意义。

第五,在《易经》中,"—"、"∧"这种两符号到底是什么意思,在孔子以前的古书中,没有任何解释,也没有和"阳""阴"联系起来。只有在孔子的言论中,我们才知道"—"的意思解释为"阳";"∧"解释为"阴"。这个情况使我被迫作出这样一个结论:孔子是最早把《易经》的符号哲学翻译成义理哲学的人。当然,很可能在孔子以前,有人已这样做了,但到目前为止,我们还没有发现这方面的资料。孔子的易学思想,把阴阳矛盾看成天地人领域普遍存在规律,这在古代中国学术思想的大发展中,揭开了一个新篇章。这是具有中国特色的哲学思想。

第六,孔子谈阴阳矛盾,同时还大谈运动变化之道。孔子不信神,但他说,谁精通变化之道,谁就是神,说明他对运动变化这一辩证法的重视。由此出发,他谈了许多具体的应变方法,这都是一些重要创造。如因事之变、小大之变、一多之变、因时之变、安危之变、存亡之变、治乱之变等。这些应变之道,都是很有实践意义的。

第七,恩格斯曾有这样的名言:"物质相对静止的可能性,暂时平衡状态的可能性,是物质分化的主要条件,因而也是生命的主要条件"①。这意思是说,世界上千千万万事物之所以能产生,各种动植物、包括人所以能产生,是由于物质在运动过程中还有相对静止,还有暂时平衡。要是物质只有运动,而没有相对静和暂时平衡,那么,各种具体事物、动植物、人也就不可能产生了。无疑,恩格斯这一精湛观点,在孔子谈中庸之道的过程中也可见到影踪。在孔子看来,运动和静止是不能偏废的,只有运动无静止或只有静止而无运动,只能是"亡"和"沉"。孔子的中庸之道,实质上就是保持对立面的平衡和暂时静止状态,使对立方面恰如其分地结合在一起,使之处于最佳状态。他认为这一中庸之道,既是天地万物的规律,也是社会领域的规律。孔子中庸之道是他的重要理论创造,也是他治国平天下、待人接物的重要手段。

第八,损益之道也是孔子在辩证法领域的重大发现,他发现损和益之间,常常是互相渗透、互相联系、互相转化的。他告诉人们损失可以带来收益,收益又可变为损失,益中有损、损中有益。为此,人们必须正确地对待损

---

① 恩格斯:《自然辩证法》,北京:人民出版社,1957年,第206页。

益变化:砍伐山林树木,要注意保护自然资源,捕鱼要注意季节,注意生态平衡;对礼节要不断调整,反对奢侈、傲慢;学习知识越多越好,态度要谦虚,要自损;健康是益,但吃得太多太少都可能造成损失;执政者地位上升是益,但越来越脱离人民,这是损;人生受难是损,但由此受到锻炼,这又是益等。孔子有关损益之道的思想无论在理论上,还是从实践上来说,都是有着非常重要的意义。

第九,在生死富贵问题上,人们都说孔子的观点是"生死有命,富贵在天"。从孔子的早期思想看,人们这个结论是有道理的。但我认为孔子在这一问题上,晚年是有变化的。在晚年,孔子的观点,虽仍保留"命"这个词,但指的是自然界阴阳变化过程中产生的事物的命运,他认为事物的生死命运决定于自然界本身,而不决定于天帝的安排。人的富贵、事业穷通也不决定于天帝安排。所以,他晚年的观点可说是"死生无命,富贵不在天"。

在事业穷通上,也应当说,孔子早年和晚年的观点是有很大区别的。在早年,孔子认为好人的事业会受到天帝保佑、坏人会受到天帝处罚。在晚年,孔子认为事业穷通决定于时机、遭遇和主观努力,天帝是不存在的。

第十,过去人们常说,在孔子思想中,先富后教、足食足兵的思想,是唯物史观的萌芽、点滴和个别论断。但据我的考查,孔子历史观中的唯物主义思想,还有更多的内容,比如,他还有"民之所以生者,衣食也。……饥寒切于身而不为非者,寡矣"(《孔丛子·刑论第四》)。这思想,明确认为衣食先于礼义,这也是唯物主义思想。更重要的是他多处强调君民关系、官民关系是船水关系,认为水能载舟,也能覆舟,认为人民群众决定着执政者和国家存亡的命运。他还从这一观点出发,提出了一条上下相亲的治国路线和一整套治国措施。这说明,孔子历史观上的这些唯物主义思想,绝非萌芽、点滴,也非个别论断,它是其整个政治历史观的核心和基础,可以这样说,唯物史观是孔子全部政治学说、政治实践的理论基础。

第十一,孔子尊君,维护王权,这有时代的局限性,在他那个时代,要他提出一个民主政权的主张,确实是很困难的。另外,也应看到他处在一个政权分散,诸侯争权夺利,割据称雄的时期,提出大一统的主张,这又是一种进步。孔子尊君,但不是支持个人专制独裁,他强调臣民谏诤之权,实际上是支持民主的。

第十二,孔子虽然支持君主制度,但他认为,治理国家不能只靠君主一个人,他认为各级政府都应有圣贤,认为治理国家必须是包括君主在内的圣贤集体。可见,他的治国观不是英雄史观或圣人史观,他不是一个只强调个人作用的历史唯心主义者。

第十三,在过去,人们常常把孔子说成是愚孝思想的创始人,其实,"天下无不是的父母"，"父叫子死,不得不死",这都是后人提出来的。孔子是讲究家庭民主的。他提倡孝道,但反对愚孝。

第十四,过去,人们常说,孔子的赋税徭役思想是为复辟奴隶制辩护的。但我认为孔子出生在公元前551年,那时齐国比孔子出生早一百多年,就宣布实行实物地租,进入实行实物地租的封建社会;鲁国在公元前594年,即孔子出生前43年,也宣布进入封建实物地租的社会。奇怪的是,到了公元前484年(鲁哀公十一年),在进入封建实物地租制社会111年以后,孔子竟然还要反对现政府的政策,去复辟奴隶制,这根本不可想象。事实是,当时的鲁国在实行实物地租制过程中,有的地主发展快,有的发展慢,擅权夺国,为了积累财富,不断掠夺劳动人民,在这种情况下,孔子从地主阶级长远利益考虑,要求轻徭薄税,他这思想是进步的,是符合时代潮流的。

第十五,在过去,有人认为大同思想是墨子的思想,不是孔子的思想。我不同意这种观点。我在这里举出一些事实,说明大同社会理想是孔子首先提出来的。

总之,我写这本书的目的,就是想把孔子的真相弄清楚,还他一个本来面目。有人说,孔子是一个"丧家狗"。不错,"丧家狗",这个称呼孔子本人都很赞赏,因为它确实反映了孔子周游列国,到处碰壁的实际。但是,我们不能因为他到处碰壁,就把他看成可笑的不识时务的小丑,一笑了之。实际上,通过我的研究,我认为在孔子思想中有很多精华,需要我们认真对待。

第一,孔子把宇宙间一切规律和真理看成为道,并作为终身追求目标,这在今天科学分类越来越细的状况来看,似乎难以实现。但孔子"朝闻道,夕死可矣",这种孜孜以求的精神,是应该肯定的。即使在今天,也是应该大力弘扬的。

第二,孔子的精气起源论和气一元论,虽在今天看来,有些过于朴素简单,过于直观,但在当时是个贡献,是否定天命论的重要武器。

第三,他朴实而内容丰富的唯物主义认识论,即使在今天也仍然有着重要的现实意义。

第四,他谈的阴阳之道、变化之道、中庸之道、损益之道,是他发现的具有中国特色的辩证法四大规律,即使在今天,也仍然有重大的理论价值和实践意义。

第五,他在社会历史领域提出来的一系列思想,如民本主义历史观、仁爱思想、上下相亲的政治路线、民主思想、圣贤人才治国思想、孝道思想、轻徭薄税思想、神道设教思想、死生富贵事业穷通方面寻找时机的思想等,都是在理论上、实践上有着非常重大意义的。

所以,对待孔子,把他说成奴隶制度的复辟狂是错误的。当然,孔子思想也有缺点,最大的缺点是对自然科学不够重视。但我们不能否认,他在哲学理论方面、政治理论方面、教学理论方面都做出了非常重要的贡献。说孔子是中国历史上的圣人、伟大思想家,并非吹捧之辞。衷心祝愿我们国家能多出一点这样的人物!

作 者

2012 年 8 月 16 日

目录

第一讲　孔子的道及其终身追求……………………… 1

一、客观规律及其各种正反意识形态 ……………… 1

二、道(规律)的七大特征 …………………………… 4

三、视死如归的求道精神 …………………………… 8

四、无可无不可的行道态度 ………………………… 11

第二讲　万物起源和孔子的唯物主义世界观 ……… 16

一、精气说、神灵起源说和气本论 ………………… 16

二、太一起源论 ……………………………………… 20

三、有关万物起源的其他一些说法 ………………… 23

第三讲　孔子神道设教的真和假 …………………… 25

一、神道设教的无神论实质 ………………………… 25

二、神道设教的政教功能 …………………………… 28

三、神道设教的局限性及其理性依旧 ……………… 31

第四讲　孔子的唯物主义认识论 …………………… 38

一、以道和万物情性为认识对象 …………………… 38

二、获取知识途径和方法的多样性 ………………… 43

三、知行关系 ………………………………………… 46

四、结束语 …………………………………………… 48

第五讲　孔子论阴阳之道 …………………………… 49

一、阴阳之道不仅是天道而且也是人道 …………… 49

　　二、阴阳关系的四个含义 …………………………………… 53

　　三、义理派易学的奠基人 …………………………………… 57

第六讲　孔子论变化之道和应变之道 …………………………… 58

　　一、没有运动变化，就没有世界万物 ……………………… 58

　　二、谁精通万物运动变化的奥妙，谁就是圣人 ………… 59

　　三、变化形式的多样性和应变之道 ……………………… 61

第七讲　孔子的中庸之道 ……………………………………… 69

　　一、中庸之道是辩证法的一条客观规律，也是普遍规律 … 69

　　二、读书学习方面的中庸之道 …………………………… 74

　　三、道德范畴的阐述及日常为人做事方面的中庸之道 …… 76

　　四、政治生活中的中庸之道 ……………………………… 80

第八讲　孔子论损益之道 ……………………………………… 85

　　一、自然界的损和益 ……………………………………… 85

　　二、礼的损益 ……………………………………………… 87

　　三、学习中的损益 ………………………………………… 88

　　四、身心健康态度上的损和益 …………………………… 90

　　五、君权和民众安危祸福上的损益 ……………………… 91

第九讲　孔子论死生富贵和事业穷通之道 …………………… 96

　　一、早年的天帝主宰论 …………………………………… 96

　　二、埋怨、失望与探索 …………………………………… 99

　　三、晚年的理性 ………………………………………… 102

第十讲　孔子的唯物史观和"上下相亲"之道 ……………… 108

　　一、王朝存亡决定于民心好恶 ………………………… 108

　　二、"上下相亲"治国路线的提出 …………………… 112

　　三、先富后教 …………………………………………… 119

　　四、足食足兵和去食存信 ……………………………… 122

　　五、天帝是气，天帝鬼神观念是神道设教的工具 …… 124

第十一讲　孔子的尊君思想和他的逆向思维 ……………… 129

　　一、尊君，宣扬君权神授 ……………………………… 129

二、尊君思想在当时有进步意义 ················ 132

三、君权神授思想的两面性及虚假性 ················ 134

四、维护君权,但不是愚忠 ················ 136

五、向往禅让制和选举制 ················ 145

第十二讲　孔子圣贤群体治国的思想 ················ 147

一、圣人有国受人民拥护则治,暴君有国被人民反对则亡 ········· 147

二、各级政府都应有圣贤辅佐 ················ 153

三、最大的知者是知贤 ················ 156

四、举贤必须出于公心 ················ 160

五、要尊贤,还要给贤者以相应的禄位 ················ 162

第十三讲　孔子孝道思想再认识 ················ 166

一、推行孝道,可以使天下大治 ················ 166

二、要养亲,更要敬亲、爱亲、顺亲 ················ 172

三、推行孝道,并不等于无原则地盲从 ················ 178

四、推行孝道中的糟粕 ················ 180

第十四讲　孔子的赋税徭役思想 ················ 183

一、他的观点切中鲁国时弊 ················ 183

二、符合春秋时期历史潮流 ················ 185

三、反"田赋"也是反暴敛 ················ 189

第十五讲　孔子的大同社会理想 ················ 192

一、大同思想为人类提供了一座社会理想的灯塔 ············ 192

二、大同思想确为孔子的思想理论 ················ 195

三、孔子大同思想是历史上优秀思想的继承和发展 ············ 201

四、大同思想和小康思想不可分割 ················ 204

五、《礼运》篇的大同思想不属于墨子 ················ 205

后记 ················ 208

孔子的道及其终身追求

道,在孔子思想中处于核心位置,他一生以道作为追求目标。我们研究孔子思想,有必要对他的道做一个探讨。同时也应了解一下他在求道、行道过程中,碰到了一些什么问题,他又是如何对待的。

一、客观规律及其各种正反意识形态

在孔子言论中,我们可以看到他所说的道有种种称号,如天道、地道、人道、阴阳之道、变化之道、损益之道、中庸之道、君道、臣道、夫妇之道、大道、小道、善道、有道、通道、明王之道、丘之道、予道、周道、夏后氏之道、夏道、古之道、相吊之道、馈养之道、文武之道、君子之道、恶道、小人之道、无道、文王之道、唐虞之道等。那么,孔子所说的道究竟是个什么东西呢?

第一,它指的是各种大大小小的客观规律。在马王堆帛书《要》篇中,孔子有这样一段话:

> 故《易》又天道焉,而不可以日月生辰尽称也,故为之以阴阳。又地道焉,不可以水、火、金、土、木尽称也,故律之以柔刚。又人道焉,不可以父子、君臣、夫妇、先后尽称也,故要之以上下。①

"日月生辰"应为"日月星辰"。孔子明确认为阴阳律就是天道的概括,地道可概括为刚柔,人道可以概括上下律。在谈到地道时,他认为可"律之以柔刚",这个"律"就是"规律"之意。说人道时,他说"要"之以上下,什么叫"要"呢?我们平常谈到"概要""摘要""简要",在这里也是规律之意。在

---

① 邓球柏:《白话帛书周易》,长沙:岳麓书社,1995 年。

孔子思想中,阴阳之道、刚柔之道、人道、天道、地道、运动变化之道、中庸之道、损益之道、君道、臣道、孝道、大同社会之道都是属于大道、通道,谈的都是一些大的规律。这些规律都是客观的,是不以人的意志为转移的,是在人的主观意志之外存在的。它们是人们必须遵循而不能背离的法则。

第二,孔子所说的道,还指正确的思想理论和正确的政策制度。据《孔子家语》记载,有一次,孔子和弟子子贡参加蜡祭。按照春秋时期的风俗习惯,每年的十二月份,有祭神的仪式,这时候,民众经过一年的辛勤劳动,聚集在一起喝酒作乐,场面非常热闹。孔子问子贡:"你玩得快乐吗?"子贡回答说:"整个一个国家的人,上上下下都快乐得像发疯似的,我一点也感觉不到快乐,我不知道乐在何方?"孔子听了子贡的话以后,就说:

> 百日之劳,一日之乐,一日之泽,非尔所知也。张而不弛,文武弗能,弛而不张,文武弗为。一张一弛,文武之道也。(《孔子家语·观乡射》)

孔子在这里说了一个"文武之道",是说,这是周文王、周武王所提倡的治理国家的理论和政策。蜡祭只是一种宗教仪式,但其中包含着符合客观规律的正确的思想理论和治国方法。这个理论是什么呢? 就是"一张一弛",用我们现在的话来说,就是劳逸结合。劳动人民辛苦一年,各种劳动都很紧张,现在借蜡祭这种形式让他们轻松一下,有劳有逸。无疑,孔子这里所说的"一张一弛"的思想确实是个正确的理论。所谓"文武之道"的"道",指的也就是这个理论。

《韩诗外传》中曾讲一个故事,说是孔子周游列国,在陈国遇难时,他的学生子路和巫马期一起在小山下砍柴。这时候,正好有一个姓处师的陈国富豪人家带着100辆豪华车,在山上游玩打猎。子路见了这番景象以后对巫马期说:"假如你没忘掉老师那里学到的知识,又施展不了你的才能,可又得到了这样的富贵,要你一辈子见不到老师,你干不干?"巫马期听了子路的话,仰天长叹,"当啷"一声把镰刀往地上一掷说:"我曾听老师说过,勇士不怕掉脑袋,志士仁人不忘患难之交,难道你不了解我吗? 你这是试探我呢,还是你心里是那么想的?"子路听了他的话内心感到惭愧,自己先背着柴回去了。孔子见了子路问:"你和巫马期同时出去砍柴的,为什么你一个人先回来了?"子路就把刚才和巫马期说的话重复了一遍,并说自己很惭愧。孔子听了子路的话以后,拿起了琴吟唱起《诗经》中的一首诗来。吟完诗,接着说了这样的话:

予道不行邪！使汝愿者。(《韩诗外传卷二》)

意思是说："我的正确的政治主张行不通，才使你产生羡慕富贵的思想啊！"这里，孔子所说的"道"就是指自己的政治理论和政治主张。"愿"，即羡慕之意。

以上两条，一条是文武之道，一条是予道。除此之外，圣人之道、贤人之道、明王之道、丘之道、周公之道，这些道，也都是指正确的思想理论和政策制度。

第三，有时候，孔子说的"道"是指一些好的道德品质。比如，《论语》中这样一段话：

子曰："君子道者三，我无能焉：仁者不忧，知(智)者不惑，勇者不惧。"子贡曰："夫子自道也。"(《论语·宪问》)

这段话中有两个"道"，第一个"道"是孔子说的"君子之道"，也就是作为"君子"所应具有的道德品质和思想品德。他认为君子应具有智、仁、勇三种思想品德和道德品质，而认为他自己还没有做到。后面子贡说的"自道"的"道"，是说话的意思。在子贡看来，孔子说自己没做到这是谦虚，实际上他已完全具备了这三种品德。

在《论语》中还有一段议论子产的话：

子谓子产："有君子之道四焉：其行己也恭，其事上也敬，其养民也惠，其使民也义。"(《论语·公冶长》)

这是孔子评论郑国的著名政治家子产，认为他有四种美好的品德：自己行为很谦逊庄重；侍奉君主很恭敬；能给老百姓实惠；在使用民众服役时很注意生产季节和时宜。这里，孔子谈的是"君子之道"，指的也是人的道德品质。

第四，也应指出，孔子思想中的"道"，有时也是贬义词。它指的是坏的思想和坏的言行，有时指坏的制度。

比如，有一次鲁哀公问孔子有关博爱的问题，在《说苑》中记载着这样一段话：

鲁哀公问于孔子曰："吾闻君子不博，有之乎？"孔子对曰："有之。"哀公曰："何为其不博也？"孔子对曰："为其有二乘。"哀公曰：

"有二乘则何为不博也?"孔子对曰:"为行恶道也。"哀公惧焉,有
间,曰:"若是乎?君子之恶恶道之甚也。"孔子曰:"恶恶道不能甚,
则其好善道亦不能甚。好善道不能甚,则百姓之亲之也,亦不能
甚。诗云:'未见君子,忧心惙惙,亦既见止,亦既觏止,我心则说。'
《诗》之好善道之甚也如此。"(《君道》)

这段话中,鲁哀公问孔子:"是否君子不讲博爱?"孔子回答:"有这种说
法。"为什么呢?据孔子说,是因为"有二乘"。"二乘"是指人的思想品德有
好的,也有坏的。有好的思想好品德的人干好事,有坏的思想的人干坏事。
孔子这里叫"行善道"、"行恶道"。"行善道"就是干好事,"行恶道"就是干
坏事。这里的"道",既指好思想、好行为,也指坏思想、坏行为。

我们知道,孔子在《论语》中曾说过:"泛爱众,而亲仁。"(《论语·学
而》)"泛爱众"就是广泛地爱民众。这不是博爱吗?怎么在和鲁哀公说话时
又反对博爱了呢?其实,这也不奇怪,从一定意义上说,这两种说法都没有
错。因为有时候,厌恶坏人坏事,正是为了对广大民众的爱。即使对坏人坏
事本身,有时厌恶也是爱的表现。当然,严格地说,要说对任何坏人都爱,那
是不可能的。所以,孔子这里的话还是对的:"恶恶道不能甚,则其好善道亦
不能甚。好善道不能甚,则百姓之亲之也,亦不能甚。"我们常常说"疾恶如
仇",这一思想无疑是正确的。

以上四条,表面上看来各不相同,实际上关系是非常密切的。规律是客
观的,从哲学上说,是第一性的东西。在没有人类以前,有些规律就在自然
界起作用。有了人类以后,增加了许多人类特有的规律,但这些规律的存在
也是不以人的意志为转移的。思想理论、政策制度、道德范畴从哲学上说是
属于第二性的东西,属于意识形态。但这些意识形态只要是正确的,说明它
正确地反映了各种客观规律,它就是真理。而那些恶道、小人之道、无道,其
所以坏,其所以不好,也正是因为背离了客观规律。孔子的道论,这四方面
都要研究,但他所追求、所向往的,当然是客观规律和真理。那些恶道、小人
之道、无道,是他所要排斥、反对的东西。

二、道(规律)的七大特征

孔子的道,既指规律,也指反映规律的意识形态,但他更看重的是规律。
那么,作为规律的道有些什么样特征呢?孔子对此是有探索的。现在我们
看看孔子是怎样回应这个问题的。

为了弄清这一点,我们不妨先引用一下《易传·系辞》中的一段话:

一阴一阳之谓道。继之者善也，成之者性也。仁者见之谓之仁，知者见之谓之知，百姓日用而不知，故君子之道鲜矣。显诸仁，藏诸用，鼓万物而不与圣人同忧。①

这里孔子认为世界上一切事物，包括自然和人类社会之中都有阴和阳两个对立因素相互作用相互推动的矛盾运动。世界万物在这个矛盾运动中产生、发展，成为各种有特性的东西。但对这矛盾运动，智者见智，仁者见仁，在人的认识上是各不相同的。一般老百姓，虽在日常生活中，都离不开这一规律的制约，但在思想认识上一无所有，是"日用而不知"。世界万物在这一规律的作用下不断发生变化，日新月异，但这进程完全是一个客观的、自然的过程，它与圣人的忧患思虑毫不相干。

从孔子这段话中，我们可以看到三点：①阴阳之道的存在是客观的，它与普通老百姓的思虑无关，也与圣人的思虑无关；②道的存在有普遍性，它存在于人类日常生活之中，也存在于自然界一切事物发展变化之中，可说是无所不在；③它是世界万物"继之"、"成之"的鼓舞者、推动者、化育者。但与老子说的道不同，在老子那里，道是世界万物产生的根源，而在孔子这里，道与万物的关系，只是客观规律和事物关系，不是根源和派生物的关系。

据《大戴礼记》记载，有一次鲁哀公曾向孔子请教怎样的人才能称为圣人，孔子回答说：

所谓圣人者，知通乎大道，应变而不穷，能测万物之情性者也。大道者，所以变化而凝成万物者也。（《大戴礼记·哀公问五义》）

在这里，孔子谈到大道。大道，也就是最有普遍性的客观规律，阴阳之道、变化之道都是大道、最大的规律，这些普遍规律当然是圣人所要弄清楚的东西，那么，它们怎样"凝成万物"呢？ 在这段话中是说"所以变化而凝成万物"，也就是说，运动变化规律（大道）不断地使万物成长、发育，它是世界万物的化育者。

在《亢仓子》一书中，记载着一段孔子和他学生闵子骞的对话。在那段话中，闵子骞问孔子："道和孝之间有什么联系和区别？"孔子对这个问题的答复，可说是对以上两段话进一步的补充。孔子是这样答复闵子骞的提问的：

---

① 据郭沂《郭店竹简与先秦学术思想》（上海教育出版社 2001 年版）一书考证，认为《系辞》中这一观点应属孔子，我同意这一说法。

道者,自然之妙用;孝者,人道之至德。夫其包运天地,发育万物,曲成万类,布盅性寿,其功至实,而不为物府,不为功尸,扣求视听,莫得而有,字之曰道;用之于人,字之曰孝。①

这段话和以上两段话比较,文字不同,但意义完全相通。在这里,孔子认为道是自然界本身所具有的神妙作用。它运行于天地之间,对各种不同事物的产生、发育、本性、寿命长短都起着决定作用。它对万物有实实在在的功劳,但它这种作用完全是自然的,与人的意识无关,也与神的意志无关。它既无私心,也无居功自傲观念,也不要求别人看到什么。孔子还说,孝也是道,但它限于人道范围。孔子这段话也同样说明了道就是各种大大小小的规律,它具有规律的三大特征,即客观性、变动性和化育万物的特性。

孔子的道,除了以上三大特征之外,他认为还有第四个特征。这就是道是"形而上"的,是看不见、摸不着的无形无象的东西。

他在《系辞》中说了这样两句话:

形而上者谓之道,形而下者谓之器。②

他在这里说"形而上",就是认为规律("道")是眼睛看不见、耳朵听不到、手摸不着的东西,也即无形的意思,而"形而下"就是有形之意。他在这里把道和器区别开来,认为一个是无形之物,另一个是有形之物,这个说法很简单也很明白。我们可以想一想,阴阳之道、孝道、圣人之道,这些道有颜色吗?是红的还是白的?有形状吗?是方的还是圆的?确实是无形无象的。而器呢?桌子、板凳、花、草、树木等都是有具体形象的。正如马克思说的那样:"如果事物的表现形式和事物的本质会直接合而为一,一切科学都成为多余的了。"③道也就是规律,也就是事物的本质,它不是具体的器物,因此,它是无形无象的,是"形而上"的,孔子这个说法是完全正确的。

孔子对道的特征所作的第五点判断,是认为道有很大的实用价值。人在不认识道时,道自己在起着作用,在它的作用之下,万物不断成长发展,这在前面已提到。但孔子还认为,当道被人们认识以后,它能更好地为人类服

---

① 薛安勤:《孔子集语译注》,长春:吉林文史出版社,1996年。

② 据郭沂《郭店竹简与先秦学术思想》(上海教育出版社2001年版)一书考证,认为《系辞》中这一观点应属孔子,我同意这一说法。

③ 《马克思恩格斯全集》25卷,北京:人民出版社,1957年,第923页。

务,使人们克服一切困难,成就更大的事业。在《群书治要》中记载着孔子这样一段话:

> 夫子曰:"车唯恐地之不坚也,身唯恐水之不深也。有其器,则以人之难为易。夫道以人之难为易也。"①

孔子在这里指出:有了车,不管地多坚硬也能走过去,有了船,不管水有多深,人都能走向彼岸,同样,人认识了道,各种困难也就不在话下了。斯大林在谈到经济规律时,曾说:"人们能够发现规律,认识它们,掌握它们,学会熟练地运用它们,利用它们以利于社会。"②孔子在这里谈道能使困难变成容易,这个意思和斯大林说的意思完全一致。孔子这里说的道也是指规律。只是斯大林说的是经济规律,孔子则是泛言客观规律。

孔子还谈到道作为规律的第六点特征,他认为"道"是"简"而不繁的东西。这个"简"不是说它没多大用处,也不是说它肤浅,不深刻,而是指它能执一御万。很简约,又很了不起。它能统率一切。

据《大戴礼记》记载,有一次鲁哀公请教孔子治国之道时,孔子说:

> 小言破义,小义破道,道小不通,通道必简……夫道不简则不行,不行则不乐。(《大戴礼记·小辨》)

这里孔子对鲁哀公指出,说话不能繁琐,要简约,求道也不能只求小道,小道通行的范围小,应求大道,而大道、大规律必定是很简约的,为了更便于付诸实践,应当掌握简约而不繁琐的大规律,也就是最具普遍性的规律。孔子在这里把道分为小道和通道,又说大道、通道很简约,这一观点是正确的。我们现在的人很清楚:对立统一规律、质量互变规律、运动变化规律,这些规律都很简要,但又是有很大实践意义的。

孔子的道作为规律,他还谈到第七点特征,他认为天道变化是无穷无尽的,是永恒的。

有一次,鲁哀公问孔子:"君子为什么看重天道?"孔子回答说:

> 贵其不已,如日月西东相从而不已也,是天道也;不闭其久也,是天道也;无为而成,是天道也;已成而明,是天道也。(《大戴礼

---

① 薛安勤:《孔子集语译注》,长春:吉林文史出版社,1996年,第15页。
② 斯大林:《苏联社会主义经济问题》,北京:人民出版社,1952年。

记·哀公问于孔子》)

孔子这段话实际上含有三层道理:一是认为天道阴阳变化是无穷无尽的;二是认为自然界阴阳变化昭然若揭,谁都能看清楚的;三是认为自然界阴阳变化表面看来什么都没干,自然而然,实际上什么都做成了,在这规律作用下,万物不断成长发展。这后两点说明了阴阳变化规律的客观性和巨大推动作用,前面已提及,而第一点认为自然规律体现了无穷无尽的变化,认为这种变化是"不已"的、永恒的,这是一个值得注意的说法。正如恩格斯所说:"除永恒变化着的、永恒运动着的物质及其运动和变化所依据的规律外,再没有什么永久的东西。"①孔子在这里说的也正是这个意思。他认为自然界一阳一阴的变化是永恒的、"不已"的。当然,他举的例子不确切。他以"日月西东相从"为例说明这个"不已",这个说法不可靠。因为整个自然界的变化虽然"不已",但"日月西东相从"是不可靠的,有朝一日连日月都会没有了。太阳、月亮的存在不能说是永恒的。

孔子说天道"不已",我们说,孔子在这里看到了阴阳变化规律的永恒性,这是事实。但这还不能说明他已看到所有规律都有其恒久性的一面。实际上,即使是小的规律,在短时期内或在一定的小范围里,它也有其恒久性的一面。当然,这种恒久性是相对的恒久性,不是绝对的恒久性。

总之,客观性、普遍性、形而上性、实用性、简约性、永恒性、化育性,这些有关道(规律)的特征问题,孔子都涉及了。仅就孔子这些观点而言,我们可以说,这是一个重大的哲学硕果,他在先秦时期为中国古代哲学体系的建立做出了重要贡献。有人说,孔子"不是严格意义的哲学家","更没有建立哲学体系"②,我看这个说法不对。孔子不仅是政治家,而且也是道道地地的哲学家,是一个有哲学体系的哲学家。他有一个以"道"为核心的哲学体系。

三、视死如归的求道精神

道有善道,也有恶道。孔子的一生,他追求的当然是善道。他不仅追求好的道德品质,而且还求大道、通道,寻求宇宙人生的大规律。

孔子认为,一个人应从少年时期开始就立大志,以道作为追求目标。在《论语》中有这样的话:

---

① 恩格斯:《自然辩证法》,北京:人民出版社,1957 年。
② 古棣等:《孔子批判上册》,长春:时代文艺出版社,2001 年。

志于道,据于德,依于仁,游于艺。(《论语·述而》)

士志于道,而耻恶衣恶食者,未足与议也。(《论语·里仁》)

君子食无求饱,居无求安,敏于事而慎于言,就有道而正焉,可谓好学也已。(《论语·学而》)

按孔子自己的说法,他15岁就开始学习,学习什么呢? 他的学习,实际上就是学道。学道,包括思想品德和道德实践,也包括探讨宇宙万物和社会上各种规律。正因为如此,孔子首先重视的是"志于道",同时要以"仁"、"德"为依据进行道德修养。在孔子看来,一个有志于道的人,不应计较生活上的艰苦,不应贪图吃穿享受,那些整天讲玩乐吃穿的人是不会有出息的。一个有志学道的人,应有一个发愤忘食的精神和谦逊问道的精神。

学道,贵在坚持,其中要克服贫贱的困难,主观上也要有决心和毅力。在孔子的学生中,有些人就产生过动摇,如子贡、冉求,都提过自己的苦衷,受到孔子批评。比如,《论语》中有一段有关冉求的言论:

冉求曰:"非不悦子之道,力不足也。"子曰:"力不足者,中道而废。今汝画。"(《论语·雍也》)

冉求自认为无能为力,感到无法继续学孔子之道,孔子批评他,你并不是无能为力,你是自己给自己画界线,是自己在限制自己,是半途而废。

《韩诗外传》中也有一段有关子贡的话:

孔子燕居,子贡摄齐而前曰:"弟子事夫子有年矣,才竭而智罢,振于学问,不敢复进,请一休焉。"孔子曰:"赐也,欲焉休乎?"曰:"赐欲休于事君。"孔子曰:"诗云:'夙夜匪懈,以事一人',为之若此其不易也,若之何其休也?"曰:"赐欲休于事父。"孔子曰:"诗云:'孝子不匮,永锡尔类',为之若此其不易也,如之何其休也?"曰:"赐欲休于事兄弟。"孔子曰:"诗云'妻子好合,如鼓琴瑟,兄弟既翕,和乐且耽',为之若此之不易也,如之何其休也?"曰:"赐欲休于耕田。"孔子曰:"诗云:'昼尔于茅,宵尔索绹,亟其乘屋,其始播百谷',为之若此之不易也,如之何其休也?"子贡曰:"君子亦有休乎?"孔子曰:"'阖棺兮乃止播兮,不知其时之易迁兮',此之谓君子所休也。"(《韩诗外传卷八》)

这段话说的是,有一次,孔子正闲坐着,子贡恭恭敬敬地走上前对孔子说:"弟子侍奉老师不少年了,我的聪明才智已经用尽,学问也不能再长进了,我想休息一下。"孔子听了他的话就问他:"你想怎么休息法?"子贡说:"我想侍奉国君。"孔子说:"过去《诗经》说过:'侍奉国君一个人,是早晚都不能松懈的',侍奉国君很不容易啊!你怎么休息啊!"子贡又说:"我侍奉父亲。"孔子又说:"《诗经》上也说过'孝子的孝是没有尽头的,还要把孝推广到你同类人那里去',侍奉父亲也不容易啊,你怎么能休息啊!"子贡又说:"我去侍奉兄弟。"孔子又说:"《诗经》上也说过:'夫妻之间如琴和瑟一样和谐配合,兄弟在一起,有时欢乐,有时瞪眼,说明侍奉兄弟也不易啊!你怎么能休息啊。"子贡又说他想去种田。孔子又说:"《诗经》上也说过,'白天割茅草,晚上搓绳子,房屋坏了赶紧修,播种粮食的时间也开始了',说明种庄稼也不容易啊,你怎么能休息啊!"子贡一看自己种种理由都被孔子驳了回来,最后,他又提一问题,"那么,作为有德的君子也得有个休息的时候啊!"孔子回答说:"休息是有的,那就是你躺在棺材之中,棺材板盖上的时候,到那时,你连时间是怎么流逝的,也不知道了。"孔子对子贡的批评教育,真是有力而又有风趣,既让子贡学到不少新道理,又令其五体投地佩服不已。

那么,孔子自己对学道的态度如何呢?他曾说:

> 笃信,好学,守死善道。(《论语·泰伯》)
> 朝闻道,夕死可矣!(《论语·里仁》)
> 君子谋道不谋食。耕也,馁在其中矣;学也,禄在其中矣。君子忧道不忧贫。(《论语·卫灵公》)

这几段话说明,孔子在学道方面的态度是很坚定的。认为即使早上"闻道",晚上就死掉也值得。他认为有德君子应该学道,而不考虑自己饿不饿肚子的事,也不应考虑贫穷不贫穷的事。你如果整天考虑不饿肚子,结果反而饿肚子。从前面我们可知,孔子并不轻视农业劳动,他认为耕田的农民也是不容易的,也是很辛苦的,但他又认为作为君子不应去耕田,他的分工观,反映了封建社会的等级观念,但他强调好好学道,至死不移。这种精神是应该称道的,是应该肯定的。

正如农民有春天的辛苦,换来秋天的丰收,孔子在求道的道路上,由于不懈的努力,最终换来了丰收的喜悦。他曾说:

> 丘少而好学,晚而闻道,此以博矣。①

---

① 薛安勤:《孔子集语译注》,长春:吉林文史出版社,1996年。

这里的"闻道",实际上不仅指数量多,而且还指质量高。他不仅弄清了很多小道,而且还弄清了宇宙人生方面很多大规律,如变化之道、阴阳之道、损益之道、中庸之道、上下相亲之道等。有人把孔子说的"朝闻道,夕死可矣"中的"朝闻道"译为"我早晨听到哪个国家实行道,当晚死去也安心了"。[1] 这种翻译完全是画蛇添足,把原文没有的东西加了上去。原文明明说是"闻道",却被译为"听到哪个国家实行道",这能合原意吗?当然,古棣先生所以这样去翻译孔子的话,还由于他把孔子看成为一心想恢复周道的政治家。其实,恢复周道只是孔子行道的一个方面,而"闻道",则是孔子的终身追求,他从来没有说过他早已"闻道"了,他只说"晚而闻道"。这说明,他所说的"闻道",不只是闻周道。这个"道",在数量上比周道要多,在适用范围上甚至比周道更广。总之,孔子不仅是政治家,而且是在中国历史上少有的大哲学家。

四、无可无不可的行道态度

作为一个哲学家、政治家来说,学到了知识,脑子里一大堆疑惑解除了,这当然是很大的成就,但不等于因此就无事可做了。学道、闻道,还要行道。还有很多艰辛,还会碰到一系列困难问题,而在事实上,孔子在这方面是很不顺利的。这种不顺利的原因,是因为有很大阻力,是由于一些国家当权者不愿按"圣王之道"行事,也就是说,不顾按他所认为的正确理论来治理国家。这些国家,他认为是属于"无道"的国家,一个国家"无道"还不算,而在当时,可说是所有国家都处于"无道"状态,这叫做"天下无道"。在这种情况下,孔子又怎么"行道"呢?在《论语》中有一段生动的记载:孔子和他的弟子们周游列国,有一次迷路了,正好见到长沮和桀溺两个人扛着耒耜耕田,孔子就让子路去问路。长沮问:"车子里的那个人是谁?"子路说:"是孔丘。"长沮又问:"是鲁国的孔丘吗?"子路答:"是啊。"长沮说:"他是知道渡口的人啊!"子路见他没回答问题,又去问桀溺。桀溺说:"你是谁?"子路回答:"我是仲由啊!"桀溺说:"你是孔丘的学生吧?"子路回答说:"是啊!"桀溺说:"随波逐流的人到处都是,你们同谁去变革社会啊?你与其跟随逃避坏人的人,还不如去跟那些避世的志士啊!"他一边说,一边不停地打碎地里的土坷垃。子路把这事告诉孔子,孔子感到很惊奇,他说:

---

[1]　古棣等:《孔子批判上册》,长春:时代文艺出版社,2001 年。

鸟兽不可与同群,吾非斯人之徒与!而谁与?天下有道,丘不与易也。(《论语·微子》)

意思是说:"人不可以与鸟兽一个样,我和他们不是同类人。我跟谁打交道啊?如果天下有道,我也用不着来改变社会现状了。"孔子这一思想,反映出他反对隐居,主张入世的想法,在他看来,即使天下无道,也要以天下兴亡,匹夫有责的态度,千方百计地来改变这种现状,而不应简单地采取逃避态度。

《论语》中紧接着还有一段话,也与此有关。这一段是说:有一次,孔子和弟子们周游列国期间,子路落在后面找不到孔子了。他碰见一位用木棍挑着竹筐的老人,就问他:"你看见我老师了吗?"那个老人说:"四体不勤,五谷不分,谁知道你老师在哪儿?"说完,他就把木棍放下,在田地里锄草。子路拱着手在旁边恭恭敬敬地站着。接着,老人留子路到他家里住宿,还杀了鸡,用黍做饭招待他,还见了他两个儿子。第二天,子路找到了孔子,把这件事告诉了孔子。孔子说:"他是个隐士啊!"他叫子路再去找找他,发现那老人不在。这时,子路也说了一段话:

不仕无义。长幼之节不可废也,君臣之义,如之何废之?欲洁其身,而乱大伦。君子之仕也,行其义也。道之不行,已知之矣。(《论语·微子》)

这段话是子路说的,实际上也符合孔子思想。主要意思是认为:即使目前那些当权的国君没按正确的治国理论治国,作为臣民也要尽力参政以改变现状,不应隐退。

在《吕氏春秋》中有一段话,记载了鲁国季平子、季桓子把持鲁国政权期间,孔子为了说服季氏让权,接受了季氏的任命当了官,因而受到了国人责备。在这时候,孔子对自己的处境进行了表白。他说:

龙食乎清而游乎清,螭食乎清而游乎浊,鱼食乎浊而游乎浊。今丘上不及龙,下不若鱼,丘其螭邪!(《离俗览·举难》)

这里的"螭",指古代传说中谈到的无角的龙。孔子这里认为,他自己之所以接受季氏任命做官,虽不及龙,但和鱼相比是完全不同的。鱼是同流合污,和坏势力完全混在一起了,而自己虽在表面上和坏势力一起游在污水之中,但目的是为了改变现状,主观愿望是干净的。入世而不隐居,目的是为了改变现状,是为了把"无道"变成"有道"。

但孔子这一入世思想不是唯一的选择,有时他亦认为必要时可以隐居或采取种种躲避灾祸的方式。

比如,《论语》中有这样一段话:

> 子曰:"宁武子,邦有道,则知;邦无道,则愚。其知可及也,其愚不可及也。"(《论语·公冶长》)

宁武子是卫国大夫宁喻。孔子这里的"愚"是指装傻,不是真愚。在孔子看来,有时碰到无道昏君,像宁武子那样采用装傻的办法,也是可行的。这虽不是明目张胆地要求退隐,但实际上也是退隐的一种形式。

在《论语》中还有一段话:

> 子曰:"直哉,史鱼! 邦有道如矢;道无道,如矢。君子哉,蘧伯玉! 邦有道则仕;邦无道,则可卷而怀之。"(《论语·卫灵公》)

这里涉及两种情况:第一种情况,是史鱼的态度,他不管国家"有道",还是"无道",自己该干什么,就干什么,孔子认为这种态度也值得赞扬。第二种情况,是卫国大夫蘧伯玉的态度,国家有道时就当官,国家无道时就"卷而怀之",实际上也就是隐退的意思,"则可卷而怀之",即虽有才能而藏起来不外露。

孔子又说:

> 邦有道,危言危行;邦无道,危行言孙。(《论语·宪问》)

所谓"危",正直之意。"孙",谦恭而顺的意思。这里是说,国家统治者无道时,行为要正,但说话要小心,避免遭祸。

孔子又说:

> 道不行,乘桴浮于海,从我者,其由与! (《论语·公冶长》)

这里,孔子一方面表扬子路,说明子路忠诚、勇敢;另一方面又谈了国家"无道"时,还可到海外去。说明有时辞职不干,选择能发挥作用的其他国家工作也是可以的。孔子一生,跑来跑去,目的都是为了更好地行道。"桴",是用木头或竹子编成的筏子,可以在水上漂浮行走。

在《论语·子罕》篇中有这样的话：

> 子欲居九夷。或曰："陋，如之何?"子曰："君子居之，何陋之有?"

这是说，为了"行道"，也可以到偏僻原始的民族中去工作，那里虽很愚昧落后，但君子到那里以后，是可以通过工作使之成为文明先进地区的。所以孔子说："君子居之，何陋之有?"

有一次，孔子的弟子问："什么叫耻辱?"孔子回答说：

> 邦有道，穀；邦无道，穀，耻也。（《论语·宪问》）

在《泰伯》篇中，他还说：

> 危邦不入，乱邦不居。天下有道则见，无道则隐。邦有道，贫且贱焉，耻也；邦无道，富且贵焉，耻也。（《论语·泰伯》）

这些话的意思是：国家统治者治国符合正道，你在那里做官受俸禄，是光荣的；如果一个国家统治者无道，你虽然在那里做官受俸禄，这就是耻辱。孔子的话很清楚，你要是碰到无道之君，就应辞掉不干。

孔子周游列国回到鲁国以后，有一次季康子派人问孔子对子路、冉求二人的看法。孔子说了这样的话：

> 所谓大臣者，以道事君，不可则止。（《论语·先进》）

这意思是说：作为国家大臣，应当以道事君，如果屡谏不被采纳，碰上了无道之君，那就只能辞职不干。

《论语》中还记载了涉及孔子的两段话：

> 贤者辟世，其次辟地，其次辟色，其次辟言。（《论语·宪问》）
> 逸民：伯夷、叔齐、虞仲、夷逸、朱张、柳下惠、少连。子曰："不降其志，不辱其身，伯夷、叔齐与"！谓："柳下惠、少连降志辱身矣，言中伦，行中虑，其斯而已矣。"谓："虞仲、夷逸。隐居放言，身中清，废中权。我则异于是，无可无不可。"（《论语·微子》）

　　以上两段话,孔子谈到了一些人在行道发生困难时所处的态度,同时也谈了自己的态度。他谈到了四种人:第一种人"避世",像伯夷、叔齐饿死首阳山,就是这一派的代表。第二种人"辟地",即逃往他国去行道,如他自己多次周游列国,也就是这种表现。第三种人"辟色",即柳下惠、降志辱身,表面上不与当权者决裂,但言语行动谨慎,保持自身清白。第四种人"辟言",像楚狂接舆,把自己隐居起来,孔子想和他们说说话,他们都避开了。那么孔子的态度是什么呢? 他自己说,他的态度是:"无可无不可。"就是对这些人的做法既不完全反对,也不完全肯定,一切都要根据具体情况来确定。他是千方百计地要参政的,但实在困难很大,那要看具体情况了,隐居,在必要时他也不反对,他的原则是不死守的一种方法。

第二讲

万物起源和孔子的唯物主义世界观

孔子的世界观是唯物主义的,还是唯心主义的? 这个问题在我国学术界是个大问题,也是几十年来争论不休的问题。我在这里就他在世界万物起源问题上的唯物主义思想,提供一点看法。

一、精气说、神灵起源说和气本论

应当说,在世界万物起源问题上,孔子有一个唯心主义到唯物主义的思想转变过程。

《孔子家语·郊问》一文中有一段话:

> 万物本于天,人本于祖,郊之祭也,大报本反始也,故以配上帝。

这段是孔子对鲁定公说的。在这里他提到天为万物之本的思想,意思也就是说世界万物都是天产生出来的,郊祭,就是为了报答天的生物之恩。他又说,为了报本,要以上帝作为祭祀对象。什么意思呢? 因为天就是上帝,祭天,就是祭上帝,天和上帝在他思想中是一回事,是画等号的。孔子这里的观点,当然是神学唯心主义的观点。

孔子和鲁定公说话的时间,大体上在孔子51岁至55岁鲁国当官时期,属中年大有作为之时。

那么,他晚年的观点如何呢? 从55到68岁这13年中,孔子周游列国,在人生道路上屡经艰难曲折,迫使他在哲学思想上进行了多方面的探索。在世界万物起源问题上,除了《易传》中的太极本原论还不能完全肯定外,明确属于他的说法不少,有精气说、气本论、太一起源说、天本论、神灵起源说、天地起源说、乾坤起源说,等等。孔子的精气说和神灵起源说,主要出现于

《大戴礼记·天圆》篇中。此文为曾子后学所整理,其中涉及孔子说过的一些言论。孔子在这里提出了精气说和神灵起源说。孔子说:

> 阳之精气曰神,阴之精气曰灵。神灵者,品物之本,而礼乐仁义之祖也,而善否治乱所由兴作也。

他在这里很明确地谈到了一个"品物之本"的问题,是一个地地道道的哲学问题。难道孔子忘了自己和鲁定公说过自己曾把上帝看成万物之本了吗?不会的。这只能说明他有了新的想法。新在何处呢?在于他在这里对神灵作了新的解释。在过去,他把上帝看成世界万物产生的根源,这个上帝也即神灵,这和把神灵看成万物之本是一样的。问题是:神灵是什么?他的新看法是,神是"阳之精气",灵是"阴之精气"。二者合起来,他把神灵解释为具有阴阳两种矛盾属性的精气。这是一个新提法。他那么一说,实际上是把上帝(神灵)说成精气了。这样,有意识、有人格的上帝被取消了,那个能主宰人间祸福命运的上帝没有了。他在这里虽仍说神灵是"品物之本",实际上这个神灵只是精气而已,它早已不是过去那个精神性的根源了。他在这里已把精气这个物质根源看成世界万物产生的最终原因了。这一变化,他自己也由神学唯心主义者转变成了唯物主义者。

孔子在这里既然已把精气看成了世界万物产生的根源,为什么还要说神灵是"品物之本"呢?应当说,这是神道设教的需要。比如:祭神、祭鬼能取消吗?既然神只是精气,那么祭天帝、祭鬼神还有用吗?在孔子看来,这些祭祀对警戒统治者、维系人与人之间的关系还是很有用的。他虽明明知道上帝和鬼神根本不存在,但作为政治手段和教育工具,仍然不能取消。这正如他自己在《孔子家语·哀公问政》篇所说那样:

> 合鬼与神而享之,教之至也。

列宁曾说:"河水的流动,就是泡沫在上面,深流在下面,然而就连泡沫,也是本质的表现!"①我们在评论孔子的思想时,正好碰到了这种困境。事实告诉我们,不仅要看到现象和泡沫,而且还应深入到本质和深流中去,必须分清哪些是假象,哪些是他的思想本质。从表面上看,孔子始终没有放弃宗教神学方面的宣传和支持,但从实质上看,他的晚年已经走上了唯物主义和无神论的道路,所有这些是我们必须清醒地加以理解的。

---

① 列宁:《列宁全集》第38卷,北京:人民出版社,1959年,第135页。

在过去,人们受疑古思潮的影响,常常把孔子看成没有哲学头脑的政治家,明明看到《曾子天圆》篇有孔子关于精气的言论,也不相信这是孔子的,认为这些都是汉代人伪造的。他们还说,春秋时期没有精气概念,精气概念是《水地》篇中最早出现的,精气学说是战国时期稷下道家首先提出来的。他们这种看法,现在有重新评论之必要。

首先,《大戴礼记》中的《曾子天圆》篇不是汉人伪造的,不是伪书。据《汉书·艺文志》记载,战国时期就有曾子的专著《曾子》十八篇。现在《大戴礼记》专门记载曾子言行的十篇文章,实际上就是《汉书·艺文志》所载《曾子》十八篇的残篇。《吕氏春秋》一书,其中还引用了《曾子》之语。这说明《大戴礼记》所载的有关曾子的十篇文章,其中包括《曾子天圆》篇都是战国时期就有的。

其次,就《曾子》十八篇和《大戴礼记·曾子天圆》篇写作的时间来说,根据一些人考证,认为可能完成于公元前 400 年前后几十年间。而《管子》中的《内业》、《白心》、《心术上》、《心术下》这四篇涉及精气说的文章,其完成时间,根据罗根泽考证,这些文章的时代和作者,当在战国中后期。宋钘的生卒时间约公元前 382 至前 300 年,尹文的生卒年约为公元前 360 年至前 280 年。由此可看出,《曾子天圆》篇的精气起源说早于《管子》中的《内业》、《白心》、《心术》上下篇的精气说。另外,《管子》中还有《水地》篇,在中国历史上最早提出了"本原"概念,这篇文章也提到了"精气",有人说这是最早的精气概念。但其写作时间,目前有不同看法。黄钊在《浅论〈管子·水地〉篇成文的时限》①一文中,认为此文完成于战国中期,即公元前 376 年至前 355年。原因是文中谈到"三晋",以三家分晋为上限。如以此说为准,亦可看出《曾子天圆》篇的精气说早于《水地》篇的精气说,说明《水地》篇的精气概念不是最早的。在《水地》篇的时限问题上,我认为黄钊这一说法可能比较合乎实际。

再次,更为重要的是,在《曾子天圆》篇中,曾子明确指出精气说是他从孔子那里听来的,这就表明精气说春秋时期就有了。就孔子的生卒年月来说,孔子的精气说比《管子》的精气说早多了。孔子是精气起源说之父。他是中国哲学史上最早提出精气起源论的人。

在这篇文章中,孔子还说自然界的一切东西,风、雨、雷、电、霜、雪、雾、雹、毛虫、羽虫、鳞介动物、凤、龟等都是"一气所生"。最后,他还认为人也是由气产生的。他说:

---

① 淄博社会科学研究院会编:《管子研究》第 1 辑,济南:山东人民出版社,1987 年,第 42—51 页。

阴阳之气，各从其所，则静矣；偏则风，俱则雷，交则电，乱则雾，和则雨；阳气胜，则散为雨露，阴气胜，则凝为霜雪；阳之专气为雹，阴之专气为霰，霰雹者，一气之化也。

毛虫毛而后生，羽虫羽而后生，毛羽之虫，阳气之所生也；介虫介而后生，鳞虫鳞而后生，介鳞之虫，阴气之所生也；唯人为倮匈而后生也，阴阳之精也。

这两段话，前一段是谈风、霜、雨、雪等无机界的物类由气产生，后一段是谈动物界的物类由气产生。尽管这里的解释很粗糙，很不具体，说明他这些思想受着当时自然科学不发达的限制，但这些观点具有很大的开拓性。它从根本上排除了上帝产生万物的神学唯心主义世界观，比较系统地阐明了以气本论为基础的唯物主义世界观。

在上面两段话中，孔子谈到"一气之化"，这个"一气"与精气是什么关系？应该说，这里孔子说的"一气"就是精气。但严格地说，"一气"和"精气"不是一回事，"一气"是外延比较大的概念，"精气"只是气的一种。孔子在提出精气起源的同时，并没有认为气本论是错的。实际上他的思想没有定型。他虽认为世界万物由精气产生，但也没有排除世界万物由气产生的说法。所以，可以这样说，他在这里既是精气起源论者，同时也是气本论者。

有学者认为周幽王时的伯阳父以"天地之气"解释地震标志着中国气论哲学的产生，在我看来，这个气论哲学产生的时间，有可能再往前提到西周初期的周文王和周公的那个时候。证据在哪里呢？我认为证据就是《大戴礼记·文王官人》篇和《逸周书》卷七《官人解》。在《大戴礼记·文王官人》篇中，我们可以看到其中有"初气主物"的说法，在《逸周书》卷七《官人解》中也有"气初生物"的说法。这两篇文章，内容基本相同，前一篇据介绍是周文王和姜太公之间的对话，后一篇据介绍是周公和周成王之间的对话，到底是谁和谁之间的对话，现在还未考证清楚，但不管是谁与谁的对话，两篇文章讨论同一个问题，说明"气初生物"的说法西周初期确实产生了，绝不是后人伪造的。按《大戴礼记》那篇文章说"初气主物"那话是周文王说的，这里的"主"字很可能是"生"字之误抄，这说明，周文王是气本论在中国最早提出者。如按《逸周书》那篇文章的说法，周公是气本论在中国的最早提出者。

孔子和西周初期这一气本论思想无疑有着密切联系，这种联系表现为：第一，他的精气起源论是在这个气本论的启发之下产生出来的。第二，他的精气起源论和周文王、周公的气本论一样，都认为世界万物起源于物质，不是精神。第三，孔子虽提出了精气起源论，但不排斥气本论，他又是一个气本论者。孔子在《大戴礼记·曾子天圆》篇中的思想,一方面提出了精气起源论,另一方面,又说客观世界的风、霜、雨、雪等都是"一气之化",这一事实说明他对世界万物起源问题有多方面的考虑,还没有最终肯定这个根源到底是什么。当然,孔子虽是一个气本论者,但他不是气论的创始人,他的功绩是他在中国最早试图对气本论作出一个较为系统的论述。

二、太一起源论

孔子晚年,不仅提出了精气起源论,而且还提出了太一起源论。他这一思想见之于《礼运》篇。

按现有资料而论,《礼运》一文同时见于《礼记》和《孔子家语》,互相比较,我们可以发现两个重要问题。

第一,《礼记》一书,主要是介绍中国古代礼仪的书,其中虽也记载了孔子一些言论,但有时很难看出他的话应当结束在那里,孔子的话和文章作者或编者的话常常混淆不清。但《孔子家语》则不同,在此书中,哪些是孔子之言,哪些不是,可以看得很清楚。如《礼运》篇,在《孔子家语》中,可以断定全文都是孔子的话,其中,"本于太一"的言论,虽离"孔子曰"很远,也可肯定这是孔子之言。

第二,《孔子家语》虽为太一起源论的作者是谁提供了确证,但又为它自己提出太一起源论的时间提供了伪证。《孔子家语》的《礼运》篇一开始说"孔子为鲁司寇,与于蜡",可是按这篇文章记载,他在这里关于大同小康和"本于太一"的言论是对他的学生言偃说的。言偃是谁呢?言偃也就是子游,根据《史记·仲尼弟子列传》介绍,他比孔子小45岁。这说明孔子和他说这些话时,他年龄还不到10岁,这不可思议,这里肯定是《孔子家语》的记载有错误。孔子和子游参加蜡祭的时间应当在孔子晚年,而不是当司寇之时。在这里《礼记》的说法和《孔子家语》不同,《礼记》中没有说当时孔子"为鲁司寇",说明《礼记》的记载是正确的。《孔子家语》和《礼记》在记载上的这一差别,可以证明《礼运》篇代表的是孔子晚年的思想。

孔子在《礼运》篇中有这样一段话:

夫礼必本于太一,分而为天地,转而为阴阳,变而为四时。

这里,他明确认为"太一"为万物之本,而天地、阴阳、四时,归根到底都来源于太一。这一来,实际上把天看成为太一的派生物,原来那个有人格、有意识的天帝,就这样被排除掉了。

那么,什么是"太一"呢? 从现有资料看,孔子以前,还没有人提出"太一"这一概念,孔子是首创者。1998 年 5 月出版的《郭店楚墓竹简》中,有一篇《太一生水》的文章,这篇文章据一些学者考证为关尹所写。关尹的生卒年月大抵与子思的儿子、孙子辈相当①。由此可见,《太一生水》一文"太一"概念的提出晚于孔子的"太一"概念,孔子是他的前驱。

这并不是说,孔子提出"太一"概念是没有思想渊源的。实际上,孔子这一概念的形成是和老子思想有关的。孔子曾多次访问老子,他对老子思想有所汲取,这是很自然的。

老子思想中有一个"大"的概念。在郭店竹简本中,我们看到有这样几句话:

> 有状混成,先天地生,寂寥,独立,不改,可以为天下母。未知其名,字之曰道,吾强为之名曰大。②

在这里,老子提出一个道为万物之母的思想。他认为道先于天地存在着,这个道处于混沌状态,可以勉强地称之谓"大"。孔子对老子这一思想是有取有舍的。他舍弃了老子关于"道"的概念,老子的"道"是作为世界万物根源提出来的,孔子并不认为道是根源。在孔子思想中,道是规律,是真理。但孔子和老子一样,认为世界万物起源是个很大的东西。正是在这点上,他汲取了老子"大"的概念。"大"与"太"在古代是一个意思。

孔子不仅汲取了老子关于"大"的概念,而且还汲取了老子关于"一"的概念和他的气论思想。老子有那么一些言论:

> 道生一,一生二,二生三,三生万物。万物负阴而抱阳,冲气以为和。(《老子·四十二章》)

从以上老子的这段话中,我们可以看到老子虽以道作为万物产生的根源,但其中含有气论思想。他说"万物负阴而抱阳,冲气以为和",这实际上就是认为:万物之中都有阴和阳之间的矛盾,阴是阴气,阳是阳气,阴气和阳气之间冲和交融,才能使千千万万的个体事物得以形成。老子在这里所说的"冲气以为和"的过程,实际上指的是一生二,二生三,三生万物的过程。所谓"一"就是气,所谓"二",就是阴阳二气。但在这里,我们应该指出的是,

---

① 郭沂:《郭店竹简与先秦学术思想》,上海:上海教育出版社,2001 年,第 534 页。
② 郭沂:《郭店竹简与先秦学术思想》,上海:上海教育出版社,2001 年,第 50 页。

孔子对老子思想是有取有舍的。他汲取了老子关于"一"和气生万物的思想，又舍弃了他把道看成世界万物总根源的思想。孔子的太一起源论是气本论，不是道本论。他的太一起源论实际上只不过是气本论的另一种说法而已。

当然，这里存在一个问题，即《老子·四十二章》那段话是从今本《老子》中抄来的，这段文字不见于郭店竹简本《老子》，是否真的属于老聃之作，这个问题尚需进一步弄清。

我认为，为了答复这一问题，有一个很重要的证据，就是文子的著作。

文子是什么人？这个人的生卒年月，现在虽未完全弄清，但大体上还是可以知道的。第一，在《文子·自然》篇中，他说"孔子无黔突，墨子无煖席"（331 页），在《微明》篇中也谈到"鲁偶人葬而孔子叹"，这说明，他对孔子和墨子很了解，他的生年肯定晚于孔子，可能与墨子年龄差不多，也可能比墨子小。第二，刘向《别录》曾说："今按《墨子》书有文子，文子即子夏之弟子，问于墨子"①。刘向这一说法，明确肯定了文子的身份，说明他是孔子的徒孙辈，还和墨子有来往，请教过墨子。第三，《庄子·天下》篇谈到"彭蒙之师"，郭沫若曾说这个"彭蒙之师"是墨翟、子思同辈的人物。王博在 1991 年北京大学《研究生学刊》第二期中发表一篇文章，题目是《彭蒙之师考》，该文指出彭蒙之师为文子。《庄子·天下》篇又说，田骈"学于彭蒙"。按此说法可以肯定彭蒙、田骈、慎到、环渊等稷下道家人物都是文子的后学②。第四，1973年，河北定县四十号汉墓出土的竹简《文子》残简中，多处提到文子与平王之间的对话③。这个"平王"，如果和文子的生年结合起来看，很明显地就是齐平公。齐平公执政期间在公元前 480 年至前 456 年，也正是文子的青壮年时期，比太史儋出关入秦的公元前 375 年（秦献公九年）还早六七十年。这说明《文子》这本书的观点比今本《老子》作者太史儋的观点，其形成时间要早六七十年。

可是，正是这样一个比太史儋早出的文子，却在他自己的思想中出现了老聃的语言。比如，在《文子·九守》中有这样一段话：

> 天地未形，窈窈冥冥，浑而为一，寂然清澄，重浊为地，精微为天；离而为四时，分而为阴阳；精气为人，粗气为虫；刚柔相成，万物乃生。……夫精神者所受于天也，骨骸者所禀于地也，故曰："道生

---

① 李定生、徐慧君：《文子校释》，上海：上海古籍出版社，2004 年，第 16 页。
② 李定生、徐慧君：《文子校释》，上海：上海古籍出版社，2004 年，第 21 页。
③ 李定生、徐慧君：《文子校释》，上海：上海古籍出版社，2004 年，第 489—506 页。

一,一生二,二生三,三生万物。万物负阴而抱阳,冲气以为和。"
(99 页)

这段话中的"故曰",就是"老子曰"。这段话虽不见于楚简本《老子》,但老聃确实是说过的。所以,孔子的太一起源论,不仅"太"这个概念来自老子,而且"一"这个概念,甚至把"太一"理解为气的思想观念,都来自老子,这是可以肯定的。当然,这个老子是老聃,不是太史儋。

三、有关万物起源的其他一些说法

孔子晚年,在世界万物起源问题上,除了精气说、气本论和太一说之外,还有其他一些说法,比如:天本论、天地起源论、乾坤起源论等。

第一,天本论。孔子晚年,虽提出了精气说、气本论和太一说,但他并没放弃天本论。比如,他曾说:

> 天生物,地养物。(《大戴礼记·诰志》)
> 故天之生物,必因其材而笃焉,故栽者培之,倾者覆之。(《中庸》)

以上两段话,第二段见之于《中庸》一文,不好确定其说话的年代,但第一段完全可以肯定是孔子 68 岁以后与鲁哀公之间的对话。他这时说万物由天产生,这是否意味着他还坚持上帝起源论? 如果把这说法和《大戴礼记·曾子天圆》篇的观点联系起来,可以肯定地说,他并不承认上帝的存在。这里虽仍说天生万物,也就只是说说而已,这里的实际内容指的还是天地间的精气产生万物。所谓"天",所谓"上帝",只不过是神道设教而已,只不过是一种迎合世俗的说法而已。

第二,天地起源论。孔子晚年,他经常把天和地看成万物产生的根源。比如:

> 天地不合,万物不生。(《大戴礼记·哀公问于孔子》)
> 天地成则庶物时。(《大戴礼记·诰志》)
> 天地纲缊,万物化醇,男女构精,万物化生。(《系辞下》)

在这三段话中,他虽直接谈到万物由天地所生,实际又表明气是万物产生的最终根源。第三段话中,他谈到天地纲缊,指的是天和地之间相互作用中双方阳气和阴气的融合变化,真正产生物的因素还是阴气和阳气。气是真正根源,天和地只不过是阳气和阴气代词而已。

第三,乾坤起源论。在《易传》的《系辞》中,有一段孔子的话:

乾坤,其《易》之门邪?乾,阳物也,坤,阴物也;阴阳合德而刚柔有体,以体天地之撰,以通神明之德。

在这里,孔子认为乾是代表阳物的,坤是代表阴物的,阴物和阳物相互作用的结果生出各种物体。从这意义上也可以说,乾和坤是世界万物产生的根源。所谓"以体天地之撰",说的是乾坤体现了天和地。乾坤产生万物,也即天地产生万物。这一说表明乾坤产生万物,只不过是天地产生万物的另一种说法。

总之,通过以上分析,我们可以看出,孔子晚年,曾对世界万物起源问题,进行了多方面的探索,说法很多,没有最终统一成一个说法。但不管是精气起源论,还是太一起源论、气本论,其唯物主义世界观的实质是清楚的。这里特别应当指出的是,把精气作为世界万物产生的源头,孔子是第一人,他早于《管子》,他也是最早提出太一起源论的人。他论述气生万物的思想虽很粗糙,但从系统性来说,他也是第一人。他坚持唯物主义和无神论,但又不排除神道设教,这在中国历史上也是第一人。孔子在中国哲学史上这种独特的作用和重要的历史地位,是不容忽视的。

第三讲

孔子神道设教的真和假

大家都知道,孔子思想中有一个神道设教的思想。那么,这思想的实质如何,功能如何? 这种宗教手段和人事、理性的关系又如何? 我们在此做些探讨。

一、神道设教的无神论实质

为了弄清孔子神道设教的实质,我们有必要引用一下他和弟子宰我之间的一次对话。这个对话同时保存于《孔子家语·哀公问政》篇和《礼记·祭义》篇中,文字略有差异,基本思想一致。这充分说明了这一对话的真实性和可靠性。开始是宰我问孔子:"吾闻鬼神之名,而不知所谓。"孔子回答说:

> 气也者,神之盛也,魄也者,鬼之盛也。合鬼与神,教之至也。
> 众生必死,死必归土,此之谓鬼。骨肉毙于天下,阴为野土,其气扬
> 于上,为昭明、焄蒿、凄怆,此百物之精也,神之著也。因物之精,制
> 为之极,明命鬼神,以为黔首则,百众以畏,万民以服。(《礼记·祭
> 义》)

这里,孔子明确认为神是众生死后"扬于上"的气,鬼是众生死后变为野土的骨肉。都是物质性的东西,是无意识的。众生必有一死,死后它们的气散发到天空中,有一股香臭气味,形成一种使人看得见的景象,使人伤感,这是百物之精。这种很精致的气,人们称之为神。孔子在这里又说:"合鬼与神,教之至也。"就是说鬼和神合在一起,叫作鬼神,这个鬼神,是人们进行教育的极好手段。

从以上这段话中,我们可以看出两点:第一,鬼神是一种精致的气,作为

气,它是没有人格,没有意识的物质性的东西,它根本不可能主宰人间祸福,不可能扬善罚恶,它既不能操纵自然界的水旱风雨、动植物的生死,也不能干涉社会领域的人的死生富贵和事业穷通。从这方面看,孔子是泛神论者,他这观点和 17 世纪荷兰唯物主义哲学家斯宾诺莎有类似之处。斯宾诺莎有一个著名的论点,叫作"上帝就是自然。"①这是泛神论,其实质是唯物主义和无神论,孔子在这里也一样,他的观点既是唯物主义,也是无神论的。第二,与此同时,我们还可以看出,孔子在这里提出了一个神道设教的思想,认为可以把鬼神作为政治教育的绝好工具。本来,在孔子以前,以鬼神作为政教工具的宗教神学早就有了,天命鬼神观念早已成为春秋以前统治阶级的政教工具,孔子神道设教思想的提出并不奇怪。但问题是他对鬼神的看法和过去统治者的传统看法根本不一样,在过去统治者眼里,鬼神是有意识有人格的。而孔子则认为鬼神包括上神(即天帝)都是一种精致的气,这实际上否认了它们的实有性。这样,孔子进行神道设教的上帝鬼神,实际是一种虚假的、人为编造出来的神。这意味着,他所提出来的神道设教,是以虚假的神为基础的,是以人为地编造出来的神为基础的,他这种神道设教实质上是唯物主义和无神论的。所以,他所提出来的神道设教思想和传统的西周以来的以鬼神作为政教工具的思想有着本质上的不同。

还应指出,孔子与宰我谈到鬼神是精致之气,这思想和《大戴礼记·天圆》篇中神灵即精气的思想是一脉相通的。《天圆》为曾子后学所写,其中涉及孔子说过的一些话。孔子说:

> 阳之精气曰神,阴之精气曰灵。神灵者,品物之本也。而礼乐,仁义之祖也,而善否治乱所由兴也。

孔子在这里很明确地提出一个"品物之本"的问题。所谓"品物之本,"也就是世界万物产生的根源,在孔子看来,"神灵"是根源,而"神灵"又是精气。一个是"阳的精气",一个是"阴的精气"。所以,孔子在这里实际上提出了一个精气起源论,这说明他是一个唯物主义者。

这里谈到"神灵","神灵"就是鬼神。他认为神灵是精气,这和他说的神是"百物之精"意思是一样的。由此也可以看出,他对宰我说的"合鬼与神,教之至也"的鬼神是假的。

为了说明孔子神道设教的唯物主义和无神论实质,我们还可看看他和

---

① 北京大学《欧洲哲学史》编写组:《欧洲哲学史》,北京:商务印书馆,1997 年,第345 页。

鲁哀公之间的一段谈话。这段谈话保存在《大戴礼记·千乘》一文中,在那里,当鲁哀公向孔子问如何把千乘大国治理好时,孔子说:

> 下无用,则国家富;上有义,则国家治;长有礼,则民不争;立有神,则国家敬;兼而爱之,则民无怨心;以为无命,则民不偷。昔者君王本此六者,而树之德,此国家之所以茂也。(《大戴礼记·千乘》)

这里,他提出了治理国家的六个方面的方法。其中两条,一条是"立有神,则国家敬";一条是"以为无命,则民不偷"。正如前面我们已经分析的那样,"无命"就是否定命定论,否定他自己说过的"死生有命,富贵在天"的那个天帝所安排的命运。可是在这里,他又提出了"立有神"的观点,明明没有天帝,没有神,却又要树立一个有神的观点,目的是为了使整个国家在神的旗帜下有所敬畏。他这种说法看起来很矛盾,但实际上并不矛盾,因为按实际说,他并不信神,不信天帝,所谓"立有神",立起来的神是假神。他的意思是:你要上帝给你长命富贵、事业一帆风顺吗? 这是痴心妄想,上帝实际上不存在。但为了便于国家治理,即使没有上帝鬼神,也要树立起一个人造的上帝和鬼神来。孔子这思想,可以说是中国式的造神论。这种造神论和列宁批判过的俄国的造神论不一样,俄国那时的造神论是要把马克思主义让人民看成神学来崇拜,而孔子只不过是把当时社会上已经流行的天命神学继续加以利用罢了。他自己仍然站在无神论的立场上,天帝和鬼神在他那里已只剩下一个虚假的名称了。他之所以还要这个虚假的名称,完全是为了神道设教。

孔子有关神道设教的无神论本质,我们还可以从《礼记·檀弓上》记载的几句话中可知。在那里,孔子说了这么几句话:

> 之死而致死之,不仁而不可为也;之死而致生之,不知而不可为也。

这些话意思是什么呢? 这是说,人死了,把祭品送给死者,认为人确实死了,这是没有仁爱之心,这种想法要不得,不能这样认为;人死了,认为人还活着而送给祭品,这是"不知"、愚蠢的表现,也不可这样认为。归根到底说,人死了,就什么也不知道了,所谓鬼神接受祭品,实际上是空的,只有这样认为,才是有理智的表现。人们所以要给死者送祭品,这是为了表达人们对死人的爱心,是为了神道设教而已。

大家都知道,孔子是重祭祀的,对此,在《论语·八佾》篇中有一句名言,叫作:

祭神如神在。

意思很清楚,有意志有人格的神实际上是没有的,但为了政治上、道德教育上的需要,即使没有神,也要假装着认为真的有神那样去祭祀它。孔子神道设教的无神论实质是一清二楚的。

二、神道设教的政教功能

孔子不相信上帝鬼神的真实存在,但他对传统的宗教神学主张加以利用,原因是因为它有重要的治国政教功能。

首先,他认为传统的宗教神学对人主人臣有警戒作用。在《大戴礼记·用兵》篇,有一段孔子对鲁哀公说的话:

圣人爱百姓而忧海内,及后世之人,思其德,必称其人,故今之道尧舜禹汤文武者犹依然,至今若存。夫民思其德,必称其人,朝夕祝之,升闻皇天,上神歆焉,故永其世而丰其年也。夏桀商纣嬴暴于天下,暴极无辜,杀戮无罪……于是降之灾;水旱臻焉,霜雪大满,甘露不降,百草蔫黄,五谷不升。民多天疾,六畜瘁瘖,此太上之不论不议也。天伤厥身,失坠天下。

另外,在《大戴礼记·少闲》篇中记载,当鲁哀公问孔子:什么叫"失政"?像商纣、夏桀那样残暴无道的帝王,是否算"失政"时,孔子说:

否,若夏商者,天夺之魄,不生德焉。

从这两段话中,我们可以看到,孔子在这里确实很推崇天帝的作用,它甚至能把夏桀、商纣的魂魄夺走,让他们国破身亡。如果仅从字面上就事论事,人们一定会认为孔子是天命决定论者,他的观点是客观唯心主义的历史观。可是,我们首先应当弄清,孔子真的相信有上帝鬼神吗?其实,他根本不信有上帝、有鬼神,他是无神论者。他在这里只是利用社会上存在的天命论吓唬鲁哀公而已,他自己是并不相信真有那么一个上帝来奖励尧舜禹汤文武的,也不相信真有那么一个上帝来惩罚桀纣,甚至夺走他们的魂魄的。

所谓吓唬,真正的目的是警戒鲁哀公,要他执政为民。有人认为,孔子的思想不那么简单,很复杂。是的,孔子思想确实比较复杂。但是,重要的是要分清本质和假象,在无神论和天命神学的关系上,他本质上是无神论者,而各种各样的天命鬼神宣传是假象。正如马克思所说那样,"如果事物的表现形式和事物的本质会直接合而为一,一切科学都成为多余的了"。①

孔子在《大戴礼记·用兵》、《大戴礼记·少闲》等篇中,抬出一个天命决定论吓唬鲁哀公,确实把鲁哀公吓了一跳,鲁哀公听完孔子一番言论以后说了一句话:"在民上者,可以无惧乎哉?"(《大戴礼记·用兵》)孔子警戒鲁哀公的目的,也就达到了。

有意思的是,在《孔子家语·五仪解》中,谈到鲁哀公向孔子请教时,竟然又提出了一个与此相关的问题,他问孔子:"夫国之存亡祸福,信有天命,非唯人也?"意思是说,国家的存亡、得祸、得福,难道真的是决定于天帝的意旨,难道人自己无能为力吗? 听了鲁哀公这个提问后,孔子回答说:

存亡祸福,皆己而已,天灾地妖不能加也。

这里,孔子回答了历史观上一个很重要的问题。他这里明确认为国家的存亡祸福,不是上帝决定的,国家存亡祸福的决定因素是人不是天,这说明,他在这里是人本主义,不是神本主义;是以人为本,不是以神为本。他在这里还特别谈到了"天灾地妖"的问题。我们知道,孔子在谈到天帝奖罚帝王的时候,谈到了种种方法,它奖励好君主的方法,就是"得其位"、"得其禄"、"得其寿"(《中庸》),"永其世"、"丰其年"(《用兵》),"日月当时"(《贤君》),惩罚坏帝王的方法就是:"降之灾,水旱臻焉,霜雪大满,甘露不降,百草蕃黄,五谷不升,民多夭疾,六畜瘁瘠"、"夭伤厥身,失坠天下"(《用兵》),"天夺之魄"(《少间》),"庙灾"(《家语·六本》)等。这里就涉及天灾地妖。应当说,其中有些就很厉害,比如:"夭伤厥身"、"天夺之魄"、"失坠天下"。"夭伤厥身"、"天夺之魄"是说把君主的命都夺走了,"失坠天下"就是亡国了。可是,孔子在这里还说"天灾地妖不能加也",他还说:"祸福存亡,皆己而已。"这不是自相矛盾吗? 那么,孔子为什么要那么说呢? 这里问题的关键是,孔子之所以要说这些奖罚君主的方法,其目的只是警戒一下,吓唬一下而已,他自己实际上并不相信天帝有那么大的作用。实际上,他认为天帝是没有的,这些奖罚手段也是编造出来的。鲁哀公所以向孔子提出这些问题,说明虽被孔子吓唬了一顿,但仔细一想,也对天帝作用到底有没有孔子

———————————

① 《马克思恩格斯全集》25 卷,北京:人民出版社 1957 年,第 923 页。

吓唬那样厉害产生了怀疑。所以,当鲁哀公进一步问到天帝能否决定国家存亡命运时,孔子就只能据实以答了。在这里,我们可以告诉那些认为孔子晚年仍然坚持唯心主义天命论的人,可以清醒了,因为孔子晚年宣扬天帝主宰论只不过警戒人主、人臣的一种手段,他自己是无神论者,是根本不信的。

果然,孔子在进一步回答鲁哀公的提问时,他把自己的真实想法说出来了。在《孔子家语·五仪》篇记载了孔子这些话:

> 天灾地妖,所以儆人主者也,寤梦征怪,所以儆人臣者也。灾妖不胜善政,寤梦不胜善行,能知此者,至治之极,唯明王达此。

为了说明这个道理,孔子还讲了两个故事。一个故事,是讲商纣之时,有一只小麻雀在城墙角上生了一只大鸟。占卜的人说,以小生大,是上帝发出来的一个好消息,国家一定会兴旺发达,能称王于天下。纣王听了这话很高兴,但他没想到这是上帝对他的警戒,没想到这是上帝要他把国家治理好,相反,以为自己无须修理国政了,整天寻欢作乐,残暴杀人,最后国家反而亡了。还有一个故事,是讲殷王太戊之时,朝廷里发现桑树和谷树共生在一起,占卜的人说,此事不吉利,要亡国。太戊害怕了,不断反省自己的错误,努力学习先王治理国家的好经验,三年以后,国家面貌大变,更强盛了。孔子这里的意思是,小麻雀生大鸟,桑树和谷树在朝廷里共生在一起,这些自然界怪异现象与国家治乱无关,上帝根本不存在。这些怪异现象和国家治乱连在一起,都是占卜者编造出来的。作为帝王都应把这些看成对自己的警戒。在这里纣王理解错了,太戊理解对了。而真正影响国家兴亡起决定作用的因素是人,不是神。孔子是人本主义者,不是神本主义者。他认为事在人为,神道设教的作用毕竟是次要的。

其次,孔子还认为宗教神学是维护君权和维护孝道的重要手段。在《孔子家语·论礼》这篇文章中,谈到有一次孔子在家里闲居,和子贡、子张、子游这些弟子们谈到了礼,孔子当时说了这样的话:

> 郊社之礼,所以仁鬼神也;禘尝之礼,所以仁昭穆也;馈奠之礼,所以仁死丧也;……明乎郊社之礼,禘尝之礼,治国其如指诸掌而已。

这里谈的是以礼治国。他特别谈到了郊社之礼和禘尝之礼,郊社之礼是祭上帝的,禘尝之礼是祭祖宗、祭父母的。在他看来,实行这些祭祀,就能使君臣、君民、父母子女之间和睦相处,从而达到治理国家的目的。正因为如此,他说:"明乎郊社之礼,禘尝之礼,治国其如指诸掌而已。"所谓"指诸掌"是说,治国很容易了。在这里,完全可以看出,孔子之所以宣扬天命鬼神,目的是为了维护政治统治和道德教育。天命鬼神观念是他进行神道设教的重要工具。

在《孔子家语·五刑解》中,我们还可看到孔子和冉有之间的对话。孔子说:

> 不孝生于不仁,不仁生于丧祭之无礼。明丧祭之礼,所以教仁爱也。能教仁爱,则丧思慕,祭祀不解人子馈养之道。丧祭之礼明,则民孝矣。

这一段,明确指出丧祭之礼就是为了教育人们孝顺父母的,说明祭鬼祭神,其目的是为了神道设教。

最后,孔子还认为传统的宗教神学可以使人与人之间享受到娱乐,在快乐中和睦相处。在《孔子家语·观乡射》一文中谈到孔子和子贡有一次参加了蜡祭,当时孔子问子贡:"快乐吗?"子贡回答说:"整个国家的人像发疯似的高兴得不得了,可是,我看不出来乐在何方?"孔子听了子贡的话后发表了一段议论。他说:

> 百日之劳,一日之乐,一日之泽,非尔所知也。张而不弛,文武弗能;弛而不张,文武弗为。一弛一张,文武之道也。

蜡祭,是周代的一种风俗习惯,每到年终,人们在冬至后第三个戌日祭祀众神,包括谷神、田舍之神、猫的幽灵、虎的幽灵等,因为这些神都有功于农业。这个祭祀还要告诫诸侯不要热衷于打猎,不要热衷于女色。它表示着年景好,农业丰收,农民经过一年劳苦,该休息了,可以娱乐娱乐了。正因为如此,孔子认为这里体现了西周创始人文王武王的弛张之道,通过这种蜡祭,可以让劳动人民经过一年辛勤劳动以后,能得到休息,亦能体现统治者对农民的关怀之心,从而促进社会和谐。

三、神道设教的局限性及其理性依旧

孔子晚年,一方面坚持无神论,另一方面又主张充分利用传统的宗教神学,利用这些神学进行神道设教。但这种利用是有限度的。在治国问题上,宗教神学在维护统治和道德教育方面有一定作用,但不能决定国家存亡,国家存亡决定于人自己的主观努力,不决定于天帝鬼神。这一点,我们在前面已谈到了。在其他方面,如人的生死富贵、事业穷通上,他实际上也摆脱了上帝天命决定论。比如:他提出的"以无命,则民不偷"的思想,实际上也把命运决定生死贫富、事业穷通的观点否定了。在《孔子家语·六本》一文中,他又提出了这样的观点:

生财有时矣,而力为本。

这句话,涉及个人求富的问题,他这里没有再重复早年"富贵在天"的话,而是强调"时"和"力"。所谓"时"就是时世、时机,所谓"力",即主观努力,说明他已把"富贵在天"的思想否定掉了,他强调的是把握时机和人的主观努力。

他这一思想亦可以从他对子贡的赞扬中看到。子贡是孔子的高足,口才又好,善于经商,《孔子家语·七十二弟子解》中曾说他"家富累千金"。《论语·先进》篇中记载了孔子的话:

赐不受命而货殖焉,臆则屡中。

在这里,孔子不仅没有责备子贡不信"天命",相反,他称赞子贡"臆则屡中"。"臆则屡中",就是凭他自己的聪明才智经商,得到成功,说明子贡靠人力不信天命是正确的。

孔子晚年特别喜爱研《易》,因为这一点,曾遭弟子子贡反对,认为孔子热衷于迷信,孔子对此曾为自己辩解。他说:

后世之士疑丘者,或以《易》乎?吾求其德而已,吾与史巫同途而殊归者也。君子德行焉求福,故祭祀而寡也,仁义焉求吉,故卜而筮希也。祝巫卜筮其后乎?(《帛书周易·要》)

孔子这段话的意思是说,他自己虽不反对祝巫卜筮那样祈求天帝鬼神赐吉避凶,但他不相信有天帝鬼神,他求神只是装样子的,他真正追求的是人自己所应具有的仁义和德行,靠德行求福,靠仁义求吉,所以祭祀和卜筮是放在次要地位的。

孔子的弟子子贡是一个好寻根问底的人,有一次,他问孔子:人死以后还有知觉吗?孔子回答说:

吾欲言死之有知，将恐孝子顺孙妨生以送死；吾欲言死之无知，将恐不孝之子弃其亲而不葬。赐不知死者有知与无知，非今之急，后自知之。(《孔子家语·致思》)

所谓"有知"、"无知"，涉及有无鬼神的问题，如果人死以后无知，也就无所谓鬼神了，如果人死后还有知，那肯定是成鬼神了。但孔子认为这问题还是以不回答为好，回答了反而产生不良影响。说人死有知，人成了鬼神，那些孝子贤孙为了侍候祖先，就会跟着去殉葬，这太残忍了。如果说人死无知，那些不肖子孙，就不管死去的父母，连埋葬的事都不想管了，这不利于推行孝道。在孔子看来，提有鬼无鬼的问题，还要看是否有利于推行孝道。鬼神实际上是没有的，推行孝道比关心有鬼无鬼问题更为重要。

孔子强调仁义和德行，认为它比神道设教重要，而且还强调人的智慧、求知，认为它比神学宣传更重要。这点，子贡在《要》篇中也谈到了。子贡说：

夫子它日教此弟子曰："恧行亡者，神灵之趋；知谋远者，卜筮之蔡"。赐以此为然矣。

这里，"恧行"，即德行。子贡这里所引孔子的话，一方面强调德行，贬低宗教神学，另一方面强调智谋、智慧、理性，贬低卜筮。子贡这些话反映了孔子的思想实际。孔子虽然主张神道设教，但他更重视德行和理性。他不仅认为德行比神道设教重要，而且还认为理性比宗教信仰更重要。

孔子68岁以后回到鲁国，他和鲁哀公的多次谈话中，其中有一次直接谈到神道设教的问题。鲁哀公当时问孔子：恭恭敬敬地搞好祭祀，诚心诚意地祭上帝，祭地上和四面八方各方面的鬼神，这样是否可以减少鬼神的不满？孔子听了后回答说：

丘未知其可以省怨也。(《大戴礼记·诰志》)

孔子为什么这样说呢？他未把这个秘密说穿。实际很简单，上帝和鬼神根本不存在，当然也谈不上"省怨"还是"不省怨"了。他这么一回答，弄得鲁哀公无所适从，摸不着头脑，接着又问：到底该怎样侍候鬼神为好啊？孔子说：

以礼会时。夫民见其礼则上下援，援则乐，乐斯毋忧，以此省

怨而乱不作也。(《大戴礼记·诰志》)

这里,孔子指出"省怨"的结果是有的,但不是鬼神"省怨",而是民"省怨"。统治者以祭祀的形式祭上帝,祭四面八方的鬼神,通过这种祭祀的形式,使老百姓尊君、敬亲,相互之间和谐相处,这样对统治者的不满减少了,这就是"省怨"。不满情绪消除的结果,造反、作乱也没有了,这是神道设教的结果。但孔子还指出,这种通过神道设教的办法,不等于就不会发生水灾、旱灾等自然灾害。要消除自然灾害,作为君主,要有对老百姓的仁爱之心,还要有智慧,把二者结合起来,让百姓富起来,顺时作业,发展生产,减少劳役,这样做的结果,老百姓不仅减少了不满情绪,甚至能达到一点怨恨也没有了。老百姓对君主很满意,一点怨恨也没有了,你这个统治也可以长治久安了。他说:

无怨则嗣世久,唯圣人!(《大戴礼记·诰志》)

从孔子这些话中,我们可以看出,孔子虽不反对祭祀上帝鬼神,不反对以宗教神学作为神道设教的工具,但他认为要想使国家长治久安,还得靠执政者的智慧和仁爱之心,以理性思维和爱心指导百姓发展生产,让老百姓过上富裕生活。无疑,孔子这些观点是很精湛的。他以老百姓的满意程度来考核执政者的政绩,甚至把它看成王朝兴亡"嗣世久"的决定因素,他重视农业生产,这是历史观上的唯物主义。

孔子在社会生活中要执政者以理性和爱心指导老百姓的生产,让老百姓发财致富,而不是仅靠祭祀鬼神治国,实际上就是重人事、轻鬼神的思想表现。他这一思想还在多处说过,比如:

未能事人,焉能事鬼。(《论语·先进》)
务民之义,敬鬼神而远之,可谓知矣。(《论语·雍也》)

孔子这些话表明,他虽不反对敬鬼神,事鬼神,但他认为治国主要不能靠宣扬神道,主要还是要靠智慧和爱心,靠仁义道德治国,他看重人事,而把祭鬼神等神道设教放在次要地位。

另外,孔子虽不反对神道设教,但反对活人殉葬,这一思想是很明确的。比如:有一次,他的弟子子游说:"为死人举行葬礼时,用泥土做车,用稻草扎成人和马殉葬,这是古时传下来的礼节,然而现在有人用木偶殉葬,这不是好礼节。"孔子听了子游的话以后,就发表自己的看法,他说:

为刍灵者善矣，为偶者不仁，不殆于用人乎？（《孔子家语·曲礼公西赤问》）

他这里同意子游的看法，认为用稻草扎成人和马的方法好，用木偶不好，前一种方法说明心地仁慈，而后一种方法接近于用活人殉葬，认为这是没有仁爱之心。

孔子不仅反对用木偶人陪葬，而且还反对用活人用的器具作陪葬品。他在（《孔子家语·曲礼子夏》）里有一段话：

凡为盟器者，知丧道也，有备物而不可用也。是故竹不成用，而瓦不成滕，琴瑟张而不平，笙竽备而不和，有钟磬而无簨簴。其曰盟器，神明之也。哀哉！死者而用生者之器，不殆于用殉也？

这里，陪葬品虽然很多，但孔子认为，这些陪葬品必须是些没有实际用途的东西。竹器不能用，瓦器不能盛汤，琴瑟有弦但是坏了的，笙竽是不能吹的，钟磬没有悬挂的木架，无法敲击。这叫盟器，是专侍奉鬼神的。他认为对死人只能这样。不然，就和用活人殉葬一样了。

孔子虽支持神道设教，但他反对因宗教活动大肆挥霍浪费。比如，《礼记·檀弓》上篇中，子游曾谈到孔子住在宋国时，见到桓司马给自己设计石椁，花了三年工夫，还没完工，孔子认为这样做，是一种挥霍浪费行为，他说：

若是其靡也！死不如速朽之愈也。

这实际上也即认为，宗教行为要受理性指导。丧葬活动，并非越豪华奢侈，越有利于人的幸福。对丧葬，孔子是主张适可而止的。有一次，他的学生子游向他请教丧葬用具时，孔子说："称家之有无。"子游进一步问他时，他又说：

有，毋过礼。苟亡矣，敛首足形，还葬，县棺而封，人岂有非之哉？（《礼记·檀弓》上）

这是说，家里即使很富裕，也不要不顾礼节规定认为越丰厚越好。如果家中不富裕，只求衣服能遮住身体，殓完了立刻下葬，甚至用绳子拉着棺木下葬，也没有人会责怪他们的。

孔子虽支持神道设教，但他反对把祭神、敬神的范围无限扩大，在《论

语·为政》中,有一句话,说出了他的意思,叫作:

> 非其鬼而祭之,谄也。

这句话就是对那些把祭神范围无限扩大的人说的。

在《孔子家语·正论解》中,其内有一段记载,说是楚昭王病了,占卜的人说是"河神为祟"。意思是黄河的河神作祟,使楚昭王得了病。在这种情况下,要治好昭王的病,就必须去祭祀黄河的河神。可是,当占卜的人告诉楚昭王以后,楚昭王不信,没按卜筮者说的做,他下面那些大臣也劝昭王祭黄河,昭王也不听。他的理由是:按夏、商、周的祭祀制度,有一条常规叫"祭不越望",即祭神对象不能超过望得见的山川,如按这规矩,楚国只要祭长江、汉水、沮水、漳水就行了,黄河离得太远了,我不可能得罪黄河的河神,所以不祭。孔子听了这些话说:

> 楚昭王知大道矣,其不失国也宜哉!《夏书》曰:"维彼陶唐,率彼天常,在此冀方。今失厥道,乱其纪纲,乃灭而亡。"又曰:"允出兹在兹。"由己率常,可矣。

孔子这里称赞楚昭王,就是因为楚昭王不任意扩大祭祀范围,能坚持按传统办法行事。

孔子坚持传统的宗教神学活动,但对风水学完全持否定态度。有一次,鲁哀公问他:"我听说,向东边扩建住宅不吉利,难道真有这种说法吗?"孔子回答说:

> 不祥有五,而东益不与焉。夫损人自益,身之不祥也;弃老而取幼,家之不祥;释贤而任不肖,国之不祥;老者不教,幼者不学,俗之不祥;圣人伏匿,愚者擅权,天下之不祥。不祥有五,东益不与焉。(《孔子家语·正论解》)

这里,孔子强调的完全是社会领域,人们自己应当做的事,根本不涉及上帝鬼神的安排,在他看来,人们要想在社会中得到安宁与幸福,完全靠人自己去创造。

孔子虽不反对传统的宗教神学活动,但对有些人以鬼神卜筮为手段,在社会领域制造混乱,造谣惑众者,持坚决反对态度。孔子曾有这样的话:

假于鬼神时日,卜筮以疑众者杀。(《孔子家语·刑政》)

谋鬼神者罪及二世。(《孔子家语·五刑解》)

看来,即使在春秋时期,宗教活动也有合法与不合法的区别,有些宗教活动是国法所容许的,有一些则是不合法的,若有人公然造谣惑众,以鬼神卜筮在民众中造成混乱的,政府是应给予坚决取缔的。在这点上,孔子也是同意的。

总之,孔子虽不反对宗教神学活动,但在他的思想中,人事变革比宗教手段更重要,宗教手段应接受理性的监督。孔子的真实思想是唯物主义和无神论,他认为上帝鬼神是不存在的。

第四讲

孔子的唯物主义认识论

　　孔子的认识论,其中有唯物主义,也有辩证法。唯心主义先验论有一些,但不是主要的。过去人们以正名学说作为孔子认识论的主要内容,并认为他基本上是一个先验唯心主义者。这一评价显然不合适,我在这里作一些新的探索。

一、以道和万物情性为认识对象

　　孔子的认识论,在认识的对象和来源的问题上有种种具体的说法,也有总的概括性的论述。他的一些具体说法,表现在人才等级的评价上,也表现在他的政治思想、教育思想、生产劳动学说等领域中。

　　孔子在评论人才等级时,曾经把人才分为四等。他说:

　　　　生而知之者,上也;学而知之者,次也;困而学之,又其次也;困而不学,民斯为下矣!(《论语·季氏第十六》)
　　　　唯上知与下愚不移。(《论语·阳货第十七》)

　　这两段话中,第一段话很明确把人分成四等。第一等:天生的智者,生下来什么都知道,不需要通过后天学习获得知识;第二等:通过后天学习获得知识和才能的人;第三等:人生道路上碰到了种种困难,才想到学习,结果通过后天学习也获得了知识和才能;第四等:在人生道路上发生了种种困难,还是不肯通过学习改变自己的人。归结起来,他认为有两种人无法改变,即第一等人和第四等人。第一等人天生什么都知道,无须学习;第四等人根本不愿学习,也无法改变。按他的说法,第一等人,大概也就是第二段话中的上知;而第四等人,大概也就是第二段话中的下愚之辈了。

　　现在看来,孔子认为有天生的无须后天学习的智者,这是唯心主义先验论,是错误的。但他又认为人们可以通过后天学习获得知识和才能,这是正确的,实际上承认了知识来源的客观性,是唯物主义反映论的观点。

值得注意的是,孔子虽说有生而知之的人,但他并没有指出历史上哪一个就是这样的人,这只是想着可能有,而实际生活中并不存在这样的人。在谈到自己时,他认为自己是靠后天学习获得知识和才能的。他说:

> 我非生而知之者,好古,敏以求之者也。(《论语·述而》)
> 吾少也贱,故多能鄙事。(《论语·泰伯》)

他认为自己的知识才能完全是后天学来的,他自己属于第二、三等人。少时家里贫穷,地位低贱,生活上碰到种种困难,使他"困而学之",通过生活实践,学到不少鄙事,得到了不少知识,增长了才干。

这一事实说明,在孔子眼中,真正的知识是后天学来的,在这方面,他是唯物主义的反映论者。他虽不否认有"生而知之"的智者,但这一思想不是主要的,他真正相信的,还是唯物主义。

孔子的认识论,在他的政治学说中表现得最为突出。

比如:他的学生子张有一次问他如何才能当好官,他们谈了很多。孔子谈的内容,主要强调爱民,尊重民意,认为民意在执政者和民的关系上起着至关重要的作用。他还认为,君主或执政官吏在执政过程中首先应当好好了解民情、民性,在这个基础上开展工作。他说:

> 君子莅民,不可不知民之性,达诸民之情;既知其以生有习,然后民特从命也。(《大戴礼记·子张问入官》)

这里,"民之性",是指老百姓的习性,"民之情"指老百姓的实际情况,"以生有习",指老百姓的秉性、实情和习惯。这段话的意思是说,作为君主和官吏,你想管好老百姓的事,你就得好好了解老百姓的实际情况。这里,他强调执政者治国治民应以老百姓的实际情况为出发点,无疑是一条唯物主义的认识路线。

孔子还说:

> 君子莅民,不临以高,不道以远,不责民之所不能。(同上)
> 君子易事而难说也。说之不以道,不说也。及其使人也,器之。(《论语·子路》)

以上第一段话强调让老百姓干力所能及的事，不强求高远，不脱离实际。第二段话，说明一个好的执政者眼光很高，标准很高，在他统率之下的人办事很难使他满意喜悦，但这些执政者使用人都能量才使用，任人唯器，不要求全知全能。孔子这种执政思想，都是唯物主义思想。

孔子自己与人谈政治，都是很有针对性的，这种针对性，也就是我们现在说的有的放矢。比如，有一次，子贡问孔子："叶公问老师如何治国？您说：要治好国，必须把近处的人团结好，让远处的人羡慕你这地方，跑来归附你。鲁哀公问您如何治国？您又说，要治好国，必须选择好臣子。齐景公问您如何治国？您又说，要治好国，必须节省财政开支。为什么三个人向您提了同一个问题，您的答复完全不同啊？"孔子回答说：

> 荆之地广而都狭，民有离志焉，故曰在于附近而来远。哀公有臣三人，内比周以惑其君，外障距诸侯宾客以蔽其明，故曰政在论臣。齐景公奢于台榭，淫于苑囿，五官之乐不解，一旦赐人百乘之家者三，故曰节用。（《尚书大传略说》）

孔子这段话的意思是：楚国都城狭小，但版图很大，地广人稀，百姓还有叛离的想法，要治好国，就必须把团结工作搞好。鲁国季氏、孟氏、仲氏三位大夫垄断国政，在内结党营私欺骗国君，对外拒绝诸侯宾客访问以蒙蔽国君，要想治好这个国家，必须选择好执政大臣的人选。齐国国君齐景公很奢侈，建华丽的亭台，修园林，养珍禽异兽，整日以歌舞享乐，一个早晨三次把拥有百辆兵车的封邑赏给三位官吏，所以说，要治好齐国，必须大大地节约开支，杜绝奢侈浪费。从孔子这段话中，我们可以看出，孔子提出的意见是很中肯的。关键是，他提出的政见是根据各国的实际情况提出来的，是有的放矢，实事求是的。用他自己的话说，叫作"各因其事"。他这一思想符合唯物主义反映论原则。

孔子的唯物主义认识论还表现在他因材施教的教育方法上。孔子是大教育家，他在中国古代开创了私人办学之风。在教育方法上也很有特点，他教育学生很重视因材施教。在《论语》中有这样一段话，很有代表性：

> 子路问："闻斯行诸？"子曰："有父兄在，如之何其闻斯行之也？"冉有问："闻斯行诸？"子曰："闻斯行之。"公西华曰："由也问闻斯行诸，子曰：'有父兄在'；求也问闻斯行诸，子曰：'闻斯行之'。赤也惑，敢问。"子曰："求也退，故进之；由也兼人，故退之。"（《论语·先进》）

　　这里的"闻斯行诸?"是子路向孔子提出来的一个问题,意思是说,我听到了正确的道理是否要立刻化为行动啊? 孔子的回答是:你还有父兄在,不要急于见诸行动,还是先跟家人商量商量再付之于行动吧! 可是这同一个问题,冉有又提出来时,孔子没有让冉有说跟家里父兄商量,而是说,就见诸行动吧! 孔子这两个答复,他的另一个弟子公西华都听到了,公西华感到很奇怪,为什么同一个问题,孔子的回答不一样? 因此,他就向孔子问这是为什么? 那么,孔子是怎样回答的呢? 孔子说,这是因为对象不同,冉求为人碰到事常常退缩不前,所以需要推他一把;子路则相反,子路是急性子,碰到事总是抢在前面,一个人把两个人要做的事都做完了,所以要让他退让一点。孔子这里对两个学生的问题,采用两种不同的回答,正是一种因材施教的方法。对象不同,教的方法也不同,说明他是非常尊重客观实际的,这是一种唯物主义的思想方法。

　　还有一次,孔子对颜渊说:"用之则行,舍之则藏。惟我与尔有是夫!"意思是说:"有人用我,我的政治主张就能实行;如果没人用我,我就把我的政治抱负藏起来等待时机,这一点只有我和你颜渊能做到。"可是就在这时候子路说话了,他说:"老师,要是你统率三军出去打仗,你需要跟谁在一起啊?"孔子又答话了,他说:

　　　　暴虎冯河,死而无悔者,吾不与也。必也临事而惧,好谋而成者也! (《论语·述而第七》)

　　意思是说:"徒步和老虎搏斗,不用船徒步就想渡过黄河,这样的人虽然勇气可嘉,但太鲁莽了,这样的人,我是不能与之同行的。我所需要的人应当是面对重大任务谨慎恐惧,但又善于提出好谋略好主意能把事情做成功的人。"从这里我们又可看出,孔子所以说这些话,完全是针对着子路说的。"临事而惧,好谋而成"这两句话,是对勇敢而又缺乏谋略的子路所提供的最有力的教材。

　　孔子的唯物主义认识论,我们还可以从他自己对待客观事物的态度上看出来。

　　在《论语》中有这样几句话:

　　　　子绝四:毋意,毋必,毋固,毋我。(《论语·子罕第九》)

　　这段话是孔子的学生对孔子所作的评语。"毋意",就是不搞无根据的猜测;"毋必",就是不搞绝对化;"毋固"就是不固执己见;"毋我"就是不自以为是。这说明,在学生的眼中,他们认为孔子不是主观主义者。

孔子的认识论还表现在他要求执政者教民按时生产上。比如:在他晚年和鲁哀公的一次对话中,反复强调农业生产必须按时作业,要不误农时。他说:

> 以时通于地。(《大戴礼记·千乘》)
> 司徒典春,以教民之不则时。(同上)
> 方秋九月,收敛以时。(同上)
> 司空司冬,以制度制地事,准揆山林,规表衍沃,畜水行,衰濯浸,以节四时之事。(同上)
> 太古无游民,食节事时,民各安其居。(同上)
> 气食得节,作事得时。(同上)

所有这些,说明孔子很重视时,而这个时本身又是客观世界本身存在着的,他要求人们的思想行为和这个客观存在的时相一致,这就是唯物主义反映论的世界观和具体表现。

归根到底,孔子认识天时气候变化,认识民情民性,认识人才特点,认识学生优缺点,认识每一个国家的治乱得失,等等,都是为了弄清天地自然界和人类社会的道。那么,道是什么呢?在孔子思想中的道,也就是天地自然界和人类社会存在的客观规律及其密切相关的客观真理。孔子晚年,他和鲁哀公的一次谈话中,当鲁哀公问到什么样的人可以称为圣人时,孔子回答说:

> 所谓圣人者,知通乎大道,应变而不穷,能测万物之情性者也。
> 大道者,所以变化而凝成万物者也。情性也者,所以理然、不然、取、舍者也。(《大戴礼记·哀公问五义》)

这里的“大道”是指天地自然界和社会领域一些大的客观规律,如阴阳之道、变化之道、损益之道、中庸之道,万物产生之道,这些规律涉及世界万物如何在变化中产生的问题。这里“所以变化而凝成万物”,并非说万物由“大道”产生凝成,而是说“大道”是万物凝成的所以然,它是万物凝成的规律、道理。而“情性”,是人们是非取舍的客观依据。这说明圣人思想认识的来源是客观世界和客观世界的规律,不是上帝意志,也不是主观自生之物。这完全可以说明孔子的认识论,从其基本思想来说是唯物主义反映论。

二、获取知识途径和方法的多样性

孔子的认识论在认识的途径和方法方面，谈了很多。他谈到了多闻多见、多学多问、行中求知、九征观察法、学思结合、举一反三。

（一）多闻多见

《论语》中有这样一段话：

> 盖有不知而作之者，我无是也。多闻，择其善者而从之，多见而识之，知之次也。（《论语·述而第七》）

这就是说，为了获得知识，要多见多闻。但见到的东西，听到的东西不一定都是真理，这里可能有错误的东西，要有取有舍。

感性认识不仅有错误的、不好的东西，而且有时可能有虚假，是假象，这一点，孔子也谈到了。比如，孔子曾说：

> 以容取人乎，失之子羽；以言取人乎，失之宰予。（《韩非子·显学》）

子羽，即澹台灭明，武城人，字子羽，孔子开始见他外貌丑陋，以为他天资低下，然实际上此人公正无私，很有道德修养，还在鲁国当了大夫。宰予，字子我，能言善辩，曾在齐国当大夫，孔子曾批评他大白天睡觉，是不可雕的朽木。孔子认为他的才能和他的口才不大相称，光耍嘴皮子，说漂亮话，干不好。这些事实说明仅仅凭言语和外貌看人看事，有时可能产生错觉，容易为假象所迷惑。无疑，孔子这些观点是正确的。

但即使如此，多看看、多听听仍然是取得知识的重要途径。

（二）多学多问

孔子是很重视学和问的。《论语》开篇就是"学而时习之，不亦说乎？"（《论语·学而第一》）他把学习看成了"可与言终日而不倦"（《韩诗外传卷六》）的朋友。在他看来，人只要不死，就得学习，学是一生的梦。有一次，他的学生子贡说他自己对学习有些厌倦了，想休息休息，孔子说："望其圹，皋如也，巅如也，鬲如也，此则知所息矣。"（《荀子·大略》）意思是说："你看看那坟墓，像山那么高，像一个大鼎似的，这就是休息的地方。人只要不进坟墓，就应该好好学习。"他还说：

好仁不好学,其蔽也愚;好知不好学,其蔽也荡;好信不好学,其蔽也贼;好直不好学,其蔽也绞;好勇不好学,其蔽也乱;好刚不好学,其蔽也狂。(《论语·阳货第十七》)

丘少而好学,晚而闻道,此以博矣。(《御览六百七引慎子》)

欲知则问,欲能则学。(《群书治要·尸子》)

以上第一段话谈不学习的坏处,认为一个人有仁爱之心而不好学,有时可能干蠢事,不分敌我好坏,连敌人、坏人都爱;一个人爱动心机耍小聪明而不学习,就可能因小失大,迷失方向;一个人喜欢讲信用而不好学,就可能被人利用,跟着别人干坏事;一个人心地耿直而不好学,有时可能因不讲分寸轻重而伤害对方;一个人很勇敢而不好学,就可能胆大妄为,闯大祸;一个人性情刚强而不好学,就可能狂妄自大。第二段话,谈到自己因努力学习而得益,在晚年不仅学到了许多知识,而且找到了治国平天下的大道和高层次的哲理。所以,在孔子看来,学习的好处是不言自明的。第三段,强调问和学的重要性。只要翻开《论语》和有关孔子言论的一些其他著作,我们可以看到很多地方都是他的学生在向他提问题,这些提问都是获取知识的重要方式。谁想获得知识,谁就应当善于向他人请教。有时被请教的人可能在许多方面不如自己,但由于在某一点超过了自己,自己亦应向他请教。比如:孔子的高足颜回是孔子最喜欢的学生,他属于德行科第一,但即使如此,他还常常向其他人请教。曾子说:"以能问于不能,以多问于寡,有若无,实若虚,犯而不校,昔者吾友尝从事于斯矣。"(《论语·泰伯第八》)有人说,曾子这里说的"吾友",就是颜回。曾子这里是不是说颜回并不重要,重要的是当时确实是提倡这种不耻下问的风气的。

(三)观察法

孔子在认识客观事物时强调多见多闻,有时还强调观察。他曾提出从九个方面观察一个人的品德和能力。这九个方面是:

远使之而观其忠,近使之而观其敬,烦使之而观其能,卒然问焉而观其知,急与之期而观其信,委之以财而观其仁,告之以危而观其节,醉之以酒而观其侧,杂之以处而观其色。九征至,不肖人得矣。(《庄子·列御寇》)

他这里提的九个方面是:①观察是否忠于职守;②观察对人是否恭敬;③观察办繁杂之事的能力;④观察办急事的智力;⑤观察其是否守信;⑥观察其是否贪财;⑦观察危险关头会否变节;⑧看他喝醉酒是否守规矩;⑨让

他男女相处,观察是否贪女色。他认为经过这九个方面的考察,要是这个人真是一个无德无才的人,肯定能看清楚了。他这思想,说明他对感性认识还是很重视的。他在说这话的同时,也谈到了认识的困难,特别是认识人,很容易被假象所迷惑,他说:

> 凡人心险于山川,难于知天,天犹有春夏秋冬、旦暮之期,人者厚貌深情。故有貌愿而益,有长若不肖,有顺懁而达,有坚而缦,有缦而钎。故其就义若渴者,其去义若热。(同上)

他在这里竟然说,人心难测,甚至比了解天还难。自然界四季循环,春夏秋冬,都有一定时间,可人不一样。有的人外表忠厚,实际很骄傲。"益"即自满;有的人长得不怎么样,外表固执保守,可人却通情达理;有的人外表坚强,实际软弱;有的人表现和气,实际上很凶悍;有的人好像从善如口渴一样,可真正需要干正义之事时又如热开水烫着自己一样躲开。这里,他为人们揭示了本质和假象的区别,要人们在认识事物时进行全方位的观察,争取抛开假象,达到事物的本质。他在这里虽未直接提出假象、本质这些哲学范畴,但在实际上他的思想已经在这一哲学领域来回奔驰游荡。

(四)学思结合

由于人的见闻之知经常出现一些差错,必然使孔子进一步考虑补救之法,这个补救之法就是学思结合。孔子说:

> 吾尝终日不食,终夜不寝,以思,无益,不如学也。(《论语·卫灵公第十五》)
> 学而不思则罔,思而不学则殆。(《论语·为政第二》)
> 不学而好思,虽知不广矣。(《韩诗外传卷六》)
> 弗学,何以行? 弗思,何以得? (《中论·治学》)

这里的关键,是要弄清"罔"和"殆"的含义。"罔"就是茫茫然找不到头绪的意思,"殆"就是思路枯竭、思路不广之意。人的理性思维,必须以大量的感性资料作为基础,有了大量感性资料,人们理性思维,如鱼得水,就能进行由此及彼、由表及里、去伪存真、去粗存精的分析综合工作,就会弄清哪些是假象,哪些是真相;哪些是表面现象,哪些是本质、规律性的东西,这样,不但思路不会枯竭,而且会大有所得。所以,不学习,没有大量感性资料或间接的书本知识不行,有了大量资料,不进行理性思维也不行。孔子关于学思结合的真义也在于此。他这个思想闪耀着辩证法的光芒,是学习经验的宝贵总结。

(五)举一反三

在涉及学习方法时,孔子曾谈到了举一反三的方法。他说:

> 不愤不启;不悱不发。举一隅不以三隅反,则不复也。(《论语·述而第七》)

什么叫"愤"呢,就是思考问题老是想不通。什么是"悱"呢?指的是嘴巴想说,但又说不出来。"隅"是角,一张桌子有四个角,就是四个"隅"。这几句话的意思是:一个老师在教学生的时候,要充分发挥学生主动思考问题的能力。一是勤奋思考的习惯,为了让学生勤于思考,老师的教育方法要搞启发式教法,只是在一定的时候点一下,不要代替学生思考问题;二是培养学生联想推理的能力,要让学生举一反三。这说明,在增长知识方面,运用好这一方法,也是很重要的。老师告诉学生一方面的知识,要让学生通过联想推理的方法学到更多的知识。《论语》中记载,有一次,孔子问子贡:"你和颜回相比,谁学得好?"子贡回答说,我怎么能跟颜回比啊!"回也,闻一知十,赐也闻一知二。"(《论语·公冶长第五》)意思是,老师教颜回一个方面的知识,颜回能通过推理联想获得十个方面的知识,而我呢?老师告诉我一方面的知识,我只能通过联想推理获得两个方面的知识,我不如颜回啊!由此可以看出,孔子这里推出的教学方法,对于获得知识,意义也是很大的。可以说,这是一个很大的创造。

三、知行关系

这里,还有必要指出,孔子对知行关系的重视。

(一)行中求知,行中验知

孔子不仅认为人们可以通过见闻和问学获得知识,而且可以通过实践获得知识。他说:

> 君子食无求饱,居无求安,敏于事而慎于言,就有道而正焉,可谓好学也已。(《论语·学而》)

这里,"敏于事"指办事很勤快、很敏捷。人们在实践、在办事的时候,干得很勤快,但不一定干得正确,很可能还有很多不足之处,有时还可能干错了。所以,需要请教有经验的人指点,不断改进。这种不断改进的过程,也就是知识不断增长的过程。这种人虽没有读《诗经》、《易经》、《尚书》等书，但也可说是好学的人。当然，这种人的知识才能不是从书本中学到的，他们的知识才能是在实践中干的过程中获得的。所以，这段话表明，孔子认为知识也可以从实践中获得，实践能产生知识。不仅如此，而且还认为知识是否有用，是否正确，还可在干事的过程中得到验证。错误者改之，正确者保留，不足者补充。

孔子有个弟子叫宓不齐，字子贱，鲁国人，比孔子小49岁，他曾在单父那个地方当官，工作很有成绩。有一次，孔子去看他，问他做官有什么收获，又有什么损失？宓子贱说做官没什么损失，得到了很多。他谈了三点收获，其中第一点收获是过去书本上的知识，通过当官的实践，理解得更明确了。用他的话说："始诵之文，今履而行之，是学日益明也。"（《说苑·政理》）意思是说，过去书本上说的道理，经过实践的验证，自己理解得更清楚了。本来书本上说的道理是正确的，通过实践，认识到这些道理确实是正确的，有些道理书本上说了，自己理解得很肤浅，通过实践，理解加深，更清楚了。当时孔子听了宓子贱的话，心里非常高兴，他当时就说：

> 君子哉！若人，君子哉！若人，鲁无君子者，斯焉取斯？（《说苑·政理》）

意思是说：这人是君子啊！谁说鲁国没君子啊？如果鲁国没有君子，那么，像宓子贱那样的人那里怎么会有这些美德啊！这里孔子所说的"君子"，绝不是像有些人所认为的那样是奴隶主，他这个"君子"是指有高尚道德的人。从孔子这些赞语中，我们可以看出，孔子是完全同意宓子贱所认为的理论经过实践得到验证，使认识更深刻的说法的。实践确实能检验理论，并使人们加深对理论的认识。

（二）学以致用

孔子对知行关系的理解，不仅是把行看成知识的途径和方法，而且还把行看成为知的目的。在他看来，人们所以要追求知识，目的是为了实行。对那些知行脱节，把知识看成装门面、耍嘴皮子的工具的人，他是不喜欢的。他说：

> 君子有三忧。弗知，可无忧与；知而不学，可无忧与；学而不行，可无忧与？（《韩诗外传卷一》）
>
> 有其言而无其行，君子耻之。（《孔子家语·好生》）
>
> 君子欲讷于言而敏于行。（《论语·里仁》）

古者言之不出,耻躬之不逮也。(《论语·里仁》)

君子以行言,小人以舌言。(《孔子家语·颜回》)

孔子有个侄子叫孔蔑,也叫孔忠,是七十二子之一。他和宓子贱同时做官。孔子到宓子贱那里了解做官的经验教训,宓子贱回答得很好,孔子很满意。但在孔子问孔蔑时,孔蔑的回答让孔子很失望。他认为做官没有什么经验,只有教训,"王事若袭,学焉得习,以是学不得明也"(《说苑·政理》),意思是:当官太忙,公事一件接着一件,弄得无法学习书本知识,反而越来越不明白了。在这里,孔蔑把做官的实践和书本理论知识完全对立起来了,完全是个书呆子。根本的一点,是没有弄清楚学习书本理论的目的,就是为了实践,理论本身是为实践服务的。

四、结束语

综上所述,我们可以看到,孔子的认识论从人才等级的划分上来看,可以说他是二元论者,但基本倾向是唯物主义的。他的认识论内容极为丰富,它一方面总结了前人的优秀理论成果,同时也为今后认识论思想的发展起到了积极的启发开创作用。他所提出来的知民性、达民情思想,任人唯器思想,学而知之思想,因材施教思想,不误农时思想,多闻多见思想,博学多问思想,学思结合思想,举一反三思想,学以致用思想,行中求知思想,行中验知思想,言行一致思想,对中国几千年来人们思维方式的形成,有着极大影响。

在过去,人们在谈到孔子认识论时,常常搬出他的正名学说进行批判,并以此证明他的认识论是唯心主义先验论。现在看来,这是不对的。孔子的认识论,既然有那么多的唯物主义思想,为什么偏偏要在他的正名学说上做文章呢?更重要的是,正名学说涉及"名"和"实"的关系。"实"决定"名",这是唯物主义。但"名"对"实"又有反作用,否认这一点也是错误的。而那些批评孔子正名学说的人,实际上就是把这种反作用误认为唯心主义。结果,他们在批判"名"对"实"的反作用的同时,也就是说,他们在批判"循名责实"的同时,自己陷入了形而上学的泥坑。所以,批判孔子的正名学说是错误的,相反,应当对其予以肯定,孔子在这里还有辩证法思想。

第五讲

孔子论阴阳之道

　　阴阳之道，是孔子晚年议论的一个重要内容，也是他哲学思想中的重要的组成部分。古棣先生说"孔子不是严格意义上的哲学家"①，我看这个说法不对。孔子大谈阴阳之道，就为他哲学家身份提供了一个有力证据。更重要的是，它为中国几千年来的哲学繁荣开辟了一个全新的局面。下面，我们就孔子阴阳之道的丰富理论内涵做些初步探讨。

一、阴阳之道不仅是天道而且也是人道

　　研究孔子思想，人们常常以《论语》作为资料的出发点，认为只有那本书的资料能代表孔子的真实思想，其实，那是疑古派设置的障碍。地下发掘的事实已经证明，《孔子家语》、《大戴礼记》、《易传》、《礼记》、《荀子》、《史记》、《说苑》、《韩诗外传》、《韩非子》、帛书《易传》、《二三子问》、《易之义》、《要》、《缪和》、《昭力》、楚简《穷达以时》等著作中，还有很多可靠的资料。这些资料充分说明孔子晚年在阴阳之道方面有很多观点，孔子肯定世界上一切事物之中都存在着阴阳矛盾，阴阳矛盾是一条普遍规律。比如：马王堆帛书中，有一篇《缪和》的文章。缪和是个人名，是孔子晚年的学生，他向孔子提一个问题，说《周易》中"困，亨；贞，大人吉，无咎"；"吉"指的是什么？"吉"在哪里？针对缪和提的问题，孔子说了一大段话，其中最主要的是这样的几句话：

　　　　凡天之道，壹阴壹阳，壹短壹长，壹晦壹明，夫人道尤之。②

---

　　①　古棣等：《孔子批判》上册，长春：时代文艺出版社，2001 年，第 126 页。
　　②　廖名春：《帛书〈缪和〉释文》，见《国际易学研究》第一辑，北京：华夏出版社，1995 年。

孔子这几句话,一下子提出了阴阳之道,认为阴阳之道不仅是天道,而且也是人道。这就是说,阴阳矛盾规律,不仅仅是自然界的规律,而且也是人类社会中存在的规律。他这里说"人道尤之",这意思表明,阴阳矛盾规律在人类社会中体现得更明显,更加突出。孔子这一思想,难道不是明明白白地提出了一个重要的哲学观点吗?

孔子在说了这些话以后,紧接着又举了些实例。他说:

> 是故汤□□王,文王拘于羑里,[秦缪公困]于殽,齐桓公辱于长勺,越王勾践困于[会稽],晋文君困[于]骊氏。……①

这段话由于帛书损毁,字迹模糊等原因,不能全部译出,但在《说苑·杂言》中,我们可以看到与此几乎一样的言论,只是说话的对象不同。那是孔子63岁从陈至蔡的路上,陈蔡两国大夫怕孔子到楚国受重用,对他们国家不利,发兵把孔子围于路上,不让他们到楚国去,弄得连吃饭的口粮都没有了,跟随孔子的学生很多都病倒了。在那种情况下,孔子对子路、子贡等学生,说了那样一段话:

> 昔者,汤困于吕,文王困于羑里,秦穆公困于殽,齐桓公困于长勺,勾践困于会稽,晋文困于骊氏,夫困之道,从寒之及暖,暖之及寒,唯贤者独知而难言之也。易曰:困,亨;贞,大人吉,无咎。有言不信,圣人所与,人难言信也。(《说苑·杂言》)

这段话是对《缪和》篇帛书的最好注释,它完全弄清楚了《缪和》篇残缺不全的文字,其真实面目就是这一些内容。同时也证明了《缪和》篇也是一篇记载孔子言论的文章;缪和所称的"先生",也就是孔子。

孔子说的这些事,如何体现阴阳矛盾规律呢?我们在这里没有看到孔子有具体解释。但孔子这里谈的是困卦,困卦的符号是☱☵,其中有三个阴爻,也有三个阳爻,这就体现了阴阳之间的矛盾关系。再说,按《彖》辞的解释:"困,刚揜也。险以说,困而不失其所亨,其唯君子乎!'贞,大人吉',以刚中也。"(《易经·困》)这里的意思是,困卦意味着,代表阳刚的圣人君子受到了危难,被危难所压,被阴柔小人所害,但阳刚的君子临危不惧,以愉悦的心

---

①   廖名春:《帛书〈缪和〉释文》,见《国际易学研究》第一辑,北京:华夏出版社,1995年。

情和阴柔小人作斗争,虽遭极大困难而最终取得了亨通的胜利后果,这是只有圣人君子能做到的事情啊!困卦说"圣人君子占卜吉利",这是为什么啊?就是因为代表阳刚的圣人君子具有中正的美德啊!无疑,《象》辞这一解释和孔子的观点是完全一致的。孔子所以举出商汤、周文王、秦穆公、齐桓公、勾践、晋文公这些历史人物开始受难,最后亨通的事实,也就是为了说明《象》辞说的道理。这里说的就是阴阳之间的矛盾斗争。这些事件本身就说明阴阳斗争和阴阳转化规律在整个过程中起着作用。

孔子在陈蔡之间绝粮七日,整天饿肚子,就在那时,孔子还弹琴唱歌。第八天,困难结束了,学生子贡拉着马的缰绳说:"我们这些学生跟着老师经受了这次大难,可不能忘记啊!"孔子听了子贡的话以后说:

> 善!恶何也?夫陈蔡之间,丘之幸也。二三子从丘者皆幸也。吾闻之,君不困不成王,烈士不困行不彰,庸知其非激愤厉志之始于是乎在?(《孔子家语·困誓》)

孔子在这里很赞许子贡,说子贡的话说得好,"善",就是好,但接着提了个问题,"恶何也?"这是反问"是什么道理啊?"孔子指出,在陈蔡之间的危难得到解除,对我来说是幸事,对你们这些学生来说,也是幸事。常言道,国君不经受困难的考验,不能称王称霸,有抱负的男子汉不经受困难的考验,他的高尚品行就不能显示出来,不能被广大民众看到。我们怎么知道,这次磨难不是激发人们奋发向上之志的开始啊?

孔子这段话没有直接谈阴阳矛盾,他谈的是幸和不幸的关系,陈蔡被围对孔子和孔子的学生来说是不幸,危难解除,不幸转化为幸事。更重要的是,人的奋发有为的意志得到了磨炼,为今后更大的成就创造了条件。显然,孔子这一段话,和前面那段话是密切联系在一起的。前面那段话,谈到商汤、周文王、秦穆公、齐桓公、勾践、晋文公通过磨难,最后称王称霸。在这段话中,虽没有直接谈阴阳转化,实际上,在他看来,这还是阴阳转化规律在起作用。由此我们可以推断,在孔子著作中,谈矛盾转化的地方还很多,这些矛盾转化论思想,同时也是他的阴阳转化论思想的各种具体表现。阴阳转化之道,阴阳之道,这是孔子提出来的具有中国特色的辩证法思想。这当然不是说,孔子当时就想到了提出一个具有中国特色的辩证法思想,这一"中国特色"只是我们现在的看法。在我看来,把对立面的双方规定为一方叫作阴,另一方叫作阳,这更能显示出矛盾双方的种种差别,这更能说明,即使是在双方和谐平衡的情况下,它们也不是没有分别的。

孔子谈阴阳矛盾,有时还谈刚柔矛盾,这二者是互通的。阳也就是刚,阴也就是柔。比如他说：

> 《易》之义，谁阴与阳，六画而成章。曲句焉柔，正直焉刚。六
> 刚无柔，是谓大阳，此天之义也。□□□□□□□□□□方。六
> 柔无刚，此地之义。①

以上这段话中的"谁"，应为"唯"字，是抄写帛书的人写错了。这段话着重谈了阴阳之道是《易》的基本思想。《易经》中的卦画有"—"和"– –"两种卦爻组成，每卦都有六画，如：☰代表天，☷代表地，这就是孔子说的"六画而成章"。孔子这里说："曲句焉柔"是指阴爻"︿"，是弯曲的。"正直焉刚"是指阳爻，符号是一个直的"—"。这里的阳爻亦可叫刚爻，阴爻亦可叫柔爻。"六刚无柔，是谓大阳"，指的是☰，它就是六个阳爻，或称六个刚爻。"六柔无刚"，指的是☷，是六个柔爻，也就是六个阴爻。《易经》六十四卦，全部都由"—"和"︿"两个爻组成。后来"︿"这个符号的写法改成"– –"，但性质不变。在孔子看来，六个阳爻代表天，六个阴爻代表地，阳性事物和阴性事物相互补充，相互作用，相互斗争，从而促进了世界万物的产生发展。这就充分说明，世界万物离不开阴阳矛盾，阴阳矛盾存在于世界万物之中。更为重要的是，孔子第一次把一部主要谈"—"和"︿"的符号哲学的书转化为主要谈阴阳之道的义理哲学书，在古代中国揭开了一个学术大发展的新局面。

孔子有时并不把自然界和人类社会的矛盾规律都称为阴阳律，他分别把天上的矛盾律叫阴阳律，而把地上的矛盾叫刚柔律，把社会领域人和人的关系归结上下关系，实际上，就是上下律。他说：

> 《易》又天道焉，而不可以日月生辰尽称也，故为之以阴阳。又
> 地道焉，不可以水、火、金、木、土尽称也，故律之柔刚。又人道焉，
> 不可以父子、君臣、夫妇、先后尽称也，故要之以上下。②

这段帛书《要》篇的话，有些是错字。如："又"，应为"有"；"日月生辰"，应为"日月星辰"。这些错字，可能是抄写的人抄错的。孔子在这段话中仅仅把天道归结为阴阳规律，而把地道、人道称为刚柔律和上下律。这并不意

---

① 邓球柏：《白话帛书周易》，长沙：岳麓书社，1995 年，第 279 页。
② 邓球柏：《白话帛书周易》，长沙：岳麓书社，1995 年，第 279 页。

味着阴阳律不是普遍规律。实际上,刚柔律和上下律都不过是阴阳律的不同叫法而已。因为在他看来,无论是大地还是人类社会,其中存在着各种各样的矛盾和斗争,而这些矛盾和斗争都是阴阳两种性质的矛盾方面的斗争。

二、阴阳关系的四个含义

阴阳律既然普遍存在于自然界和人类社会中,那么,阴和阳这两个对立面是什么关系呢? 它们是如何相处的? 按理说,孔子晚年,他作为一个讲《易》的教师,对《易经》的每一卦都会说出一点道理,都会指出阴阳律是如何具体起作用的。但是,由于年代久远,资料散失,我们只能就现有的有限资料作些追踪研究。

首先,我们认为在孔子思想中,阴和阳的关系有时是一种和谐关系,平衡关系。孔子 68 岁时,季康子派人把孔子迎回鲁国,不久,鲁哀公接见孔子,他问孔子作为一个儒,有些什么样的行为准则,孔子当时谈了很多,其中有两句话:

> 道途不争险易之利,冬夏不争阴阳之和。(《孔子家语·儒行解》)

这话的意思也就是说,作为一个儒不为个人的私利斤斤计较,不去破坏本来很和谐的自然秩序和社会秩序,他们绝不因为争夺个人私利去破坏这些和谐和平衡,这里,孔子说的"阴阳之和"的"和",也就是和谐、平衡的意思。这说明自然界和社会领域处于阴阳平衡、阴阳和谐的状态,这是一种美好的境界,是不应破坏的。相反,人们应该努力争取实现这种秩序。

据说,孔子学生子张有一次问:"仁者何乐于山也?"孔子回答时,指出山里长着好些草,好些树,鸟兽都在那里生存繁殖,那里藏着很有价值很有用的东西,但山自己没有一点私心,各方人都可以到那里去采伐。他还说山有以下一些功能:

> 出云风,以通乎天地之间,阴阳和合,雨露之泽,万物以成,百姓以飨,此仁者之所以乐山者也。[1]

这意思是说,山还能生云,连通天地,使天地之间达到阴阳结合、阴阳和

---

① 薛安勤:《孔子集语注释》,长春:吉林文史出版社 1996 年,第 53 页。

谐、阴阳平衡、生雨生露,使万物能成长发育,让百姓享受到这些美好的恩赐。这些都是仁者乐山的原因。在这里,孔子说到了"阴阳和合",也是阴阳之间达到和谐、平衡的意思。他说山能生云生风,能连通开地,这些说法不大科学。但他说天地之间存在着"阴阳和合"这种对立统一关系,则是一种深刻的辩证法思想。

其次,孔子思想中的阴阳关系,有时是阴和阳之间的互相结合、互相补充的意思。在帛书《衷》篇中有这样几句话:

> 故武之义,保功而恒死;文之义,保安而恒穷,是故柔而不狀,然后文而能朕也;刚而不折,然后武而能安也。(第5页)①

这段文字,由于帛书原稿字迹不清,学术界有不同译法。主要是"狀"和"朕"两字,有的把"狀"字译为"狂",把"朕"译成"胜"。刘大钧教授引《庄子·人间世》"仰而视其细枝,则拳曲而不可以为栋梁"之语,把"狀"字解为"拳曲"之义,音与"拳"同,又把"朕"解为"胜"。我赞成这种说法。

在这段话中,孔子没有直接引用阴阳两个概念,但说到柔和刚。柔即阴柔,刚即阳刚,实际上谈的还是阴和阳之间的相互关系。他在这里指出,武人打仗,常因过于刚愎自用而丢掉性命;文人治国,又常因过于委曲求全而遭到贫穷、贱视和冷落。他认为正确的态度,就当使阴柔和阳刚两方面都不要太过分,要做到"柔而不狀"、"刚而不折",使阴柔和阳刚二者结合好,使之互相配合、互相补充。

孔子周游列国,晚年回到鲁国以后,鲁哀公曾问孔子什么是人的性和命。孔子在答复鲁哀公时,提出了这样一个命题:

> 一阳一阴,奇偶相配,然后道合化成。(《孔子家语·本命解》)

这就是说,一阴一阳互相配合,互相补充,这就是道,就是世界万物通过阴阳变化而形成的原因。这里也谈到阴阳之间的配合和补充。孔子这一说法,和今本《系辞》的"一阴一阳之谓道"的提法几乎完全一样。但在今本"系辞"中没有说这句话是属于孔子的,而在《孔子家语》中,明确指出这是孔子的话。从这一点看来,《系辞》传中有些话虽为孔子所说,但未标明孔子所作的地方,可能还不少。他的思想还没有完全发掘出来。

根据《左传》记载,昭公二十年,子产去世后,子太叔为政,郑国崔符多

---

① 刘大钧:《续读马王堆帛书〈衷〉篇》,见《周易研究》,2008年。

盗,太叔开始主张宽,后来进行了镇压,孔子听到这件事以后,说了一段话,他说:

> 善哉!政宽则民慢,慢则纠之以猛。猛则民残,残则施之以
> 宽。宽以济猛,猛以济宽,政是以和。

在这里,孔子提出宽猛相济的思想,从哲学上说,也就是刚柔相济、阴阳相济的思想。所谓"相济",也就互相配合,互相补充的意思。

再次,孔子思想中的阴阳关系,还有着相互作用、相互推动、相互较量和争斗的意思。在《京氏易传》中有一段孔子的话:

> 二气阳入阴,阴入阳,二气交互不停。故曰生生之谓易。天地
> 之内,无不通也。①

这几句话表明,阴阳二气在天地之间相互作用,相互推动,正是这种作用使万物不断生长发育,生生不息,阴阳二气是世界万物产生、发展的根源。这段话,既是唯物主义的思想,也是阴阳辩证法。

孔子在《礼运》篇中还说:

> 故人者,天地之德,阴阳之交,鬼神之会,五行之秀。

这里,孔子把人也说成是阴阳之间交互作用的产物。

在和鲁哀公之间的谈话中,孔子说:

> 分于道谓之命,形于一谓之性,化于阴阳象形而发谓之生,化
> 穷数尽谓之死。(《孔子家语·本命解》)

孔子在这里谈到命、性、生、死,认为它们都是阴和阳之间相互作用、相互推动中产生、形成的。人之生、命、性是如此,连死也是如此。人的生命是男人和女人阴阳和合的产物,人的死是由于人体内部新陈代谢,衰朽力竭和强壮体力之间相互作用结果。用我们现在这个眼光来看,孔子这一阴阳学说无疑是正确的,是合乎辩证法的。

孔子去世以后,曾子的学生单居离向曾子提出了天圆地方说,曾子回答

---

① 薛安勤:《孔子集语译注》,长春:吉林文史出版社,1996 年,第 121 页。

说,他自己曾从孔子那里听说过,由此引出一段气生万物的思想。在这里,还涉及孔子关于阴气和阳气相互作用的辩证法思想。孔子曾说:

> 阴阳之气,各从其所,则静矣;偏则风,俱则雷,交则电,乱则雾,和则雨;阴气胜,则散为雨露;阴气胜,则凝为霜雪;阳之专气为雹,阴之专气为霰,霰雹者,一气之化也。毛虫毛而后生,羽虫羽而后生,毛羽之虫,阳气之所生也;介虫介而后生,鳞虫鳞而后生,介鳞之虫,阴气之所生也;唯人为保匈而后生也,阴阳之精也。(《大戴礼记·曾子天圆》)

这段话现在看来,似乎没有什么科学性。从哲学角度看,也有自相矛盾之处。比如:他在这里谈"阳之专气为雹,阴之专气为霰",又说:毛虫、羽虫是"阴气之所生",介鳞之虫是"阴气之所生也",这就和阴气、阳气相互作用、相互推动产生万物的观点发生了矛盾,好像独阴独阳也能产生万物了。

但是,尽管如此,这段话中,还有一些很宝贵的东西。比如:他用"偏""俱""交""乱""和""胜"等说法,来形容阴阳矛盾关系的多样性。"偏"指的是阴和阳之间力量对比稍有偏重,或者阳气重,或者阴气生。"俱",就是聚合在一起,互相交融。"交",就是相互作用、相互推动、相互碰撞。"乱",就是阴阳双方杂乱地渗透在一起。"和",就是指和谐相处,相互补充,互相取长补短。"胜",就是阴阳双方经过一番较量和激烈斗争以后的胜者。他对阴阳矛盾关系的这种描述,就很有价值。他在这里表明,阴和阳之间不仅是一种互相支持、互相帮助的关系,而且在有时还是一种斗争和敌对的关系。

最后,孔子思想中的阴阳关系,还有阴阳转化,物极则反的意思。我们上面提到的孔子和鲁哀公的谈话中,提到"化于阴阳象形而发谓之生,化穷数尽谓之死"这两句话,既说明了阴阳之间是一种互相推动的关系,而且还说明了阴阳转化、物极则反的思想。因为人的生命走向终结,生转化为死,活人成了死人,代表死亡因素的阴柔势力战胜了代表生长因素的阳刚势力,这就是阴阳转化、物极必反。这也是孔子这两句话所包含的意思。所以紧接着孔子还说了这样几句话:

> 阴穷反阳,故阴以阳变;阳穷反阴,故阳以阴化。(《孔子家语·本命解》)

这里"阴穷反阳""阳穷反阴",并非说,本来是独阴,后来又变成独阳;原来是独阳,后来又变成独阴。实际上,在人的生命中,代表成长因素的阳刚势力和代表死亡因素的阴柔势力是自始至终都存在的,这两种势力之间相互作用、相互斗争,是贯彻于人的一生的。"阴穷反阳""阳穷反阴",只是说明生命内部一方战胜另一方的结果,表明了人的生命从无到有,又从有到无的转化过程。所以,孔子这里的概括,从现在看来也是很深刻的。而这里所体现的正是矛盾转化论的思想。

三、义理派易学的奠基人

孔子的阴阳思想,只是他全部哲学思想体系的一个重要组成部分。在中国哲学史上,《易经》是最早一部哲学书,同时也是卜筮之书,这部书的哲学思想主要蕴含于"—"和"– –"两个符号的排列组合之中。这两个符号当时是否已称之为"阳"和"阴",这在历史上还是一个谜。因为,从《易》的文字看,它们很有可能是"九"和"六"相称,或有其他说法,而不以"阳"和"阴"相称,这里涉及"阴阳"两字究竟何时成为哲学概念的问题。在现有资料中,《尚书·周官》是比较古老的,其中有"论道经邦、燮理阴阳"的话。这里的"阴阳"两字有很大的概括性。这可说明最晚至周成王时,"阴阳"两字已成了哲学概念。与此同时或稍晚,《周礼》中也有"观天地之会,辨阴阳之气"(《春官宗伯》),"风雨之所会,阴阳之所和"(《地官司徒》),也表明"阴阳"两字已具有哲学概念的意义。以后,到周幽王二年,三川发生地震,伯阳父认为这是无地之气失序。"阳伏而不能出,阴迫而不能烝"(《国语伯阳父论周将亡》)这种说法虽局限于自然现象,但也可说已具有哲学概念意义。老子生年早于孔子,他著作中有"万物负阴而抱阳"(《老子·四十二章》)的话,这里的"阴阳"很明显地表明已是一对哲学概念。比较而言,孔子谈阴阳矛盾的地方比他们任何一个人都要多,他在晚年对阴阳之道有着比较深入的探索;他谈"阴阳"就是谈哲学;老子谈万物有"阴阳",孔子进一步指出"阴阳"是道,是一条自然界和人类社会都起着作用的普遍规律。更重要的是,孔子是在研究《易经》的基础上谈阴阳矛盾的。在他那里,"—"即阳,"– –"即阴。他把《易经》以"—"、"– –"两个符号为基础的哲学转换成以"阴阳"为基础的哲学,为中国几千年来的哲学繁荣带来了一个全新的局面。

依照以上这些情况,我们在这里可以这样说,孔子是中国哲学史上第一个把阴阳和道结合起来,把它看成自然界和人类社会普遍规律的人,他又是第一个以阴阳之道为核心建立起哲学体系的人,也是在中国第一个在《易经》基础上建立起义理派易学的人,他是义理派易学的最为重要的奠基人。他以阴阳矛盾为核心的辩证法思想为他的哲学家身份,提供了一个有力证据。古棣先生的"孔子不是严格意义上的哲学家"说法是站不住脚的。

第六讲

孔子论变化之道和应变之道

按照辩证法的观点来说,自然界和人类社会在不断地运动着和变化着的,这是一个规律。那么,孔子是否认识到这个规律了,他在这方面有些什么创造性的说法呢? 我们在这里做些探索。

一、没有运动变化,就没有世界万物

世界万物在不断运动着、变化着,这在孔子思想中是很清楚的。人们经常提到有孔子在《论语》的那几句话:

> 子在川上曰:"逝者如斯夫,不舍昼夜!"(《论语·子罕第九》)

这几句话很平常,谁都可能说出来。但正是这几句话,其中包含着一个哲理,这是认为时间在变化,随着时间的变化,世界上的一切都在变化。它们都从幼年走向中年,走向老年,告别过去。自然界如此,人类社会的一切也是如此。它们都像流水一样,不断地流动着,变化着。孔子这里在叹息,叹息什么呢,他是在叹息事物变化之快。当然,这只能说明他有一种朴素的、自然的辩证法的世界观,还谈不上严肃的理论上的探讨。

有没有理论上的论证呢? 有。我们可以从一次鲁哀公和孔子的对话中看到。鲁哀公问孔子"君子何贵乎天道也?"孔子回答说:

> 贵其不已也,如日月东西相从而不已也,是天道也;不闭而能
> 久,是天道也;无为而物成,是天道也;已成而明之,是天道也。
> (《孔子家语·大婚解》)

这里,孔子谈了天道四点可贵之处。第一点是说,天没完没了地运动

着,永不停止。第二条是说,天没有把自己封闭起来。第三条是说,天虽在运动不已,而且在运动变化过程中创造万物,但在表面上人们看不出来,好像它什么也没干。可就在这看着"无为"的过程中,万物都生长发育,都被创造出来了。第四条是说,天创生万物以后,万物都很明显地摆在那里,它的伟大功绩是清清楚楚、明明白白的。从这一段话中,我们可以看出,孔子认为天道可贵,是因为天创生了万物,而天创生万物,是离不开运动变化之道的。世界万物是天在运动变化过程中不知不觉地被创生出来的,是在不被人发觉的过程中通过运动变化创造出来的。所以,这里虽说的是天道可贵,实际上也充分说明了运动变化规律在万物产生、发育成长过程中的重要性。

孔子重视变化规律的思想,还可从他的易学研究中看出来,在帛书《易之义》中有这样一段话:

> 《易》之要,可得而知矣。《键》《川》也者,《易》之门户也。《键》,阳物也。《川》,阴物也。阴阳合德而刚柔有体,以体天地之化。①

这段话的《键》即《乾》、《川》即《坤》。孔子在这里认为,《乾》《坤》二卦,是《易经》最重要的入门之卦,《乾》代表阳性之物,《坤》代表阴性之物;《乾》也代表刚,《坤》也代表柔;《乾》还代表天,《坤》还代表地。阴阳刚柔互相结合、相互作用产生万物,同时也体现了天和地相互作用,引起运动变化产生万物的过程。所以,《乾》《坤》之所以重要,也就是因为它体现了运动变化过程中产生万物的这一规律。

在现在的通行本《系辞》中,这一段话中"以体天地之化"的"化"字,写的是"撰"字。它原来是什么字,现在不能最后确定。但从含义来说,实际上是一致的。"撰"者,创作也,亦即由于运动变化而创造万物之意。"化"强调的是创造的过程,"撰"强调的是创造结果。

二、谁精通万物运动变化的奥妙,谁就是圣人

在《说苑》中记载着一段话,是颜渊问孔子的话,他问孔子"成人之行何若?"什么叫"成人"?"成人"亦可解为成年人,亦可解为完美无缺的人。在这里应指后者。在《论语·宪问》中,子路也向孔子问过同样的问题。孔子当时的回答是:"这样的人需要有臧武仲那样的智慧,有孟公绰那样的克制,

---

① 邓球柏:《白话帛书周易》,长沙:岳麓书社,1995 年,第 328 页。

有卞庄子那样的勇敢,冉求那样的才艺,再用礼乐加以修饰,这样的人可以成为完美无缺的人了。"接着孔子又说:"现在要找这样的人,只要是见到钱财之利时能想到怎样才符合道义,碰到国家有危险时,能付出生命,虽然长期处于困境,也不更改操守,不忘记遵守道德的诺言,这样的人也可算是一个完美无缺的人了。"由此可见,孔子的"成人",标准是很高的,绝非指一般的成年人。另外,孔子回答问题,往往因人而异,对不同的人有不同的要求,对颜渊这个高材生,要求当然更高一些。所以,当颜渊提出这问题时,他回答的是:

> 成人之行,达乎性情之理,通乎物类之变,知幽明之故,睹游气之源。若此而可谓成人。既知天道,行躬以仁义,饬身以礼乐。夫仁义礼乐,成人之行也。(《说苑·辩物》)

这里的意思是:作为一个完美无缺的人,应当懂得世界万物的性和情,了解世界万物的运动变化规律,既了解有形物,也了解无形物,还能知道游气产生的原因。知道了天体运行规律,还要实行仁义,并用礼乐来约束自己,这才是完美无缺的人的所作所为。

从这段话里,我们可看出孔子对运动变化规律的重视,在他看来,作为一个完美无缺的人,必须通达世界万物的运动变化规律。在和子路谈时,他没有提这一条,而对颜渊谈时,却把这一条提出来了。他对颜渊要求很高,可谓"高标准,严要求"了。

还有一次,鲁哀公问孔子"什么样的人,才能算圣人?"孔子回答说:

> 所谓圣人者,知通乎大道、应变而不穷,能测万物之情性者也。大道者,所以变化而凝成万物者也。(《大戴礼记·哀公问五义》)

他在这里指出,作为圣人,必须弄清楚什么是大道。更重要的是应变无穷,客观上事物怎么变,他能知道如何去对付这些变化。他还说:大道是什么啊?大道就是指世界万物如何通过运动变化产生形成的规律,大道是不能没有运动变化的。大道是一些大的规律,如天道、地道、人道。它们都离不开运动变化。天道离不开自然界的运动变化、地道也离不开地的运动变化,人道也离不开人类的运动变化。所以,作为一个圣人,他之所以能称之为圣人,他应当是精通事物运动变化,能弄清楚这些运动变化中奥妙的人。从这里,我们可以看到孔子对运动变化规律的重视。

也正因为此,孔子在《系辞》中还说了那么一句话:

知变化之道者,其知神之所为乎?(《系辞》上第九章)

孔子信神吗?孔子对神的有无是持怀疑态度的。在《论语》中,记载孔子是"不语怪、力、乱、神"的,他曾说"敬鬼神而远之,可谓智矣"(《述而》),还说:"未能事人,焉能事鬼?"(《先进》)但他这里却说:能把变化规律弄清楚的人,是真正懂得神的人。他之所以这样说,还是为了强调精通变化规律的人很了不起,简直和神一样了。因为在一般人看来,神是很了不起的,一般人做不到的事,只有神能做到,即所谓"神通广大"。人如果能把变化规律掌握了,那么,人也成了"神通广大"的人。这样的人,当然也可说是神人了。

三、变化形式的多样性和应变之道

孔子重视运动变化规律,是因为世界上一切事物都是在运动变化过程中产生的。运动变化人人都能看到,但其创造万物的过程奥妙无穷。那么,怎样了解其中的奥妙呢?这里究竟有些什么样的变化形成呢?对这些变化,人们又应如何处理呢?

(一)小大之变和一多之变

在孔子看来,事物的运动变化,有小变也有大变,小变和大变之间又是可以贯通、转化的。孔子访问老子时,曾在洛阳太庙参观,太庙前有一尊金人,背上刻着铭言,要人们说话谨慎小心,少说话,多说话可能遭来祸患灾难。其中还有这样几句话:

> 焰焰不灭,炎炎若何;涓涓不雍,终为江河;绵绵不绝,或成网罗;毫末不札,将寻斧柯。(《孔子家语·观周》)

这几句话的意思是:小的火苗不灭掉,就可能成为熊熊大火;小的流水不堵住,将汇成大江大河;小的丝线不剪断,就可能成为害人的罗网;小树苗不砍掉,将来就成为参天大树。这些话的意思是要人们注意小的危险,如果不除掉小危险,慢慢地就发生变化,小危险变成了大危险,那时就可能招来大祸,悔之晚矣!

孔子看了金人背上的铭言以后,他告诉弟子们说:

> 小人识之,此言实,而中,情而信。诗曰:"战战兢兢,如临深渊,如履薄冰"。行身如此,岂以口过患哉!(《孔子家语·观周》)

他的意思是说,金人背上这些铭言虽说得很朴质无华,但完全符合事物的实际情况,你们可要记住啊!我们要像诗经中这两句诗说的那样,说话做事要小心谨慎,那就不会因为不小心而招来大祸了。这说明,这些铭言里的思想,孔子是完全同意的。客观事物中常常由小祸害变为大祸害的情形发生,作为一个聪明人,就应善于识别这种小大之变,及时进行防范,使之转祸为福。

在《系辞》中有一段孔子自己谈小大之变的话:

> 小人不耻不仁,不畏不义,不见利不劝,不威不惩。小惩而大诫,此小人之福也。《易》曰:"屦校灭趾,无咎",此之谓也。善不积不足以成名,恶不积不足以灭身。小人以小善为无益而弗为也,以小恶为无伤而继弗去也,故恶积而不可掩,罪大而不可解。《易》曰:何校灭耳,凶。(《易·系辞》)

这段话说了两层意思:一层是解释《易·噬嗑》卦初九爻的爻辞"屦校灭趾,无咎"。孔子认为那些缺乏道德意识的小人,见利忘义,残忍枉法,对这些人在他还未犯大罪时给以小的惩罚是有好处的,小惩罚可以防止他们由小罪发展到杀身之罪。另一层意思是解释《易·噬嗑》卦上九爻爻辞"何校灭耳,凶"的。孔子认为,这爻的爻辞说,罪犯受重刑,戴着重刑刑具,是由于这些罪犯轻视小善,不断地犯小恶,最后由小恶发展变化成大恶的缘故。这两层意思一正一反,都说明了善和恶都是可以由小到大发展的,这一实例告诉人们善和恶由小到大的发展是一个客观规律,人们应当很好地认识这一运动变化之道,很好地培养好人,防止坏人犯大罪。

东汉哲学家王符著的《潜夫论·慎微》中引用了一段孔子的语录。其内容是:

> 仲尼曰:"汤武非一善而王,桀纣非一恶而亡。故□代之废兴也,在其所积。积善多者,虽有一恶,是谓误失,未足以亡;积恶多者,虽有一善,是谓误得,未足以王。"①

这段话谈的是一与多的运动变化关系,孔子在这里认为一善和多善、一恶和多恶,其中有一个量的积累过程,而善恶积累到很多的时候,国家的兴亡就会发生根本变化。汤武称王、桀纣亡国杀身是他们本身命运的根本转

---

① 薛安勤:《孔子集语译注》,长春:吉林文史出版社,1996年,第302页。

变,这个转变不是由一善一恶决定的,它是善和恶积累到很多很多的时候才发生的。孔子这里的思想实际上不仅涉及量的变化,而且还涉及质的变化,只是他没有明确用哲学语言说出来而已。一多之变和小大之变实质上都是一样的,都涉及量变和质变的规律。

(二)裁断之变

在《易·系辞》中有这样两句话:

化而裁之谓之变,推而行之谓之通。(《系辞上》)

这两句话是孔子说的。其意思是说:事物在逐渐变化过程出现了裁断,叫作变;得到推行的叫作通。这两句话的前一句话,说明孔子不仅看到了事物有不断数量变化的过程,而且还看到了事物逐渐量变过程中出现量变停止、断裂的现象,他认为这叫做"变"。这样,他就把"变"和"化"区别开来了,化意味着量变,而"变"意味着量变终止、断裂,实际上是质变。由此看来,我们前面谈到汤武称王和桀纣亡国杀身,在这里得到理论上的证明。这说明,汤武称王和桀纣亡国杀身是他们长期以来积善和积恶的终结、断裂,好像一把剪子把一条长丝带一下子剪断一样,这叫做"化而裁之",量变达到了临界点。这个"裁"就是临界点,就是孔子的比较明确的质变概念。

孔子这一思想,宋朝的张载有所论及,他认为:"'变则化',由粗入精也;'化而裁之谓之变',以著显微也。"(《张子正蒙·神化篇》)这是说,从变到化,是从粗大的变化转变为精微细致的量变,从化到变是经过"裁"以后断裂性的质变,是细微变化的中断。张载这一思想和孔子是一致的。

张载还有几句话,实际上是这段哲理的实际应用,他说:"以知人为难,故不轻去未彰之罪;以安民为难,故不轻变未厌之君"。(《张子正蒙·作者篇》)王夫之对张载这几句话注释说得更清楚,他说张载这几句话:"谓尧不知诛四凶也。变者,诛其君而别立君,谓三苗也;三苗不服,民犹从之。"(同上)这里张载和王夫之的说法,指出一条哲理,就是事物的运动变化,在未达到质变以前,有一段精微细小的量变过程,量变不达到一定程度,是不会发生质变的,这里有一个临界点,也就是度。张载和王夫之的这些解释,也是对孔子思想的最好说明。

(三)因事之变

据《孔子家语》记载,有一次子贡问孔子:"过去齐国的国君向您请教治国之道,您回答说'政在节财';鲁国的国君向您请教治国之道,您回答说'政在谕臣';楚国的叶公向您请教治国之道,您说'政在悦近而来远'。这三个人都是问您治国之道,但您的回答很不一样,那么,难道治理国家的方法是

各种各样的吗?"孔子听了以后说:

> 各因其事也。齐君为国,奢乎台榭,淫于苑囿,五官伎乐,不解
> 于时,一旦而赐人以千乘之家者三,故曰政在节财。鲁君有臣三
> 人,内比周以愚其君,外距诸侯之宾以蔽其明,故曰政在谕臣。夫
> 荆之地广而都狭,民有离心,莫安其居,故曰,政在悦近而来远。此
> 三者所以为政殊矣。《诗》云:"丧乱蔑资,曾不惠我师"。此伤奢侈
> 不节以为乱者也。又曰:"匪其止共,惟王之邛",此伤奸臣蔽主以
> 为乱者也。又曰:"乱离瘼矣,奚其适归?"此伤离散以为乱者也。
> 察此三者,政之所欲,岂同乎哉?(《孔子家语·辨政》)

　　孔子这段话,说明他对齐景公、鲁哀公、叶公三人提出了三个不同的治
国方案,是因为这三个国家的具体情况不同。齐景公奢侈,大盖亭台楼阁,
整天吃喝玩乐,一个早晨三次把千户食邑送给不该送的人。所以,孔子向齐
景公提出,要想治好国就要节省。鲁哀公大权旁落,孟孙、季孙、仲孙三家结
党营私,欺上瞒下,所以孔子认为要把国家治好,关键在于让权臣明白事理。
楚国地广人稀,都城狭小,百姓对执政者不满意,有逃离他地的想法,所以孔
子提出要善于团结民众,达到近悦远来的目的。齐君、鲁君、叶公他们三个
人提出来的问题虽然一样,但各国的情况都在变化,回答问题应当针对变化
着的不同特点,提出正确方案。孔子这样做,是完全正确的。

(四)因时之变

　　孔子是很重视时的,孟子曾说孔子是"圣之时者也",这是有道理的。孔
子说:"逝者如斯乎!"这既是事物的不断变化,也是时间的不断变化流逝。
但孔子说的"时",很多时候是指时机、机遇。比如,在解释《乾》卦九三爻的
爻辞时,他说:

> 此言君子务时,时至而动□□□□□□屈力以成功,亦日中而
> 不止,时年至而不淹。君子之务时,犹驰驱也。故"君子终日键
> 键"。时尽而止之以置身,置身而静,故曰:"夕沂若,厉,无咎"。①

　　这段话的意思是说,《乾》卦九三爻的爻辞告诉人们,作为有道德的君子
一定要抓紧时机,当机遇来时,要竭尽全力使自己的行动成功,连中午都不

---

① 薛安勤:《孔子集语译注》,长春:吉林文史出版社,1996 年,第 250 页。

休息,整年都不停留。君子碰到机遇,犹如战场打仗一样不放松,这就叫"君子终日乾乾"。时机一旦丧失,就应停止行动安置自己,静静地等待,这就是:"夕沂若,厉,无咎"。这说明,作为君子,在政治上能不能发挥作用,要看有没有机遇。机遇时有时无,人也就要待时而动,因时而变。

当学生缪和问孔子《涣》卦九二爻辞"涣奔其机,悔亡"的含义时,孔子也发表了类似的意见。他说:

> 涣者,散也。贲阶,几也,时也。古之君子时福至则进取,时亡则以让。……①

意思就是,《涣》卦代表涣散之时,身处危险境地。作为有德君子,机遇来时,就进取;机遇丧失时,就退让。人的行动,要随着时机的变化而变化。

在解释《易·解》上六爻爻辞"公用射隼于高墉之上,获之,无不利"时,孔子说:

> 隼者,禽也;弓矢者,器也;射之者,人也。君子藏器于身,待时而动,何不利之有? 动而不括,是以出而有获,语成器而动者也。(《系辞》)

孔子这里的意思是:隼,是恶鸟;弓矢,是武器,射箭的是人。有德君子身上早就准备了弓和箭等待时机,一旦需要,机会到来时,就把箭射出去,还有什么不利的呢? 由于行动毫无障碍,所以外出必有收获。这是说要想在机会到来时,得到成功,就必须先准备好武器。孔子在这里也谈到了"待时而动",意思是要想成功,必须等待机遇到来。当然,先要练好本领,好像射鸟的人先要准备好弓箭一样。

在解释《乾》卦九四爻爻辞"或跃在渊,无咎"时,孔子说:

> 上下无常,非为邪也;进退无恒,非离群也,君子进德修业,欲及时也,故"无咎"。(《乾文言》)

他在这里指出:贤人忽上忽下,或进取当官,或隐退为民,这事经常会发生,没有常规。这既不说明这些贤人干了什么坏事,也不说明他喜欢离群索居。他们修养道德,锻炼工作能力,目的都是为了一旦机遇到来时能发挥作

---

① 帛书《缪和》篇。

用,所以这些人不会发生咎害。在这段话中,有"欲及时也"这句话,说明这些贤人都是因时而动的人。

《乾文言》中也有一段话涉及"时":

> "潜龙勿用",阳气潜藏;"见龙在田"。天下文明;"终日乾乾",与时偕行;"或跃在渊",乾道乃革;"飞龙在天"乃位乎天德;"亢龙有悔",与时偕极;乾元"用九",乃见天则。

这段话的意思是:《易经·乾》的初九爻爻辞"潜龙勿用",说的是阳气潜藏着,还未发挥作用。九二爻爻辞"见龙在田",说的是天下文采灿烂。九三爻爻辞"终日乾乾",说的是有德君子的行动应当随着时间的发展变化和谐前进。九四爻爻辞"或跃在渊",是说天道开始转化,有利于有德君子进行变革。九五爻爻辞"飞龙在天",说明有德君子阳气旺盛,已达到与天一样高的水平。上九爻爻辞"亢龙有悔",说明有德君子已像巨龙一样,随着时间的发展,达到了穷高极远的程度,再往前走,就要往下掉了。用九爻的出现,说明阳刚转化为阴柔,物极则反,这体现了大自然的客观法则。在这里,"与时偕行"和"与时偕极"也反映了孔子因时变化的思想。"与时偕行"是正确的思想行动,而"与时偕极",则是指人的行为已达到危险边缘,如果不悬崖勒马,就可能从极高处掉下来,弄得粉身碎骨,死无葬身之地。

有时候,孔子所说的"时",还可能指农业季节。比如,《大戴礼记》中有这样几句话:

> 昔明主关讥而不征,市廛而不税,税十取一。使民之力,岁不过三日,入山泽以时,有禁而无征,此六者取财之路也。明主舍其四者而节其二者,明主焉取其费也?(《大戴礼记·主言》)

这里,"入山泽以时"的"时",指的就是季节。

在《论语》中有这样一段:

> 道千乘之国,敬事而信,节用爱人,使民以时。(《论语·学而》)

这里的"时"就是指农业季节。

(五)几微之变

在《系辞》中有一段孔子的话:

知几其神乎？君子上交不谄，下交不渎，其知几乎？几者，动之微，吉之先见者也。君子见几而作，不俟终日。《易》曰："介于石，不终日，贞吉"。介如石焉，宁用终日？断可识矣！(《系辞下》)

"不谄"：不阿谀奉承，不拍马屁。"不渎"，指交友慎重，择其贤者交往，不与坏人交往。"介如石焉"，指自己有耿介如石的品德。"断可识"，指当时就能断然识知。这里谈到"几者，动之微"，几微，即很微小的变化。在孔子看来，作为有德君子和圣人，不仅能看到客观世界中的小变化，而且还能识别事物中的很微小的变化，从这些细小精微的变化中预知可能发生的大的事故。所以在他看来，这样的人很了不起，真是跟神一样了，"知几其神乎！"

帛书周易《二三子问》中也有一段话，是孔子解释《易·蹇》六二爻爻辞"王臣蹇蹇，非今之故"这句话时说的。他说：

君子智难而备之，则不难矣；见几而务之，则有功矣，故备难则易。务几者，成存其人，不言吉凶也焉。"非今之故"者，非言独今也，古以状也。①

"智"，应读为"知"。孔子在这里认为：能识别微小变化的人，办事必能成功，由于他发现困难早，在萌芽状态就发现，能及时解决，困难也就不成其困难了。这样的人，成功必然会在他身上出现，因此，也无所谓吉凶也。所谓"非今之故"，就是说，这个道理古今都一样。它是一条普遍规律。

(六)安危、存亡、治乱之变

在《系辞》中，孔子曾说：

危者，安其位者也；亡者，保其存者也；乱者，有其治者也。是故君子安而不忘危，存而不忘亡，治而不忘乱，是以身安而国家可保也。《易》曰："其亡其亡，系于苞桑。"

这里谈到了安危、存亡、治乱之间的互相转化。在社会生活中，一些人当国君、当帝王自觉很安全，但正是这时危险到来了；有些国家存在着，但总有一天要亡国。有的国家治理得很好，但有的国家乱得一团糟。所以，那些

---

① 邓球柏：《白话帛书周易》，长沙：岳麓书社，1995年，第240页。

有道德有智慧的君子,在国家很安全的时候,就想着如何防止危险来临;在国家存在的时候,就想着如何使国家不亡;在国家治理很好的时候,想着如何防止祸乱发生。这种防变、居安思危的思想,是客观规律的正确反映,是符合辩证法的。

(七)往来、屈伸之变

孔子在解释《易经》的《咸》卦九四爻爻辞"憧憧往来,朋从而思"时,有这样一段话:

> 天下何思何虑? 日往则月来,月往则日来,日月相推而明生焉;寒往则暑来,暑往则寒来,寒暑相推而岁成焉。往者屈也,来者信也,屈伸相感而利生也。尺蠖之屈,以求信也;龙蛇之蛰,以存身也。精义入神,以致用也;利用安身,以崇德也。(《系辞下》)

这段话实际上都是谈往和来、屈和伸的推移变化。"信",也就是伸。在孔子看来,月亮和太阳推移变化,产生白天和黑夜;寒暑推移变化,寒来暑往,暑来寒往,产生岁月;事物的屈伸往来,也能产生有利于人生的事;毛虫一屈一伸才能更好地前进;巨龙长蛇冬眠,屈居潜伏,是为保存自己,有利于更进一步的伸;知识分子精研道义,屈居家室,是为了学以致用,亦是为了伸;屈居安身,是为了修养道德,创造大展身手的条件。总之,在孔子看来,作为一个有大德的君子,必须穷尽一切神奇奥妙的变化。用他话来说,就是:

> 穷神知化,德之盛也。(同上)

总之,从以上一系列变化形式的叙述中,我们可以看出,孔子不仅提醒人们运动变化的形式是多种多样的,而且还提出了一系列应对变化的方法,这些方法有:

1. 防微杜渐,防止小的危害变化为大的危害;
2. 积少成多,由小益逐渐变成大益;
3. 因事制宜,不同的对象用不同的方法解决;
4. 务时、及时、与时偕行,抓住时机;
5. 居安思危,治中防乱,不断克服不安全因素;
6. 屈居求伸、委曲求全;
7. 权变,把原则性与灵活性结合起来。

无疑,孔子这些应变之道,即使在今天对我们也是很有现实意义的,可以说,这些都是他为人类提出来的宝贵精神财富。

第七讲

孔子的中庸之道

在孔子的哲学思想中,中庸思想是很重要的一个方面,在中国思想史上的影响也很大。在这里,我们做些探索。

一、中庸之道是辩证法的一条客观规律,也是普遍规律

孔子的中庸之道不是凭空产生的,它是春秋以前古代文化思想的继承和发展,特别是《尚书》、《易经》哲理的继承发展。他把晦涩难懂的《易》理通俗化了。

孔子这里的"中",是中正不偏、恰如其分的意思,庸是不可变易的意思,中庸之道,用现在哲学的语言说,就是对立面平衡,对立面的同一。

中庸之道在自然界和人类社会都起作用吗? 它是客观规律吗? 孔子对此有些什么看法呢? 为了弄清这一问题,我们不妨先引用一下长沙马王堆帛书《易之义》中的一段话。

子曰:"万物之义,不刚则不能僮,不僮则无功。恒僮而弗中则亡,此刚之失也。不柔则不静,不静则不安,久静不僮则沉,此柔之失也。是故《键》之'炕龙'、《壮》之'触蕃'、《句》之'离角'、《鼎》之'折足'、《酆》之'虚盈',五繇者,刚之失也,僮而不能静者也。《川》之'牝马'、《小蓄》之'密云'、《句》之'适属'、《渐》之'绳妇'、《肫》之'泣血',五繇者,阴之失也,静而不能动者也。是故天之义刚建僮发而不息,其吉保功也。无柔×之,不死必亡。僮阳者亡,故火不吉也。地之义,柔弱沉静不僮,其吉保安也。无刚求戈之,则穷贱遗亡。重阴者沉,故水不吉也。故武之义保功而恒死,文之义保安而恒穷。是故柔而不狂,然后文而能胜也;刚而不折,然后武而能安也。"《易》

曰:"直方大,不习,吉"。□□□之屯于文武也。此《易赞》也。①

孔子这段话,有很多错字,如"僮"即"动"字,《键》即乾卦,"炕龙"即"亢龙",《壮》即大壮卦,《句》即姤卦,《酆》即丰卦,"繇"即"爻"字,《川》即坤卦,《肫》即屯卦,"栽",匹配之意,"触蕃",即"触藩","离角",即"姤其角","适属",即"蹢躅","绳妇",即"妇孕"。

从全段的中心思想而论,是通过天地、万物、水火、文武的关系说明中庸之道。在孔子看来,天地、水火、文武、万物的关系,是一个阴阳、刚柔、动静的关系。天对地来说是阳、是刚、是动,地对天来说是阴柔、是静。火对水来说是阳刚、是动,水对火来说是阴柔、是静;武对文来说是阳刚、是动,文对武来说是阴柔、是静。万物之中,都存在阳刚和阴柔,动和静的对立。天地万物之中这些对立的方面必须和谐平衡互补,否则就是"弗中",就是不符合中庸之道。在孔子看来,这个中庸之道是很重要的,天地自然界和社会领域的万事万物之所以能产生成长,全靠这种对立面的平衡互补,要是没有这种平衡互补,一切事物就无法存在下去,只能死亡消失,这叫做"恒僮而弗中则亡","久静不僮则沉"。由此可以看出,孔子所说的这条中庸之道,既是一条不以人的意志为转移的客观规律,也是一条既存在于天地自然界,也存在于人类社会一切事物之中的普遍规律。

孔子在这里为了说明中庸之道的重要性,引用了《易经》的乾卦、大壮卦、姤卦、丰卦、坤卦、屯卦、小畜卦、渐卦、鼎卦等卦的资料。

第一,说乾卦的"炕龙"是"刚之失也,僮而不能静者也"。这里说的是乾卦上爻的爻辞"亢龙有悔"。这一爻象征执政者、贵人的地位处于最高处,好像龙在极高处飞行,一旦跌下来,有粉身碎骨的危险,后悔也来不及。唯一的办法就是改变脱离群众的毛病为民做好事。这样就能得到人民群众的拥护和支持,达到阳刚和阴柔两个对立面的平衡与和谐共处,实现对立面的统一。

第二,谈到大壮卦的九三爻,象征逞强好斗的人,像凶狠的羊一样,用两个角欺侮弱者,结果两个角缠在藩篱上,进退不得。这一爻说明逞强好斗的人没有好下场。阳刚好斗者必须接受阴柔有礼貌的人教导,改正错误与阴柔有礼者实现对立面的平衡和统一,这才符合中庸之道。

第三,谈到姤卦上九爻象:碰见了空荡荡的角落,"姤其角"。说明有些阳刚君子成了隐居世外的高人,虽不干坏事,也干不了好事。世上需要他治理国家,但他无所作为,这是可羞可惭的,是一个极端。正确的态度应当是与代表阴柔的广大人民结合起来,与人民实现对立面统一、和谐,为民办好

① 邓球柏:《白话帛书周易》,长沙:岳麓书社,1995年,第308页。

事,这才符合中庸之道。

第四,谈到鼎卦九四爻"鼎折足,覆公饮餗,其形渥,凶"。这一爻指的是九四阳刚,居大臣之位,不称职,不胜任,把公事办坏了,好比装满菜饭的大鼎,折断了足,把菜饭倾泻到地上了。为什么呢? 因为他没有和代表阴柔的贤者合作好,没有接受贤者的监督和帮助,因而犯了错误。他要想办好事,就必须与阴柔贤者实现对立面的平衡和统一。也只有这样,才符合中庸之道。

第五,谈到丰卦涉及统治者如何保持长治久安的问题。丰卦谈到"天地盈虚"是自然界的客观规律,也是社会领域的规律,因此,要想让阳刚统治长盛不衰,就要采取预防保护措施。可在历史上代表阳刚的暴君杀害忠臣"折其右肱"的事屡有发生。因此,要使国家长盛不衰,阳刚君主就必须以谦恭态度做到和代表阴柔的贤臣合作共事,与贤臣实现对立面的平衡和统一。

第六,谈到坤卦辞"利牝马之贞……先迷,后得主",说明阴柔君子要想在事业上得到成功,就要和阳刚者很好合作共事,实现对立面统一,接受阳刚者的帮助,只有这样才不致迷失方向。

第七,谈到小畜卦卦辞"密云不雨",比喻阴柔君子要想办好事,就必须和阳刚者好好合作,得到阳刚者的认可和帮助。要不然,好像一场好雨总是下不起来。

第八,谈姤卦初六爻爻辞"羸豕孚蹢躅",是说瘦弱的母猪,蠢蠢欲动,急于干坏事,而那些阳刚君子又无法制住它。这里面出现阴盛阳衰。要想制住阴柔势力干坏事,唯一办法就是壮大阳刚势力与之斗争,通过斗争达到阴阳之间的对立面统一和平衡,实现中庸之道。

第九,谈渐卦九三爻辞"妇孕不育"。九三代表阳刚男人,但他过刚失中,无上六女人与之相应,结果与六四女人私情苟合,以致怀了孕,很难养大,属不正常婚嫁。以六四爻为代表的妇女,阴柔处于阳刚之上,对九三男人起了拖累,帮倒忙的作用,关系并不美妙,阴盛失中。这时的阴阳结合不是正常结合,仍不符合中庸之道。

第十,谈屯卦上六爻爻辞"泣血涟如",比喻一个国家或个人处在困难时期,上六代表困难的终点上,由于阴柔君子得不到外助,无力克服困难,以致哭泣不止,泣血涟如。这也是阴盛阳衰,阴阳极不平衡,不符合中庸之道。

从以上十个卦爻辞的解释中,我们可以看到中庸之道虽是客观存在的,但不符合中庸之道的事也很多。中庸之道是人们所追求的理想境界,如果达不到这个境界,就会造成种种灾难。因此,在孔子看来,为了达到对立面的平衡和统一,还有很多事情要做,有时需要说服教育,有时则需要对立面斗争。通过斗争,达到对立面的统一。这在上面这十个实例中,我们可以看得很清楚。应当说,孔子在这里不仅发现了中庸之道这条规律,而且还看到了其中的艰难和斗争。可见,他不是矛盾调和论者。有人把它说成是矛盾调和论,这是错怪了。

在孔子看来,中庸之道是不容易认识到的,即使认识到了,也很难实行,只有意志非常坚强的人,才能真正付诸行动。他说:

> 中庸其至矣乎! 民鲜能久矣!
> 天下国家可均也,爵禄可辞也,白刃可蹈也,中庸不可能也。
> 君子中庸,小人反中庸。君子之中庸也,君子而时中,小人之中庸,小人而无忌惮也。
> 故君子和而不流,强哉矫! 中正而不倚,强哉矫! 国有道,不变塞焉,强哉矫! 国无道,至死不变,强哉矫! (《中庸》)

孔子认为,中庸之道是最高的道德标准,那些不讲道德的小人只能肆无忌惮地破坏这些法则,只有君子能坚守中庸之道。他们是真正的强者,他们有时即使受到生死威胁,也能做到坚定不移。

孔子很称赞虞舜和颜回,说他们能坚守中庸之道。

> 舜其大知也与! 舜好问而好察迩言,隐恶而扬善,执其两端,用其中于民,其斯以为舜乎! (《中庸》)
> 回之为人也、择乎中庸,得一善,则拳拳服膺而弗失之矣。
> (《中庸》)

他说舜是有大智慧的人,喜欢请教别人,审察详审那些浅近的话,隐去别人的短处,宣扬别人的长处,抓住过和不及、对立的两个方面,寻找最中正的道理和规律,用之于民,这就是舜啊! 而颜回这个人,他只要找到了中庸之道,就牢牢地记在心里,并付之实行。孔子认为虞舜和颜回是实行中庸之道的典范。

那么,怎样才能在实际生活中坚持中庸之道,发现中庸之道呢? 孔子认为,在实际生活中,常常有两个极端,有的人超过"中",有的人"不及",往往不能做到不偏不倚,不能做到或看到这个恰如其分的界线。孔子说:

> 道之不行也,我知之矣:知者过之,愚者不及也,道之不明也,我知之矣;贤者过之,不肖者不及也。人莫不饮食也,鲜能知味也。
> (《中庸》)

吾有知乎哉？无知也。有鄙夫问于我，空空如也，我叩其两端而竭焉。（《子罕》）

执其两端，用其中于民。（《中庸》）

君子之于天下也，无适也，无莫也，义之与比。（《里仁》）

可与共学，未可与适道；可与适道，未可与立；可与立，未可与权。（《子罕》）

子绝四——毋意，毋必，毋固，毋我。（《子罕第九》）

以上几条，第一条是谈认识中庸之道的种种困难，常见的两种倾向，一种人往往"过之"，一种人"不及"。第二条，谈孔子自己认识中庸，首先研究矛盾的"两端"，而求其中。第三条谈不仅从"两端"中求中庸，而且要付诸实践。第四条，谈如何求中，要通过比较，要采取客观态度，不能自以为是，要虚心。第五条，强调权变，不能墨守成规。第六条，强调切忌主观猜测，固执己见，反对以我为准。总之，这里有辩证法，也有唯物主义。

在谈到社会领域的中庸之道时，孔子还谈到了四条君子之道。他说：

道不远人。人之为道而远人，不可以为道。……君子之道四，丘未能一焉：所求乎子，以事父，未能也；所求乎臣，以事君，未能也；所求乎弟，以事兄，未能也；所求乎朋友，先施之，未能也。庸德之行，庸言之谨，有所不足，不敢不勉，有余不敢尽。言顾行，行顾言，君子胡不慥慥尔！（《中庸》）

这里，孔子谈的四条君子之道，他认为就是社会领域人与人之间的行为规律，是中庸之道，是中正不偏的行为规律。这些道也就是孝道、忠道、弟道、朋友之道。在孔子看来，这些规律没有远离人间，相反，它们是指导人们行动的客观规律，而且是具有普遍性的。当然，就我们今天的眼光看，有些已经过时，如君臣关系，今天已没有忠君之道了。但在封建社会，奴隶社会，君臣之间的忠道无疑是很重要的一个方面。

是不是在社会生活的中庸之道只有这四条呢？当然不是。我们可以看到，在《论语》《礼记》《孔子家语》《大戴礼记》等有关孔子思想的著作中，涉及中庸之道的地方还很多。有些论述，孔子直接谈到了中庸之道，但在很多地方，他虽没有明确指出"我在这里在谈中庸之道"，但他运用的思想方法，很明显地表明，他所说的正是中庸之道。可以这样说，这方面的内容非常丰富，它既涉及学习领域，也涉及道德伦理领域、日常修身处世和国家治理等方面。

二、读书学习方面的中庸之道

在孔子的著作中,涉及中庸之道的地方很多,但他并不直接指明"这就是中庸之道"。但确实是使用了"叩其两端而竭焉","执其两端,用其中于民"的思想方法。比如,在读书和学习方面,他有两句很著名的话:

> 学而不思则罔,思而不学则殆。(《论语·学而》)

这是谈学习和思考的关系的。"学"与"思"是"两端"。"罔",指脑子里茫茫然,茫无头绪;"殆",指思路枯竭。"罔"和"殆"也是"两端",是两种不好的学习结果,那么,怎样学才能取得好的效果呢?按孔子的看法,就是把"学"和"思"结合起来,互相取长补短。

这里的"殆",有人译为缺乏信心,也有人解为徒增疲劳或疑问。这种解法,我看都不对。孔子在《为政》篇还说过"多闻,阙疑,……多见,阙殆"的话,可见疑问和"殆"还是有些区别的。解成疲劳也不合适,疲劳应为"怠"字,不应为"殆"字。《孙子兵法·谋攻》篇有"知己知彼者百战不殆",把这"殆"字解为疲劳,显然不对。如解为危险、死亡,我认为比较合适,思想发生危险,实际上是指想不下去了,思路枯竭了。在孔子看来,多见多闻,能开阔人的思路,疑问也就容易解决,思想也就畅通了,没有想不下去的危险了。孔子还说过:"不学而好思,虽知不广矣"(《韩诗外传卷六》)。这里也是很明确地认为学习能使人的思想开阔,知识丰富。他还说:"吾尝终日思矣,不如须臾之所学。吾尝跂而望之,不如升高而博见也。"(《大戴礼记·劝学》)这里也是很明显地指出学习能使人眼界开阔,如登高望远一样,只有站得高,才能望得远。由此可见,与此相反意义的"殆",就是指思路狭窄、思维衰竭。

按《说苑》记载,有一次子夏问孔子说:"颜回这人怎么样?"孔子说:"颜回比我仁。"子夏又问:"子贡如何?"孔子说:"子贡比我能辩,口才好。"子夏又问:"子路为人如何?"孔子说:"子路比我勇敢。"子夏又问:"子张为人如何?"孔子说:"子张比我庄重严肃。"接着子夏又问:"既然如此,为什么他们四个人还做你的学生?"孔子回答说:

> 坐,吾语汝。回能信而不能反,赐能敏而不能屈,由能勇而不能怯,师能庄而不能同,兼此四者,丘不为也。(《说苑·杂言》)

王充的《论衡》还引了孔子这样的话：

> 丘能仁且忍，辩且讷，勇且怯。以三子之能易丘之道，弗为也。
> （《论衡·定贤》）

孔子上面这两段话中，"仁"和"忍"、"辩"和"讷"、"勇"和"怯"，都是互相对立的概念。在《列子·仲尼》篇评子张时，还有"师能庄而不能同"，意即严肃而不能与他人协同合作。这里"庄"和"同"，也是两个对立的概念。这里，孔子对颜回的评价是仁慈，但过于忍，对坏人忍了就不好；子贡口才好，但有时不该说话时还辩论起来无休无止，就不好了；子路勇敢，但有时该退让时不退让就不好了。所以，颜回、子贡、子路、子张，他们四个人各有优点，也各有缺点，那么，中庸之道在哪里呢？就是把这四个人的优点集合起来，把他们的缺点排除了，换成优点，这些优点，加在一起，就是中庸之道，也就是孔子所追求的东西。孔子这些话，在《论衡》、《说苑》、《淮南子》、《列子》都有大同小异的记载，虽然不见于《论语》，但肯定是可靠资料，是无须怀疑的。这些都是孔子中庸思想的最好佐证。

在《礼记》中，孔子曾谈到如何学好六经，他认为《诗》《书》《乐》《易》《礼》《春秋》六本经书，在教育过程中能给人带来很多好处，但也常常会出现一些不足。因此，在学习过程中，要注意吸取其精华，防止偏差。他说："我们到一个国家，这个国家的教化如何，是可以看出来的。人民性情温和、忠厚，体现出来是《诗》教；通达事理，知道古代的事情，这是《书》教；知识广博，平易善良，体现出来的是《乐》教；洁静，思路精微，体现出来的是《易》教；恭敬，节俭，端正，体现出来的是《礼》教；辞章好、熟悉事理，体现出来的是《春秋》之教。但是，《诗》教的不足，是容易使人愚笨迟钝；《书》教的不足是容易造成对一些古人古事的诬陷和毁誉不一；《乐》教的不足在于奢侈浪费；《易》教的不足，在于容易发生谬误混乱；《礼》教的不足，在于导致烦琐细碎；《春秋》教的不足在于乱加褒贬。"以上这些说明，学习六经，其中有得也有失，那么，如何在得和失之间求得中庸呢？孔子紧接着说了这样的话：

> 其为人也：温柔敦厚而不愚，则深于《诗》者也。疏通、知远而
> 不巫，则深于《书》者也。广博、易良而不奢，则深于《乐》者也。洁
> 静、精微而不贼，则深于《易》者也。恭俭、庄敬而不烦，则深于《礼》
> 者也。属辞、比事而不乱，则深于《春秋》者也。（《礼记·经解》）

在这段话中，我们可以看到，孔子既看到了六经学习中的"得"，也看到

"失","得"和"失"是两端,那么中庸之道在哪儿呢? 孔子不仅肯定了"得",更重要的是把"失"那一端进行了改造,使"失"变成"不失",使缺点变成优点,再把这个优点和原来"得"结合起来,这就成了中庸之道了。比如:《诗》教的"得"是"温柔敦厚",但这种《诗》教还有"失",这是使人"愚",现在按孔子的说法,应把"愚"变成"不愚",并进一步和温柔敦厚结合起来,这就是真正的中庸,是最好的选择。由此,我们可以看出孔子所说的中庸之道,不仅包括矛盾两端的结合和互补,而且有时还包括了矛盾转化。有人说,孔子的中庸之道是矛盾调和论。这种说法对吗? 我看不对,这种说法是不符合实际情况的。

三、道德范畴的阐述及日常为人做事方面的中庸之道

孔子谈中庸之道,有时涉及道德范畴的阐述上,有时涉及为人做事方面。比如:

> 质胜文则野,文胜质则史。文质彬彬,然后君子。(《论语·雍也》)

这里谈的是人的气质风度。"文"指一个人的外表风采,"质"指人的气质朴实无华。在孔子看来。一个人的"文"和"质"就是"两端"。"史"是浮夸,"野"是粗野,浮夸和粗野是两种不好的道德品质,也是不好的风度,那么,怎么能避免浮夸和粗野呢? 最好的办法就是把"文"和"质"结合起来,扬长避短,使二者达到和谐和平衡,这就是中庸。

孔子的中庸思想,我们还可以从他对一系列道德范畴的阐述上看出来。比如:《孔子家语》中有这样的话:

> 道所以明德,德所以尊道。是以非德,道不尊,非道,德不明。(《孔子家语·王言解》)

这是谈德和道的关系。在孔子看来,"道"和"德"这两端是互相补充的关系,这种互补就是中庸之道。

还有如:

> 君子周而不比,小人比而不周。(《论语·为政》)
> 君子和而不同,小人同而不和。(《论语·子路》)

君子泰而不骄,小人骄而不泰。(《论语·子路》)

以上三条,孔子认为"周""和""泰"是道德品质中的美好境界。所谓"周"就是合群,"和"就是和睦、和谐,"泰"就是舒适坦然。"比"是搞宗派主义;"同"是指一切都相同,思想爱好、立场观点、言语行动都相同。"骄"即骄傲自满。"周"和"比"是"两端",但表面上有相似处,实际上完全不同,容易混淆。"和"与"同",也如此,表面相似,实际上有原则上的不同。"泰"和"骄"表面也有相似处,实际也不同。"周""和""泰"虽是人们美好思想品德的重要部分,但它们常常容易被人误会,所以这里指出"比""同""骄"这些丑恶的思想范畴,使之和"周""和""泰"相比较还是有很大意义的,通过比较,才能清楚地展示出"周""和""泰"的真正内涵。

另外,还有两段话:

敬而不中礼谓之野,恭而不中礼谓之给,勇而不中礼谓之逆。
(《礼记·仲尼燕居》)
恭而无礼则劳,慎而无礼则葸,勇而无礼则乱,直而无礼则绞。
(《论语·泰伯》)

这两段话,也涉及互相矛盾对立的许多道德思想范畴:"敬"和"野"、"恭"和"给"、"勇"和"逆"、"恭"和"劳"、"慎"和"葸"、"勇"和"乱"、"直"和"绞"。"敬"是指对人内心敬重,"野"指对人粗野鲁莽。"给"指交结、拍马屁,"恭"指外貌恭敬。"逆"指叛逆,"劳"指劳累,"慎"即谨慎,"葸"即是胆小怕事;"直"指正直,"绞"指尖刻刺人。那么,怎样才符合中庸之道呢?按孔子的说法,就是要按礼而行,就能避免各种偏差。比如:"敬"和"野"这是一个对立面。一个人对别人很敬重,但又不符合礼,如一个年轻人很敬重一个老教授,当看到老教授不知不觉地流鼻涕时,他就从地上捡起一张脏纸片,去给老教授擦鼻涕,他确实出于好心,但这做法很粗野,不符合礼仪。这里,我们可以看出,所谓中庸之道必须排除这种粗野的做法,必须去掉"野",必须使好心的"敬",再加上"礼",也就是说:"敬"加上"礼",排除掉"野",这才是中庸之道。这里基本格局就是"敬"和"礼"结合在一起互相补充,和"野"作斗争,把"野"排除掉。所以,这里的中庸之道,绝不是矛盾调和论,这里还有对立面之间的排斥和斗争。而"敬"和"礼"的关系,又是一种补充关系,也不是绝对等同。以此类推,其他几对矛盾的中庸之道,也一样。"恭"加"礼",排除"给";"勇"加"礼",排除"逆";"恭"加"礼",排除"劳";"慎"加"礼",排除"葸";"勇"加"礼",排除"乱";"直"加"礼",排除"绞"。这些都是中庸之道,都是孔子所说的中庸之道的真正含义。

在日常生活当中,孔子的话很多都涉及中庸之道。

比如,孔子在《论语》中有这样两句话:

> 君子矜而不争,群而不党。(《论语·卫灵公》)

这里的"矜",是指性格庄严稳重,"矜而不争",是指一个人庄严稳重,不和人争权夺利。"群",指善于团结人,能和人打成一片。"党",就是指宗派主义,结党营私。"矜"和"争","群"和"党",是对立的"两端"。这里的中庸,凡是"矜"排除"争",和"不争"结合起来;"群"排除"党",和"不党"结合起来。既有对立面斗争,也有对立面结合。

又如:

> 贫而乐,富而好礼。(《论语·学而》)

这是孔子和子贡对话时说的。子贡问孔子:"贫而无谄,富而无骄,何如?"孔子回答子贡时说,你的话可以,但不如"贫而乐,富而好礼"。这里,"贫"和"乐","富"和"好礼"是"两端"。一般情况下,人穷了志短,也就乐不起来了;富人往往很骄傲,对人无礼,富和好礼也是矛盾的,而孔子这里认为,贫和乐、富和好礼应结合起来,互相补充、互相推动、互通有无,认为这才合乎中庸之道。

在《礼记》中有这样一段话:

> 子言之:"君子隐而显,不矜而庄,不厉而威,不言而信。"(《礼记·表记》)

这里的"子",也即孔子。"隐"和"显"、"矜"和"庄"、"厉"和"威","不言"和"信"都是对立的"两端"。中庸之道也就是"隐"和"显"、"不矜"和"庄"、"不厉"和"威"、"不言"和"信"之间的结合,同时也是"庄"对"矜"的排斥、"威"对"厉"的排斥、"信"对"言"的排斥。

孔子在《论语》中还有这样的话:

> 人无远虑,必有近忧。(《论语·卫灵公》)

这里的"无"和"有"、"远"和"近"、"虑"和"忧"都是矛盾对立的概念。

孔子说这些话的目的是要人们凡事都要从长远考虑问题,不能目光短浅,鼠目寸光。这里的中庸之道,就是坚持有远虑,同时防止近忧,排除近忧。这里涉及这些对立面之间的排斥和斗争。

孔子还说:

> 君子不可小知而可大受也,小人不可大受而可小知也。(《论语·卫灵公》)

这里,"君子"和"小人","小知"和"大受",都是矛盾对立的两端,但"小知"并非一无可取,只是从知识和能力的等级上有高下之别。所以,这里"小知"和"大受"、"君子"和"小人"之间应是一种互相补充、互相结合的关系,不是完全对立、完全排斥的关系。这里的中庸境界,就是把君子的"大受"和小人的"小知"结合起来,互通有无,互相补充。

孔子在富贵问题上曾是宿命论者,认为"富贵在天"(《论语·颜渊》),这是错误的。但在富己和富人、贵己和贵人、立己和立人、达己和达人的关系上,他的思想观点是很精湛的。他说:

> 夫富而能富人者,欲贫而不可得也。贵而能贵人者,欲贱而不可得也。达而能达人者,欲穷而不可得也。(《说苑·杂言》)
>
> 夫仁者,已欲立而立人,已欲达而达人。能近取譬,可谓仁之方也已。(《论语·雍也》)

富己和富人、贵己和贵人、立己和立人、达己和达人,这都是矛盾对立面的两端,那么,这里的中庸之道在哪里呢? 按孔子的说法,就是把这些对立面结合起来,互济互助,甚至是先人后己。这既是仁,同时也是中庸之道。

在孔子著作中,有一些是直接谈到中庸之道的:

> 子曰:"不得中行而与之,必也狂狷乎! 狂者进取,狷者有所不为也。"(《论语·子路》)
>
> 子贡问:"师与商也孰贤?"子曰:"师也过,商也不及"。曰:"然则师愈与?"子曰:"过犹不及。"(《先进》)
>
> "求也退,故进之;由也兼人,故退之。"(《先进》)

以上所述,第一段谈狂狷不符合中庸之道。什么叫狂? 什么叫做狷? 孟子曾解释说:"狂者进取,狠(同'狷')者有所不为也。"(《孟子·尽心篇》)

孟子还说:"如琴张、曾皙、牧皮者,孔子之所谓狂矣。"(同上)这些意思也就是说:狂者指那些志大心粗而又敢作敢为,但不够谦逊谨慎的人;狷者是指细心严谨,但又胆小繁琐的人。从这段话中,我们也可看出孔子所说的属于"中庸"的人是什么样的人呢? 那就是把这两种人的优点结合起来,把他们缺点舍弃掉,那就符合中庸了。用哲学的语言说,就是把对立双方结合起来,扬长避短,从而达到最佳状态,这就是中庸。这里的第二段话和第三段话,是对子张、子夏、冉求、子路四个人的评价。在孔子看来,子张和子路属于"狂"那一类人,子夏和冉求属于"狷"一类的人。为了使他们的性格行为都达到中庸要求,子张与子夏要互相学习,互相补充,冉求和子路也要互相学习,互相补充。

四、政治生活中的中庸之道

除了个人的修身学习之外,孔子认为在政治生活中也有中庸之道。比如:《大平御览》中有一条赵简子打猎的记载。春秋末期晋国的大臣赵鞅,有一次在晋阳打猎,在打猎过程中,他骑在马上叹息。这时候,他的下属董安于问赵简子,他说:"今天打猎,是高兴的事,您在这里叹气,又是为什么啊?"赵简子说:"你不懂啊,我把上千匹马放出来,还与上百个大力士出来打猎,可是我想的是邻国可能养很多贤士来攻打我们啊!"孔子听到了这件事以后,就说:

简子知所叹也。①

孔子这句话是什么意思呢? 孔子这里实际上称赞赵简子懂中庸之道。因为赵简子打猎,这不过是娱乐,但乐中有忧,他能居安思危,他把忧和乐、安和危这两端作为思考的内容,能把这两端结合起来,探索其正确对待的办法,这就很不寻常啊!

孔子在《要》篇中曾说:

君子安不忘危,存不忘亡,治不忘乱。是以身安而国家可保也。②

---

① 薛安勤:《孔子集语译注》,长春:吉林文史出版社,1996 年,第 416 页。
② 邓球柏:《白话帛书周易》,长沙:岳麓书社,1995 年,第 336 页。

这里"安""危"和"存""亡"是矛盾的两端。"治"和"乱"也是矛盾的两端,但作为君子要把两端联系起来,互相警戒,互相提醒,使整个国家的安宁得到保证,这就是中庸之道。孔子这段话,实际上也是对上述赵简子那句话的最好答复。

在《孔子家语》中,孔子说了这样一段话:

> 良药苦于口而利于病,忠言逆于耳而利于行。汤武以谔谔而昌,桀纣以唯唯而亡。君无争臣,父无争子,兄无争弟,士无争友,无其过者,未之有也。故曰:君失之,臣得之;父失之,子得之;兄失之,弟得之;己失之,友得之。是以国无危亡之兆,家无悖乱之恶。父子兄弟无失,而交友无绝也。(《孔子家语·六本》)

这段话之中,"苦于口"和"利于病"、"逆于耳"与"利于行",都是相反相成的关系,父和子、君和臣、兄和弟、己和友,都可说是"两端",这些"两端"之间相互补充、相互帮助、相互促进,就能使人和人之间和睦相处,使国家兴旺发达。在孔子看来,汤武之所以能成为圣王,而桀纣之所以亡国,就是因为桀纣没有遵守中庸之道。汤武则很好地遵循了中庸之道。

春秋时期晋国赵简子的儿子赵襄子,他是晋国的正卿,一次,他派家臣新穉穆子攻打狄国,一个早晨攻占了两座城,这本是令人高兴的喜事,可是赵襄子反而感到忧虑,身边的人很奇怪,赵襄子说:"长江发大水,三天就退;天刮大风、下暴雨很快就过去;太阳在中午晒在人们头顶上,一会儿就偏到一边去了;现在我们老赵家没有积德于民,一下子就攻下两座城,恐怕我们要灭亡啦!"孔子闻到赵襄子说的这些话以后,反而发表了这样的看法:

> 赵氏其昌乎!(《列子·说符》)

孔子为什么会说这句话呢?因为他看到了赵襄子能在胜利的情况下,寻找自己的不足,能在胜利面前想到可能失败灭亡,能居安思危,他看到赵襄子能在胜利和失败这"两端"之中,寻找中庸之道。正因为如此,孔子认为赵襄子这种精神状态肯定能成功,从而发出了"赵氏其昌乎!"这一赞叹之辞。

孔子的学生子张,有一次问孔子:"从事政治需要具备什么条件?"孔子当时回答说要"尊重五种美德,杜绝四种恶政"。那么,什么叫五种美德呢?孔子当时回答说:

> 君子惠而不费,劳而不怨,欲而不贪,泰而不骄,威而不猛。
> (《论语·尧曰》)

所谓"惠",就是让老百姓得到好处,有实惠。"不费",指不大量地耗费国家的钱财。"劳",指民众服劳役,"不怨",指不埋怨,没有怨恨之心。"欲",指统治者的欲望,但这欲望不是贪图货财私利,而是追求仁义,所以这种欲望是没有贪心的欲望。"泰",指心里舒服坦然,无所求于人,"骄",指骄傲,骄横待人。"威",指衣冠整齐,有使人望而生畏,"猛",指凶恶、凶猛。这里,"惠"和"费"、"劳"和"怨"、"欲"和"贪"、"泰"和"骄"、"威"和"猛"都是在含义上互相对立的"两端"。那么,这里的中庸何在呢?这里的中庸就是把"惠"、"劳"、"欲"、"泰"、"威"和"不费"、"不怨"、"不贪"、"不骄"、"不猛"结合起来,但又把"费"、"怨"、"贪"、"骄"、"猛"排斥掉,既有统一性,也有斗争性。这就是孔子的辩证法。

中国古代有蜡祭,时间在每年十二月,是用以祭祀鬼神的,参加的人很多,祭完以后还一起喝酒,有一次,孔子和弟子子贡都参加了。当时孔子问子贡,说:"乐乎?"子贡说:"整个国家的人都乐得发狂,我感觉不到乐在哪里?"孔子听了子贡这一说,就对蜡祭的意义进行一番讲解,他说:

> 百日之劳,一日之乐,一日之泽,非尔所知也。张而不弛,文武弗能,弛而不张,文武弗为。一张一弛,文武之之道。(《孔子家语·观乡射》)

意思是说,全国民众,辛辛苦苦地干了一年,辛苦的时间很久了。"百日之劳",是比喻劳苦时间之久,并非就是100天。辛苦那么长时间,现在拿出一天时间饮酒作乐,这是完全应该的,同时也说明一国之君对老百姓赏赐,是国君的恩泽。孔子接下来又谈了一弛一张的大道理,说周文王、周武王的治国之道,就是一弛一张。"弛"和"张"是互相矛盾的对立"两端",把两者结合起来,互相补充,互相促进,就是中庸之道。

孔子的学生子夏曾在鲁国的莒父(今山东高密东南)当行政长官,相当于今天的县长,他曾向孔子请教"怎样才能把这个官当好?"孔子回答说:

> 无欲速,无见小利。欲速则不达,见小利则大事不成。(《论语·子路》)

"欲速则不达",这句话今天已成了一句名言。孔子在这段话里把"欲速"和"达"对立起来,意思是贪图快速往往达不到目的,孔子又把"见小利"和成"大事"对立起来。这里的中庸之道也就是:要想"达",就不能图快"欲速",要想"成"大事,就不能"见小利"。这里对立面之间是一个互相排斥、互相斗争的关系。由此可见,孔子的中庸之道,不是矛盾调和的产物,把他的中庸之道理解为矛盾调和论是错误的。

颜渊是孔子的得意门生。有一次,孔子对颜渊说:"有人用我,我的政治主张就能实行,没有人任用我,我就把我的主张藏起来。能做到这一点的,只有我与你啊!"孔子说这话时,正好子路也在。子路听了孔子的话,见他很重视颜渊,心里不服。他想他自己为人勇敢,打起仗来勇往直前,也应受到孔子称赞。于是他就向孔子提了一个问题,他说:"如果老师您率领三军作战,那您和谁共事呢?"没想到孔子听了他的话不仅没表扬他,反而对他进行了严厉的批评,他说:

> 暴虎冯河,死而无悔者,吾不与也,必也临事而惧、好谋而成者也!(《述而》)

"暴虎",指不乘战车,徒步与老虎搏斗。"冯河",指不乘船徒步过河。这样的人确实很勇敢,连死都不怕。但在孔子看来,这样的人什么也办不成,所以是不可取的,而他所赞许的人,则是碰到什么事"惧",而又是"好谋而成"的人。"惧",就是恐惧戒备之意,"好谋而成",是指善于谋划,使事情办成功之意。这里,死而无悔的勇者和临事而惧的人,显然是完全不同的两种人,是"两端",但孔子却贬斥死而无悔的勇者而赞扬临事而惧的成功者。这是因为"临事而惧,好谋而成"是中庸之道,是孔子"叩其两端"以后得出来的结论。这里,"两端"的关系也是互相排斥的关系。

周公是孔子称赞的圣人,在《荀子》书中记载了孔子对周公的一些评语。有那么几句话:

> 周公其盛乎! 身贵而愈恭,家富而愈俭,胜敌而愈戒。(《荀子·儒效》)

在一般情况下,贵人常常很傲慢,爱摆官架子,不谦虚,待人傲慢无礼。富人的生活一般都很奢侈,"朱门酒肉臭"。带兵打仗,有的人打了胜仗就骄傲得不得了,胜利冲昏头脑。但周公不同,他身居高位不摆官架子,待人谦恭;虽富而不乱花钱,很节俭;打了胜仗找缺点,更加戒备森严。这里"贵"与"恭"、"富"和"俭"、"胜"与"戒"是互相对立的范畴,周公把这些对立的"两端"结合起来了。在孔子看来,周公的行为符合中庸之道,所以很了不起啊!

　　总之,通过以上一系列阐述,我们可以看到,中庸之道确实是一条普遍起作用的规律。对立面平衡,也就是对立面之间的结合、互补、和谐,有时还要与那些影响和谐的因素作斗争。孔子在前人基础上,对此进行了多方面探索,揭示了这一规律在实际生活中的重大作用,其功绩是不容抹杀的。

第八讲

孔子论损益之道

损益之道在孔子著作中的地位，看起来似乎不大明显，但当我们看完马王堆帛书《要》篇时，心中很自然地就会想到一个问题：损益之道在孔子思想中的地位不容忽视。

那么，孔子在损益之道方面到底谈了些什么？这里存在着一些什么样的重要内容？

应当说，在孔子言论中，涉及损益之道之处不少，有些言论很明显，有些言论虽不明显，连"损""益"两个字都未涉及，但其内容还是在谈损益之道。

下面，我们从几个方面做些探讨。

一、自然界的损和益

在《要》篇有这样一段话：

> 孔子繇《易》至于《损》《益》一卦，未尚不废书而叹，戒门弟子曰：二三子！夫《损》《益》之道，不可不审察也，吉凶之□也。《益》之为卦也，春以授夏之时也，万勿之所出也，长日之所至也，产之室也，故曰《益》。《损》者，秋以授冬之时也，万勿之所老衰也，长夕之所至也，故曰产。①

这段话里谈的"损"和"益"，是指春夏秋冬一年四季的变化，有一个损和益的过程。"益"指冬天到夏天的过程，随着气候渐渐暖和，万物不断发育成长，开花结果，给人民带来粮食、水果、蔬菜等，白天也越来越长。"损"指从

---

① 邓球柏：《白话帛书周易》，长沙：岳麓书社，1995年，第342页。

夏天经过秋天到冬天的变化,这时候,天气越来越凉,花草树木、粮食作物由成熟而走向凋谢衰亡,黑天越来越长,白天越来越短。很明显,这里的"益",指的是万物数量上的增加,"损"指的是万物数量上的减少。同时也说明了物极必反的规律:春天,万物生长到很茂盛时,春天变成夏天;夏天发展到一定时候又转变为秋天;秋天到一定时候又变成冬天;冬天过去,又慢慢变成春天。这就是量的变化发展为质变。所以,孔子这段话谈的是自然界的损益之道,实际上也就是谈质量互变规律在自然界的表现。

那么,对人类而言,是自然界的"损"对人有利,还是"益"对人有利?

在我们看来,可以这样说,有时"损"对人有利,有时"益"对人有利。比如:春天到夏天,粮食、蔬菜不断生长,使人类的物质生活得到满足,这说明自然界的"益"对人类有利。随着气候变暖,苍蝇、蚊子、蝗虫、病菌也不断产生、增多,给人带来危害,说明自然界的增"益"又对人类造成危害。从秋天到冬天,人类所需要的蔬菜、粮食种植越来越困难,这说明自然界的"损"对人类不利,但随着霜雪到来,天寒地冻,各种害虫越来越少,有的被冻死了,这又说明大自然的"损"对人有利。所以在大自然不断变化,不断损益的过程中,"损"对人类有利,还是"益"对人有利,这个问题的答案是复杂的,不是绝对的。

既然如此,那么人类应如何对待自然界这些损益变化呢? 怎样才能保住人类的利益呢? 按照孔子的说法,人"不可动以忧",意思是说不要动感情,它是不受人的感情支配的,它是在人感情范围之外客观存在的,人只能"顺于天地之道"[①]而不能违背它。他还说:

尊天敬鬼,则日月当时。(《孔子家语·贤君》)

以时通于地,散布于小,理天之灾祥,地宝丰省,及民共飨其禄,共任其灾。(《大戴礼记·千乘》)

这两段话的意思,一要尊天敬鬼,二要抓住时机处理好"灾祥"、"丰省"与民共享幸福和患难。"尊天敬鬼"是以神学迷信欺骗群众,是神道设教,当然不可信。处理好"灾祥"、"丰省","灾"是"损","祥"是吉祥,是"益";"丰",物产丰富是"益","省"是物产减少,是"损"。"以时通于地",这个"时"是时机,说明处理好自然界的损益矛盾还要抓时机。

对待自然界的损益关系,要"顺",要抓时机。但在孔子看来,还有一个重要方法,就是谦抑自损。孔子说:

---

① 邓球柏:《白话帛书周易》,长沙:岳麓书社,1995 年,第 342 页。

天道亏盈而益谦,地道变盈而流谦。(《韩诗外传卷八》)

这两句话本来是周公说的。周公的儿子被成王封到鲁国当诸侯时,周公曾告诫他儿子伯禽不要骄傲自满,要谦逊待人,同时说了这几句话。孔子在这里继承了周公这一思想,但在孔子这里,成了他损益之道的一部分。损益之道作为质量互变规律,它存在于客观世界本身,是与人的意志无关的。在自然界,天气变暖和变冷,是量变质变规律的体现,对人有吉利一面,也有不利一面。但谦逊、不自满,则是对待这一规律的态度和方法,指的是人们应以谦抑自损的态度,趋利避害,避免量变质变规律在自然界所起的有害方面,发扬其有利方面。

在孔子言论中,我们可以看到还有这样的话:

入山泽以时,有禁而无税。(《大戴礼记·主言》)
取地之材,而节用之。(《孔子家语·五帝德》)
下无用,则国富。(《大戴礼记·千乘》)

这几句话,内容是要人们节约自然资源,注意生态平衡,避免乱砍林木和滥捕鱼虾、野兽。反对浪费自然资源,反对奢侈,这正是"亏盈而益谦"、"变盈而流谦"这一谦抑自损原则的具体运用。

二、礼的损益

我们还可看到,孔子在谈礼时,也谈到了"损"和"益"。他说:

殷因于夏礼,所损益,可知也;周因于殷礼,所损益,可知也。
(《论语·为政第二》)
慢怛以补不足,礼节以损有余。(《大戴礼记·主言》)

在这里,孔子所说的"损"和"益"完全是量的增加和减少,谈的是质量互变规律。

那么在礼的损益问题上是不是也有一个态度和方法问题? 这从下面几段话中可以看出来。

林放问礼之本。子曰:"大哉问! 礼,与其奢也,宁俭;丧,与其

易也,宁戚。"(《论语·八佾第三》)

　　子曰:"麻冕,礼也;今也纯,俭,吾从众。拜下,礼也;今拜手上,泰也。虽违众,吾从下。"(《论语·子罕第九》)

　　这两段话中,"奢"是奢侈,"易"是周全完备,"泰"是傲慢,"俭"是节俭,"戚"是悲伤,孔子反对奢侈,反对礼节周全,反对傲慢,就是反对"益",他主张节俭,主张真实的悲伤之情,就是一种谦抑自损态度。

三、学习中的损益

　　在学习问题上,我们也可看出孔子有关损益的思想。
　　孔子是喜欢学习的,他认为学习愈广博愈好。他曾说:

　　丘少而好学,晚而闻道,此以博矣。①
　　吾少也贱,故多能鄙事。君子多乎哉? 不多也。(《论语·子罕第九》)

　　这说明,在学习方面,孔子认为知识越多越好,"博"、"多"就是益,不是减损。
　　说是有一次,孔子的弟子子路问孔子:"学亦有益乎?"孔子回答说:

　　夫人君无谏臣则失政,士无教友则失听。狂马不释其策,操弓不反于檠。木受绳则直,人受谏则圣。受学重问,孰不顺成? 毁仁恶士,且近于刑。君子不可以不学。(《说苑·建本》)

　　孔子这段话的意思,明确肯定人应当通过学习,使自己不断受益。
　　子路继续提问,说:"南山有竹,弗揉自直,斩而射之,通于犀革,又何学为乎?"孔子接着又回答说:

　　括而羽之,镞而砥砺之,其入不益深乎? (《说苑·建本》)

　　这说明,孔子是主张人们不断通过学习增益自己的。
　　有一次,孔子对曾参说:"吾死之后,则商也日益,赐也日损。"曾参问:

───────────────

　　①　薛安勤:《孔子集语译注》,长春:吉林文史出版社,1996年,第15页。

"何谓也?"孔子进一步说:

> 商也,好与贤己者处,赐也好说不若己者。……与善人居,如
> 入芝兰之室,久而不闻其香,即与之化矣;与不善人居,如入鲍鱼之
> 肆,久而不闻其臭,亦与之化矣。丹之所藏者赤,漆之所藏者黑,是
> 以君子必慎其所与处者焉。(《孔子家语·六本》)

孔子这段话中,直接谈到损益。他认为子贡喜欢与不善的人在一起,他的学业和道德可能不断下降;子夏喜欢与善人、比自己强的人在一起,他的学业和品德会越来越增加。这里孔子说的"损"和"益"就是减少和增加的意思,说明这两个概念在这里是数量概念。在这里,孔子是喜欢"益",反对"损"的。在他看来,"益"是吉利的,"损"是不好的。

但在学习的态度上,他提倡谦虚不满足的自损态度。他曾谈到他自己:

> 吾有知乎哉? 无知也。有鄙夫问于我,空空如也。我叩其两
> 端而竭焉。(《论语·子罕第九》)

他这种自以为无知的态度,就是一种谦虚自损的态度。

在学习目的和学习态度的关系上,《说苑》和《孔子家语》中分别有一个大同小异的记载。《孔子家语》中那段话是这样的:

> 孔子读《易》至于损益,喟然而叹。子夏避席问曰:"夫子何叹
> 焉?"孔子曰:"夫自损者必有益之;自益者,必有决之,吾是以叹
> 也。"子夏曰:"然则学者不可以益乎?"子曰:"非道益之谓也。道弥
> 益而身弥损,夫学者损其自多以虚受人,故能成其满博也。天道成
> 而必变,凡持满而能久善,未尝有也。故曰自贤者,天下之善言不
> 得闻于耳矣。昔尧治天下之位,犹允恭以持之,克让以接下,是以
> 千岁而益盛,迄今而弥彰,夏桀昆吾自满而无极,亢意而不节,斩杀
> 黎民如草芥焉,天下讨之,如诛匹夫,是以千载而恶著,迄今而不
> 灭,满也。"(《孔子家语·六本》)

在孔子看来,人们学习知识也和自然界一样,有一条损益规律。自然界一年四季不断变化,有量的增益,也有量的减损。在人类社会,人的知识文化程度和道德情操也不断发生变化,有的人不断增加,有的人不断减少。从吉凶而言,当然是知识越多越好,道德越高尚越好。人们的学习目的,当然

是要知识越来越广博,道德情操越高尚越好。但是,人们为了学到知识,为了成为有高度道德教养的人,人们必须要有一个谦虚自损的态度,越是谦虚自损的人,就能得到广博的知识,越能使自己成为道德高尚的人。正因为如此,孔子在这里特别强调自损的好处,也特别反对骄傲自满,说"自损者必有益之,自益者必有决之",也就是这个意思。这就是说,为学的目的要广博,要不断增益,但为学的态度,做人的态度,要不断自损,要谦虚。这是两回事,不能混淆。所以,当子夏问"学者不可以益乎?"时,说明子夏没把这两个不同的问题分清楚。孔子在这里回答子夏时,说"非道益之谓也,道弥益,而身弥损",就是说,为学,要求知识越来越多,这没错,但为学的态度要谦虚,要自损,这是损益之道,这是两个问题。所以紧接着孔子又说"学者损其自多以虚受人,故能成其满博也",这句话就是对子夏提问的极好回答。

为了说明"自损"的好处和"自益"的坏处,他谈了尧的恭让和夏桀昆吾的自满无极。一个是"千载而益盛",被人永远颂扬;一个是"千载而恶著"永远被人咒骂。

四、身心健康态度上的损和益

孔子的损益思想,还表现在他对身心健康的态度上。人的身心,从健康不健康的角度看,健康是"益",不健康,甚至有各种各样的病,这是"损"。从吉凶来说,当然健康是吉,不健康是凶,人们都喜欢健康,也就是喜欢"益"。

在实际生活中,人们能否真正得到健康这就不一定了,有的人主观上希望能得到"益",可实际上可能相反。这里有一个态度、方法问题。

有一次,鲁哀公问孔子说:聪明有知识的人能长寿吗? 孔子作了肯定的回答。他还说:

> 人有三死而非命也者,人自取之。夫寝处不时,饮食不节,佚劳过度者,疾其杀之。居下位而上忤其君,嗜欲无厌而求不止者,刑其杀之。少以犯众,弱以侮强,忿怒不量力者,兵其杀之。此三死者,非命也,人自取之。(《说苑·杂言》)

这段话谈人为什么死? 特别是谈人的非正常死亡。孔子谈了三种情况:第一种情况是谈人平时饮食、睡眠、劳动破坏了常规,睡眠时早时晚,时多时少;吃饭也是有时吃得太多,有时吃得太少;劳动和休息也不正常,有时劳动量过大。睡眠时间过长是"益",睡眠少是"损";吃得太多是"益",吃得太少是"损";劳动量过大又是"益",这都是人生病死亡的原因。说明无论是益还是损对人的身体健康都不好。第二种情况是居下位而上忤其君,这是"益";嗜欲无厌而求不止,这也是"益",这两个"益"都不好,受刑杀,连肉体都保不住了。第三种情况是少以犯众是"益",弱以侮强也是"益",愤怒不量力也是"益",打仗的时候,明明自己很弱,还逞强,被人杀死。从孔子这些分析中,可以看出,对人的身心健康和生命来说,"益"和"损"都不好。但对那些吃得过多,劳动量过大,上忤其君、嗜欲无厌,以少犯众,以弱欺强,打仗逞强不量力的人来说,采取谦抑自损的态度,无疑是必要的。

在《大戴礼记》中,孔子在和鲁哀公的一次谈话中曾说过这样几句话:

太古之民,秀长以寿者,食也;今之民,羸丑以胔者,事也。
(《大戴礼记·千乘》)

这是说,古代的人长得很俊秀很强壮,原因是他们吃得饱吃得好;今天的老百姓长得又瘦弱,又丑陋,为什么,就是因为这些人的劳役太累,这里,吃得饱吃得好是"益",劳役太重也是"益",一个"益"吉利,另一个"益"不吉利。

在《论语》中,也有一段话:

君子有三戒:少之时,血气未定,戒之在色;及其壮也,血气方刚,戒之在斗;及其老也,血气既衰,戒之在得。(《论语·季氏》)

孔子在这里指出少年太好色,壮年人好争斗,老年人贪得名利都不好,都有损于身体健康,这是正确的。这三者,好色、好争斗、好得利都是"益",都不好,所以都应引以为戒。这是对待损益规律的态度问题。

五、君权和民众安危祸福上的损益

损益之道作为客观规律,最突出的还是表现在君权的安危存亡和民众的安危祸福上。有时安的因素在增长,危的因素在减少;有时则相反,危的因素在增长,安的因素在减少,这种因素发展到一定程度,还会发生从量到质的变化,物极则反。

孔子在《坤·文言》中说:

积善之家,必有余庆;积不善之家,必有余殃。臣弑其君,子弑其父,非一朝一夕之故,其所由来渐矣!(《易经》)

　　这段话就是社会领域损益之道的最好说明。同样是"益",善积得多,对人类是吉利,不善积得多了,对人类大大有害。臣弑其君,国家不保,这就是不善积累的结果,是益造成的,同时也是善减少的结果,也可说是由"损"造成的,如此说来,"损"和"益"都不吉利,也可说都吉利,关键是要弄清楚什么东西在渐渐地增益,什么东西在渐渐地减损。

　　孔子还说:

　　　高而无位,高而无民,贤人在下位而无辅,是以动而有悔也。(《易·文言》)

　　　大寒既至,霜雪既降,吾是以知松柏之茂也。昔齐桓公得之莒,文公得之曹,越王得之会稽。陈蔡之厄,于丘其幸乎!(《吕氏春秋·孝行览·慎人》)

　　　事或欲以利之,适足以害之;或欲害之,乃反以利之。利害之反,祸福之门,不可不察也。(《淮南子·人间训》)

　　以上三段话,虽未直接涉及"损益"两字,但实际上和损益之道有着密切关系。第一段谈到君主、执政者,高高在上,他们在政治地位上越往上升,就越危险,增益到一定程度,就可能掉到地上,粉身碎骨,看起来对他很吉利,弄不好就可能"适足以害之","益"转化为"损"。第二段谈到"大寒既至",还下着霜雪,他以此比喻社会领域贤人受难,齐桓公、晋文公、越王勾践,都受到大难,可正是这些灾难,使他们经受了锻炼,增长了知识和思想品德,后来成了霸主,这又是"或欲害之,乃反以利之","损"转化为"益"。这第三段话正是前两段文字的极好注释,也是社会领域损益之道起着作用的绝好说明。

　　那么,怎样正确地对待社会领域的损益规律,怎样才能防微杜渐,使国家不灭亡、君位不颠覆,社会得安宁呢? 应当说,孔子在这方面的言论还是很多的。

　　有一次,孔子和弟子们一起参观洛阳周太祖后稷的庙,看到庙前一尊金人,金人背上刻着铭言,内容是要人们慎言,防止祸从口出,还谈到大祸是小的灾难慢慢积累的结果。说:"焰焰不灭,炎炎若何;涓涓不壅,终为江河;绵绵不绝,或成网罗;毫末不札,将寻斧柯。诚能慎之,福之根也。"还说:"强梁者不得其死,好胜者必遇其故。盗憎主人,民怨其上。君子知天下之不可上也,故下之,知众人之不可先也,故后之。温恭使人慕之;执雌持下,人莫踰人。人皆趋彼,我独守此,人皆或之,我独不徒,内藏我智,不示人技。我虽尊高,人弗我害。谁能于此,江海虽左,长于百川,以其卑也。天道无亲,而能下人。戒之哉。"这篇铭言的中心思想,就是要人们谦让,不要逞强欺人,不要称王称霸,以权力压人,不谦让的人没有好下场,对这篇铭言,孔子很称赞,他对弟子们说:

> 此言实而中,情而信。(《孔子家语·观周》)

说明他对此篇文字持完全肯定的态度,完全肯定以自损谦抑态度治国待人。

还有一次,他和弟子们一起参观鲁桓公之庙,看到有一个宥坐之器,当人们往这个宥坐之器中灌水时,水灌到一半,这器的位置很正,但当水灌满时,它就翻了过去,来一个底朝天。看了这情况,孔子就对弟子们说:"那有满了不颠覆的东西啊!"当时子路问孔子:"能不能不让它颠覆啊?"孔子就说:

> 持满之道,抑而损之。……德行宽裕者,守之以恭;土地广大者守之以俭;禄位尊盛者,守之以卑;人众兵强者,守之以畏;聪明睿智者,守之以愚;博闻强记者,守之以浅。夫是之谓抑而损之。
> (《韩诗外传卷三》)

孔子这里谈的是人们应当遵循的对待客观存在的损益规律的一种态度。这种态度的根本原则是谦抑自损。一个人虽然道德很高尚,但自己不能自满,要谦恭,否则就会像宥坐之器那样,水太满了就颠覆。一个人虽有大功,有广大的土地俸禄,也不能大手大脚地胡花,不能糟蹋粮食财产,要节俭,以俭朴治家。一个人虽有高官位,俸禄很多,也要谦虚,不能以势压人。一个执政者虽然兵强马壮,也不能骄傲自满,还要不断提高警惕。一个人虽然知识广博,学习能力很强,也要时时想到自己还有很多不足。总之,要谦抑、虚心,只有这种自损态度的人,才能保住国家的安全,才能保住很高的权力地位,才能处理好各种人际关系,才能得到人们的拥护和爱戴。用孔子的话说,这就叫"自损者必有益之,自益者必有决之"。

在孔子看来,在自损谦让方面,唐尧、周公都是很好的榜样,桀纣是最坏的反面教材。在谈到周公时,他曾说:

> 周公其盛乎! 身贵而愈恭,家富而愈俭,胜敌而愈戒。(《荀子·儒效》)

这里的谦恭、节俭、警戒畏惧，都属于自损范畴。

总起来说，孔子所说的损益之道包括两个方面：一是指自然界和社会领域客观存在着的质量互变规律，它不以人的意志为转移。对人来说有时"益"的方面对人有利，有时"损"的方面对人有利。它不能说明："益"肯定对人有害，"损"肯定对人有利。二是指人们对待自然界和社会领域的损益的态度和方法。人应当以自损谦抑的态度来对待它，只有这样才能给人们带来吉利。如以虚心谦抑的态度对待自然界，以自我节制态度对待礼制损益，以虚心去求知识，以自我节制态度探求身心健康之道，以虚心、谦让、节俭态度对待高官厚禄、君位，以不自满的态度看待国防实力等。孔子损益之道的这两个方面是统一的不可分割的，它作为客观规律和人们对待客观世界的一种正确态度和正确方法是具有普遍性的。这正如孔子《要》篇所说那样：

> 《损》《益》之道，足以观天地变，而君者之事已。
> 《损》《益》之道，足以观得失矣。
> 能者繇一求之，所谓得一而君毕者，此之谓也。

那么，孔子损益之道有些什么现实意义呢？

第一，孔子的损益之道，对于目前世界各国对待气候变暖、环境污染、乱伐森林等破坏生态平衡的行为，是一个很好的忠告，是金玉良言。它启示人们，人类为了能在地球村生存下去，也要对自己采取谦抑自损态度，不要陶醉于对自然界的胜利，要想到"对于我们的每一次胜利，自然界都报复了我们"。[①]

第二，孔子的损益之道在目前各国关系的处理方面，有着重要的指导意义。它充分证明我国在国际上提出的"不称霸"的指导思想是正确的。霸权主义的特点是：国与国之间以强凌弱，以大欺小，不尊重弱国、小国的主权和领土完整，掠夺弱国、小国的资源和财富。我国反对这种霸权主义，并明确指出，我国永远不称霸，即使将来强大了，富裕了也不称霸。我们这种思想不仅符合马克思主义的国际关系准则，而且也完全符合孔子关于自损谦抑的学说。可以这样说，我国在国际上提出的这一"不称霸"的政策，正是孔子这种优秀思想的发扬光大。

第三，孔子的自损谦抑思想，对于我国国内那些以权谋私的贪官污吏来说，也是沉重一击。不久前一位被判死刑的省级高官，在他总结自己为什么

---

① 恩格斯：《自然辩证法》，北京：人民出版社，1957年，第145页。

会成为贪污犯时,说了两句话,说是:"妻贤夫祸少,子孝父平安。"其实,他只说对了一小半。那些贪官的妻子儿女,利用父亲和丈夫的特权,狐假虎威,巧取豪夺,这是一个方面,但更重要的是贪官本人首先在利用自己的特权谋私利,正如孔子所说的夏桀、昆吾那样,这些人根本没有自损谦抑的思想。他们骄傲自满,为所欲为,正是这些特权思想把自己引到了粉身碎骨的地步。

　　第四,孔子的自损谦抑思想,也为我国社会主义社会的人际关系提供了一个理论支柱。社会主义社会人和人之间的关系,应当是互相关心、互相帮助、谦让和谐的关系。所以,孔子这些思想也正是我们目前所需要的。

　　总之,我们可以这样说,孔子的损益之道是世界文化领域的一个重大理论发现,也有着至关重要的现实意义。

孔子论死生富贵和事业穷通之道

死生富贵和事业穷通,在孔子一生中无疑是他极其关注的一个问题。在早年,他在这些问题上是天帝主宰论者。但他的思想也是变化的。人们往往只看他前期的观点,忽视其晚年的变化。在这里,我对此问题重新做些思考。

一、早年的天帝主宰论

在早年,他曾认为个人的死生富贵和事业穷通完全决定于天帝安排。他的观点突出表现在以下一些事情上。

第一件事,子夏"死生有命,富贵在天"的话。

子夏那两句话见之于《论语·颜渊》篇。原话是:"商闻之矣:'死生有命,富贵在天'。"这话出自子夏之口,但又说是"闻之矣"。那么,他是从哪里听来的呢? 大家都认为他是从孔子那里听来的。这里的意思是说,人的死生寿命,富贵贫贱都是天帝事先安排好了的。怎么安排呢? 当然是好人寿命长,又能得到富贵,坏人只能是短命贫贱。

事实上,在其他场合,孔子确实说过类似的话。但他有时认为死生有命,富贵在天。有时又认为死生在天,富贵有命。归根到底都认为死生富贵都是天帝安排好的,这些观点都是唯心主义的。

在《论语》中,有那么几句话:

> 富而可求也,虽执鞭之士吾亦为之,如不可求,从吾所好。
>
> (《论语·述而》)

这里,"执鞭之士",是市场的守门卒,是当时一种被人贱视的职业。孔子认为富不可求,为什么? 说"不可求",就是因为自己无能为力,人主观上不管多么努力,也是白费劲。人力达不到,那就只能靠天帝了。

《汉书·刘向传》中,有一处谈孔子论诗,谈到《诗经·大雅·文王》那首诗,在那首诗里,诗人赞扬周文王,说周文王接受天帝的意旨,代替殷纣成为天子,现在殷商的后人臣服周王朝,很勤勉很努力,参加祭祀也很虔诚。诗人还告诫殷商后人,要按天帝意旨行事,以殷纣为借鉴,好好效法周文王。孔子在讨论这首诗时,向学生讲解这个道理。他说:

> 大哉天命! 善不可传于子孙。是以富贵无常。不如是,则王公其何以戒慎! 民萌何以劝勉?①

这意思是说:天帝的意旨、安排真伟大! 天帝是保佑有德之人的,你有德,天帝就给你富贵;你无德,即使是王公大人,天帝也不会给你富贵,对你子孙更是如此,从这意义上说,"富贵无常"。在这里,孔子的思想很明确,他认为人的富贵完全是天帝给的。他这思想无疑是神学唯心主义的。

第二件事,《论语》中有一段话:

> 公伯寮愬子路于季孙。子服景伯以告,曰:"夫子固有惑志于公伯寮,吾力犹能肆诸市朝。"子曰:"道之将行也与? 命也! 道之将废与? 命也! 公伯寮其如命何?"(《论语·宪问》)

《论语》所说这件事大概发生在孔子五十四五岁时,当时子路为季氏宰,孔子还在鲁国当大司寇,由于孔子和子路为了堕三都,强公室,事业受阻,公伯寮还诬告子路之非,子服景伯是鲁国大夫,他告诉孔子,他能在季孙那里为子路辩护,把公伯寮杀掉,陈尸于街头。可是孔子没让他这么做,他只是说,他自己所提出来的治国之道能否实现决定于"命"。这个"命"有人说是客观上的机械必然性,我认为不是,这个"命"就是指天帝的安排。他认为治国之道能否实现,是天帝安排好的,是肯定能实现的,小小一个公伯寮想左右天帝安排,这是痴心妄想。从这一段话中,我们可以看到孔子在那时是确认个人事业穷通由天帝安排好的。

第三件事:孔子被困于匡的事。

鲁定公十三年(公元前497年),齐国怕鲁国强大,送给鲁国80个美女,

---

①　薛安勤:《孔子集语译注》,长春:吉林文史出版社,1996年,第157页。

季桓子接受以后，与鲁定公一起寻欢作乐，不听朝政，孔子失望，离开鲁国到了卫国，居住在子路妻兄颜浊邹家，在卫都帝丘(今河南滑县)。开始卫灵公给俸禄，后听信谗言，监视他。孔子又离开卫国去陈国，在匡地(今河南长垣)时，匡人以为孔子就是那个欺压他们的阳虎，把孔子师生拘禁了五天。这时，孔子又说了一段话，在《论语·子罕》篇有记载：

> 子畏于匡，曰："文王既没，文不在兹乎？天之将丧斯文也，后死者不得与于斯文也；天之未丧斯文也，匡人其如予何？"

孔子这段话的意思是说，自从周文王去世以后，整个国家的传统文化都被自己继承下来了，老天爷保护着自己，匡人奈何他不得。这里充分反映出他承认天帝存在，天帝是保护好人的。

他还说：

> 吾非阳虎，而以我为阳虎，则非丘之罪也，命也。①

意思是说，我不是阳虎，硬把我看成阳虎，把我置于死地，这事罪责不在我身上，是那个神秘的力量的错误，是他犯了罪。他对那个神秘力量的公正性产生了怀疑，认为命运不公。

第四件事：子见南子的事。

孔子五十五岁时，被匡人拘禁了五天，后来回到卫国住遽伯玉家。鲁定公十五年，孔子五十七岁时，卫灵公夫人南子专权，她要见孔子，孔子弟子子路很不高兴，觉得南子这人名声不好，孔子为什么要见她，孔子见子路这情绪，就发誓说：

> 予所否者，天厌之！天厌之！(《雍也第六》)

意思是说：我的做法没有错，我要是错了，可以让天帝讨厌我，罚我。这里，他对天发誓，说明他确实认为天帝是能赏功罚罪的。

第五件事："媚于奥"，还是"媚于灶"的事。

孔子在卫国期间，卫灵公的执政大臣王孙贾曾和孔子之间有一段对话。这段话记载于《论语·八佾》篇中：

---

① 薛安勤：《孔子集语译注》，长春：吉林文史出版社，1996年，第595页。

王孙贾问曰:"'与其媚于奥,宁媚于灶'。何谓也?"子曰:"不然,获罪于天,无所祷也。"

这段话的意思是说,与其讨好西南角的中霤神,还不如讨好灶王爷,孔子回答说,奉承哪位神都不好,最重要的是不要得罪天帝,要是得罪了天帝,讨好谁都没有用。王孙贾说话的意思,是要孔子讨好自己,他自己大权在握。孔子不买他的账,说自己要是这样做,会得罪老天爷。可见,他这里说的老天爷是能赏罚人的,是主宰着人间祸福的。

第六件事:桓魋害孔子之事。

鲁哀公三年(公元前492年),孔子六十岁时,孔子和他的弟子们经过宋国,在大树下习礼,宋国司马桓魋把大树砍掉,要加害于孔子,孔子的弟子们要孔子快点逃走,孔子说了两句话:

天生德于予,桓魋其如予何?(《述而第七》)

意思是说,老天爷给了我复兴文武之道的德行,我是受老天爷保护的,桓魋能对我怎样? 这也说明他是相信有天帝存在的。

二、埋怨、失望与探索

孔子这种天命论思想在公元前489年以后,有一个比较大的变化。那一年,楚昭王使人聘孔子,孔子师生从陈国往楚国的路上经过,被陈蔡当权者派人把他们围于野,绝粮七日,很多弟子病倒了。这时候,弟子子路向孔子提了一个问题,说人们常言天帝保佑好人,惩罚坏人,为什么老师做了那么多好事,还遭此大难? 孔子当时也确实把子路的话听进去了,看来他自己也早就把此问题想过不少遍了。他回答子路说:

由不识,吾语女。女以知者为必用邪? 王子比干不见剖心乎! 女以忠者为必用邪? 关龙逢不见刑乎! 女以谏者为必用邪? 伍子胥不磔姑苏东门外乎! 夫遇不遇者,时也;贤不肖者,材也;君子博学深谋不遇者多矣! 由是观之,不遇世者众矣! 何独丘也哉! ……今有其人不遇其时,虽贤,其能行乎? 苟遇其时,何难之有,故君子博学深谋修身端行以俟其时。(《荀子·宥坐》)

从这段话中,我们可以看到孔子已不再认为人的死生富贵和事业穷通决定于天帝保佑了。他在这里指出王子比干、关龙逢、伍子胥这些贤人被害，都得不到天帝保佑。这些事实说明所谓天帝保佑好人，惩治坏人之说，根本不能成立，而他们所以冤死，根本原因在于时世不好，由于他们没有遇到好的时世。孔子在这里联系自己，说自己目前处境，所以遇此大难，也是如此。孔子在这里提出了三个新观点：第一，他认为作为贤人，应当是"博学深谋、修身端行"的人，这实际上为一个人的长寿、富贵、事业亨通提出了主观条件；第二，决定一个人生死富贵、事业亨通的是"时"，不是天帝保佑，要是碰不上好时遇，即使有多大学问有多高尚的道德的人也不行；第三，正因为时遇决定死生富贵、事业穷通，因此，要想长寿、富贵、事业亨通，必须"俟其时"，也就是说要等待时机。应当说，孔子这些观点，是一个重大飞跃。

按照廖名春《郭店楚简儒家著作考》一文的说法，郭店考古发现的竹简中，有一篇《穷达以时》的著作，实际上是孔子的著作。这篇文章的有些话，和《荀子·宥坐》篇中的话几乎完全一样，比如：简文有这样的话：

> 有天有人，天人有分，察天人之分，而知所行矣。有其人，无其世，虽贤弗行矣。苟有其世，何难之有哉。[①]

这里后面这几句话："有其人，无其世，虽贤弗行矣。苟有其世，何难之有哉。"和前面荀子所引的话意思完全一致，语言也几乎相同。可见这些话确实表达了孔子的真实思想。但竹简的"穷达以时"中前面这几句话很重要，"有天有人，天人有分，察天人之分，而知所行矣"这几句话，实际上是对子路提问的正面答复。子路问的是，为什么天帝不保佑好人的事业使之亨通，孔子的回答是"天人有分"。这句话就等于说，天是天，人是人，天不管人事。为什么天不管人事呢？孔子没明白说清楚。这可以从两个方面理解：第一，天虽是天帝，他在天上，不管人间之事；第二，天本来就不是天帝，它只是自然界而已，自然界和人事当然不是一回事。如果是第一个意思，说明孔子过去天帝保佑自己的说法不对了；如果是第二个意思，连天帝本身都不存在，那么，过去的说法更加站不住脚了。总之，不管他怎么想，他这"天人相分"的说法，实际上是把自己过去天帝保佑好人，惩罚坏人的观点否定掉了。这说明，著名的《天论》作者荀子，他的唯物主义和无神论思想是来源于孔子"天人有分"这一观点的，但在孔子那里，这一思想说得不透，荀子在《天论》中把这一思想彻底说清楚了。

尽管在这里，孔子没完全说清楚到底有天帝，还是没有天帝，但他认为

[①] 廖名春：《郭店楚简儒家著作考》，载《孔子研究》1998 年第 3 期。

个人事业上的穷通决定于时，不决定于天帝，这是一个重大发现，是哲学思想上重大转变，说明他在死生富贵和事业穷通问题上已由唯心主义天命论转入唯物主义轨道。

孔子在人的死生贫富、事业穷通上提出了新的观点，对天命论的不满也越来越厉害了。比如：他有一个弟子冉伯牛，也就是冉耕，是个有德行的好学生，据说是得了麻风病，在当时是一种不治之症。(《论语·雍也》)篇有一段记载：

> 伯牛有恶疾，子问之，自牖执其手，曰："亡之命矣夫？斯人也
> 而有斯疾也！斯人也而有斯疾也。"

这里的"亡之命矣夫！"意思是：你真是没碰到一个好命啊！真是无可奈何啊！他说这些话，还是想说明"命"是有的。孔子这里的"命"，就是天帝的安排。他认为天帝对冉伯牛这样一个有德行的学生极其不公平。在他看来，好人应该有好命，可这里却给冉伯牛一个恶疾，面临死亡威胁，真不应该啊！

天帝不保佑好人。孔子这一想法也可从他对颜渊之死的态度上看出来。他的学生颜渊，品学兼优，孔子早日对他多次称赞，说他的德和才足以"媚兹一人"(《大戴礼记·卫将军文子》)，意思是说可以得到天子一人的宠爱。但就是这样一个好学生，二十九岁头发全白了，四十岁死掉了。孔子当时脱口而出，埋怨起天帝来了。在《论语》中有这样的记载：

> 颜渊死。子曰：噫，天丧予！天丧予！

这实际上就是认为天帝不保佑好人。天作为天帝理应保佑好人，惩罚坏人，可在这里却让一个有德有才的好人短命而死，太不公平了！这是孔子不自觉地产生一种对天帝的看法，由崇拜变成了埋怨和不满，继而变成失望。

"俟时"，也就是等待时机，找时机，这里还有些被动的味道，好像做买卖，"待价而沽"，不是让自己去适应变化着的时代需要，而是寻找自己所需要的买主，有时则是消极等待、"守株待兔"。这样，常常会产生失落感，事实上也是如此。

有一次，孔子从卫国返回鲁国，经过一个山谷，看到一种兰花长得茂盛，联系自己颠沛流离，到处碰壁的处境，不禁叹了一口气，触景生情，自言自语起来。他说：

夫兰当为王者香,今日独茂,与众草为伍,譬犹贤才不逢时,与鄙夫为伦也。

紧接着,他停了车拿起琴,作了一首歌辞,名为《猗兰操》,辞的内容是:

习习谷风,以阴为雨,之子于归,远送于野。何彼苍天,不得其所。逍遥九州,无所定处。世人闇蔽,不知贤者。年纪逝迈,一身将老。①

这首琴辞的内容,充分表达了孔子当时伤感生不逢时,怀才不遇的心情。

据《说苑》记载,孔子一次和弟子们一起讨论《诗经》,当说到《正月》第六章时,他又说了这样的话:

不逢时之君子,岂不殆哉! 从上依世则废道,违上离俗则危身;世不与善,已独由之,则曰非妖则孽也,是以桀杀关龙逢纣杀王子比干,故贤者不遇时,常恐不终焉。(《敬慎》)

《诗经》的《正月》,这首诗是揭露周幽王执政时的黑暗面的,孔子以此说明贤人碰不上好时代很危险的,有可能像关龙逢,比干那样被杀害,那时贤人也只好自讨苦吃了。

三、晚年的理性

归宿

孔子六十八岁时,季康子派人把孔子迎回鲁国。这以后,孔子和鲁哀公之间曾有多次谈话,在这些谈话中,我们可以看出,他在死生富贵和事业穷通问题上的看法,又有很大变化。理性的思考逐步代替了对天帝在情感上的发泄。

有一次,鲁哀公问孔子"人的命与性何谓也?",孔子回答说:

分于道,谓之命,形于一谓之性,化于阴阳象形而发谓之生,化

---

① 薛安勤:《孔子集语译注》,长春:吉林文史出版社,1996 年,第 641 页。

穷数尽谓之死。故命者,性之始也;死者,生之终也,有生则必有终矣。(《孔子家语·本命解》)

孔子这里的"命",即人的生命,也可说是人的死生命运。在他看来,人的生命是自然界阴阳二气运动变化过程中产生出来的,是"阴阳之精"(《大戴礼记·天圆》),人的生命结束,就是"化穷数尽"。这是他第一次把人的生死解释为自然现象,又是一个新的解释,这种解释虽笼统,但从原则上说是正确的。

再一次,他和鲁哀公之间谈到如何使国家兴旺发达时。他说:

下无用,则国家富;上有义,则国家治,长有礼,则民不争;立有神,则国家敬,兼而爱之,则民无怨心;以为无命,则民不偷。(《大戴礼记·千乘》)

这段话中,他谈到"兼而爱之",也谈到"以为无命,则民不偷"。所谓"无命",就是认为天帝不能决定人的生死富贵,也没有其他决定生死贫富的神秘力量。他这观点是对自己"死生有命,富贵在天"这一观点的彻底否定。人们都知道,墨子的《兼爱》篇和《非命》篇,曾专门谈到兼爱和无命的思想,可是,正是这些思想,孔子在他以前已经提出来了。很可能墨子事先并不知道他和鲁哀公之间还谈到过这些问题。孔子在这里谈到"以为无命,则民不偷",所谓"不偷"就是勤奋劳动,努力做好自己的工作,充分发挥人自己的主观能动性,强调事在人为。这是他在人的死生贫富方面提出来的又一新的观点。

又一次,鲁哀公问孔子:"智者寿乎? 仁者寿乎?"孔子回答说:

然,人有三死,而非其命也,己自取也。夫寝处不时,饮食不节,逸劳不度者疾共杀之;居下位而上干其君,嗜欲无厌,而求不止者,刑共杀之;以少犯众,以弱侮强,忿怒不类,动不量力,兵共杀之。此三者,死非命也,人自取之。若夫智士仁人,将身有节,动静以义,喜怒以时,无害其性,虽得寿焉,不亦宜乎? (《孔子家语·五仪解》)

这里,孔子认为仁智者寿命长,主要是由于这些人有道德修养,行为正确。而有些人短命,一是由于不注意健身,病死了;二是由于犯罪,受刑而死;三是由于发动侵略战争战死了,都是人自己主观上犯错误造成的,都不是天帝安排的命运注定的。这里他把死生有命的观点排除掉了,代之以死生由己。这说明人的知识和道德因素对死生贫富、事业穷通也起着重大作用。

孔子晚年在谈到个人立身处世时,他提出了"六本"的思想。他说:

> 行己有六本焉,然后为君子也。立身有义矣,而孝为本;丧记有礼矣,而哀为本;战阵有列矣,而勇为本;政治有理矣,而农为本;居国有道矣,而嗣为本;生财有时矣,而力为本。(《孔子家语·六本》)

这里的"六本",其中有一条"生财有时矣,而力为本",这句话中,涉及个人如何求富的问题,他这里没有重复"富贵在天"的话,而是强调"时"和"力"。这实际上是把"富贵在天"的思想自我否定掉了。

孔子这些观点,不能不使人想起他评论子贡的那两句话。我们知道,子贡是孔子的高足,他口才很好,又善于经商,《孔子家语·七十二弟子解》中曾说他"家富累千金"。孔子在《论语·先进》篇中曾说:

> 赐不受命而货殖焉,臆则屡中。

很奇怪,一个笃信天帝决定人们富贵的孔子,这里不仅没有责难子贡,相反,有赞扬之意。他赞扬子贡不幻想天帝恩赐而靠自己主观努力发财致富,而且善于分析判断经济形势,做出正确决定。看来,孔子在赞扬子贡的时候,他的思想已经发生了很大变化,因为子贡的所作所为,完全符合"生财有时矣,而力为本"这一观点。

孔子重视"时"的思想,在晚年研究《易经》的过程中,又有进一步的发展。比如,有这样一些话:

> 君子进德广业……乾乾因时而惕,虽危无咎矣。(《乾·文言》)
> 君子进德修业,欲及时也。(《乾·文言》)
> 终日乾乾,与时偕行。(《乾·文言》)
> 亢龙有悔,与时偕极。(《乾·文言》)

在前面,我们看到了孔子的思想是"俟时""逢时""遇时",而在这里是"及时""因时而惕""与时偕行""与时偕极",由原来的被动等待,发展到主动适应,即通过主观上不断"进德广业"来适应客观时代的变化和需要。请看,孔子这种思想难道不符合唯物主义反映论原则吗? 由此可见,孟子所说:"孔子,圣之时也。"(《孟子·万章下》)这段话是很有道理的。

不仅如此,孔子在研究《易经》的过程中还提出了一个"几"的范畴,谈到了"见几而作"的思想。他说:

> 知几其神乎! 君子上交不谄,下交不渎,其知几乎! 几者,动之微,吉之先见者也。君子见几而作,不俟终日。(《系辞》)

所谓"几",指极微小的变化。孔子说"时"指时代、时世、时期,也指时时刻刻。孔子在这里要人们注意客观世界的变化,甚至极细微的变化,以此制定相关的解决问题的措施、办法,这无疑是正确的。

在事业穷通上,孔子认为还有一个要点是"权",所谓"权",就是权衡利弊,因时因事而变。孔子在《论语》中曾说:

> 可与共学,未可与知适道,可与适道,未可与立,可与立,未可与权。(《论语·子罕第九》)

这段话谈到了共同学习,切磋治国之道,谈到志同道合,依礼行事,这是原则性,但他认为光有原则性,没有灵活性不行。寻求道和行道不仅要坚持原则性,还要权衡利弊,善于灵活处世,这种善于灵活处世的态度,也就是"权"。在孔子看来,能做到"权",这不是一件小事,这是一门大学问,不是任何人都能达到的。

《论语·阳货》篇中曾谈到公山弗扰要叛乱,孔子还想应召,到他那里去做官,晋国占据中牟的佛肸召孔子,孔子也想去。《子罕》篇中谈到他还想"居九夷",到少数民族中工作,这都反映了孔了有关"权"的思想。

孔子的政治理想和季氏不一致,他经常批评季氏,但他还是和他们一起在鲁国做官,对这情况,他曾说:

> 龙食乎清而游乎清,螭食乎清而游乎浊,鱼食乎浊而游乎浊。今丘上不及龙,下不若鱼,丘其螭邪。(《吕氏春秋·离俗览·举难》)

这里的螭,指乌龟。这里的清,实际指政治清明的有道社会,浊是指政治上黑暗混浊的无道社会,他认为自己处在无道社会,但在清水中吃东西,自己肚子里的思想道德都是干干净净的。自己既没有选择隐居,也没有和黑暗势力同流合污。既要守住原则,也有灵活性。他在这里虽没有说自己这样做就是"权",实际上正是这一处世思想的具体运用。

孔子这一"权"的思想,还具体表现在对历史人物的评价上,在春秋时期,他对晏婴和管仲的评价,就体现了这一思想。

晏婴是齐国齐灵公、齐庄公、齐景公时的大夫。齐庄公开始时对晏婴很重用,能采纳他的意见,不断地赐给爵位,增加封地。但后来就不听他的意见了,晏婴每次上朝,都退回封地和爵位。封地和爵位退尽之后,晏婴开始唉声叹气,后来又笑了起来。他的仆人问:"您为什么一会儿叹气,一会儿笑啊?"晏婴说:"我叹气是可怜国君要遭大难,我笑,是庆幸我自己可以免于死啊!"后来齐庄公果然遭了大难,被崔杼杀死了,晏婴既未殉葬,也不逃跑,他说,国君不是为国家利益死的,他是为自己的错误行为死的。谁能为他的灾祸承担责任?所以我不能为他而死,也没有必要逃跑。他还说,我不是女奴隶,主人死了,女奴隶也得上吊殉葬,所以我没有这个必要。

孔子晚年,在与子贡讨论人才时,这样评价晏婴:

> 君虽不重于臣,臣不可以不量于君,是故君择臣而使之,臣择君而事之,有道顺君,无道横命,晏平仲之行也。(《大戴礼记·卫将军文子第六十》)

孔子这里谈到"横命",即衡量君命,意即对有道之君,要忠心耿耿,要尽忠心;对无道之君,没有必要尽忠,这里要有衡量,也就是要权衡,这就是孔子所说的权变思想。他在这里赞扬晏婴,说晏婴做到了"权"。

孔子对管仲的评价,记载于《孔子家语·观思》一文中,在那里,子路提到如何评价管仲,孔子的回答是"仁也"。这个评价是很高的。但子路提出异议,他说管仲有六大错误:①管仲把自己政见说给齐襄公听,齐襄公不接受,说明他无知人之明;②管仲想让公子纠为接班人,没能实现,说明他智不足;③他的家在齐国破败了,说明他对父母没有慈爱孝敬之心;④坐在囚车中被押回,不感到羞耻,说明没有罪责感;⑤回齐以后为原来的仇人效劳,说明思想不坚定,缺乏坚贞的骨气;⑥召忽为主人自杀殉身,管仲不自杀,说明他对原主不忠。孔子听了子路这番话后,给了一个针锋相对的回答。他说:

> 管仲说襄公,襄公不受,公之闇也;欲立子纠而不能,不遇时也;家残于齐而无忧色,是知权命也;桎梏而无惭心,自裁审也;事所射之君,通于变也;不死子纠,量轻重也。夫子纠未成君,而管仲

未成臣,管仲才度义,管仲不死束缚而立功名,未可非也。召忽虽死,过于取仁,未足多也。(《孔子家语·致思》)

孔子在这段话中提出了自己的看法:第一,管仲向齐襄公陈述政见,齐襄公不接受,不是管仲的责任,这只能说齐襄公昏庸,不明是非;第二,他想让子纠当国君,没成功,这是时机不对;第三,家残于齐而不忧愁,不是他对家里人没有慈爱之心,而是因为他心中有数,知道权衡轻重;第四,坐在囚车中没有羞惭之心,是由于他另有高明的想法;第五,侍奉他过去的仇人,不能说他不忠,实际上他和子纠的关系不是君臣关系,如果不死,他可以立功名,为国家建功立业;第六,召忽自杀,可以名闻天下,不死当一个俘虏,也不光彩,但管子与召忽不同,他是辅佐天子的大器,可以大用,所以不能死。孔子这一席话里,我们看到他非常重视"时"和"权",一个人思想事业上有所作为,既要重"时",关心客观时机,与时偕行,又要重视"权",权衡轻重利弊,根据客观事物的变化,确定自己的行为方针。他这些思想,既符合唯物主义反映论原则,也符合辩证法承认客观世界不断变化的原则。

总之,孔子晚年在个人事业穷通的问题上早就把天帝保佑和天帝安排的想法抛到一边去了。他的"与时偕行"、"见几而作"思想和"权"的思想,还有仁智者寿、"不偷"、"以力为本"、"下无用"、"化穷数尽"等思想,都是在否定天帝保佑和天帝安排命运基础上提出来的重要思想。他在这里不仅看到了时遇、自然规律对人类命运的客观制约,更重要的是他看到了"博学端行"、省察时机、权衡利弊是非、节约、勤奋这些主观因素还能为人类的发展带来积极的推动作用。他这些思想无论在历史上,还是在当今世界,都是一切善良的人们为人处世的重要精神食粮。

第十讲

孔子的唯物史观和"上下相亲"之道

孔子的治民思想是一个值得注意的课题,这个问题涉及他的历史观,也涉及他的政治路线,我在这里对此问题提供一点浅见。

一、王朝存亡决定于民心好恶

在孔子的思想中,"民"有着很重要的位置。在他看来,无论是君主还是执政的官吏,都应当非常重视自己和"民"的关系。孔子有个弟子叫子张的,有一次他问孔子:"如何才能当好官?"孔子和他谈了很多。孔子曾做了一个形象的比喻,说明做官之不易,他说:"一个居于上位当官的人,好像是在树上往上爬,爬得越高,越是怕掉下来,不能有任何疏忽大意。六匹马跑散的时候,也必然在驾驭者不注意的时候,一定是在四通八达的马路上;老百姓离经叛道,也必然在当权的人不注意的时候。所以,要想当好官,一定要谨慎小心,不能有疏忽。"他接着说了一段极为重要的话:

> 故上者,尊严而绝;百姓者,卑贱而神。民而爱之则存,恶之则亡也。(《大戴礼记·子张问入官》)

这就是说,你居于上位的人,即使是帝王或是官吏,高高在上,虽很高贵,很有尊严,但你和人民在思想情感上处于隔绝状态;民众虽然卑贱,处于被统治地位,但他们神通广大。他们要是喜欢你,你就能存在;他们要是不喜欢你,就能要你的命,使你无法存在下去。孔子这些话,实际上是认为民众、被统治的人民决定着帝王和高官的前途命运,就是认为人民群众决定着王朝的生死存亡。他这一思想接触到了社会历史发展的本质,应当说,他提出了历史观上一个很重要的唯物主义观点。他这一思想,击中了历史发展中的要害。这说明,他虽站在封建地主阶级立场上,但他的目光非常锐利,充分反映出他的识见超人。列宁说："精神品质优秀的只是少数人,而决定历史结局的却是广大群众,如果这些少数人不适应群众,群众有时会对他们不太客气。"①孔子和列宁相隔两千多年,他们的话语竟然如此相似,难道不值得为此一叹!

有时候,孔子把君民关系比作心和身的关系。说:

> 民以君为心,君以民为体。……心以体全,亦以体伤;君以民存,亦以民亡。《诗》云:昔吾有先正,其言明且清,国家以宁,都邑以成,庶民以生,谁能秉国成? 不自为正,卒劳百姓。(《礼记·缁衣》)

这里的意思是,人的心和身是息息相关,不可以分离的。用现在的意思来解释,就是说,有思维能力的大脑和人的身体的关系是很紧密的。有大脑而无身体,不可想象,如果身体受伤了,大脑也无法承受。有君主而没有人民,这个君主就没有意义,也就不可能存在。如果人民反对君主,君主也就要灭亡。这就是说,为了维持这个关系,君主就应好好工作,为人民效劳,不要让人民反对你,不要让人民把你推翻。孔子在这里还引用了《诗经》里的话来说明自己的观点,说过去的先贤把国家治得很好,人民过着富裕生活,可是现在主持国政的人不行,只能让百姓吃苦,使百姓更加辛劳。

孔子这一思想观点,在其他场合也谈到了,有一次,鲁哀公问孔子治国之道。孔子指出作为人君,应当有居安思危的思想。他说:

> 夫君者,舟也;庶人者,水也。水所以载舟,亦所以覆舟。君以此思危,则危可知矣。(《孔子家语·五仪解》)

这里,孔子以国君比作船,以庶人比作水。无疑,没有水,船无法行走,无法生存。水是船赖以生存的生命线。水可使船一帆风顺,也可使船来一个底朝天。可见人民群众是王朝命运的决定力量。孔子这几句话真是千古名言! 它一直为以后帝王和达官贵人所传颂,并作为座右铭。唐朝名相魏徵常以此警戒唐太宗,唐太宗也以此教育他的儿子。孔子这一思想是对英雄决定历史观点的一个否定。他这一思想还可以从另一段话中看得很清楚。他说:

---

① 《列宁全集》,第33卷,北京:人民出版社,1957年,第253页。

舟非水不行,水入舟则没;君非民不治,民犯上则倾。(《孔子家语·六本》)

这段话意思和前面那段话差不多。但这段话不是谈君主和庶人的关系,而是谈君民关系。上面是以庶人比作水,这里则以"民"比作水。很显然,不论是庶人还是百姓,在孔子思想中,他们都是指被统治的"民"。

孔子这种历史观的产生不是偶然的,应当说,它是历史上阶级斗争经验的总结,也是历史上先进文化的继承和发展。

首先,他的思想来源于殷周人民反对奴隶主统治的斗争。殷商末年,纣王无道,对内残害忠良,横征暴敛,生活奢侈,对外不断发动侵略战争,使人民负担大大的加重,到最后老百姓的情绪如开了锅的沸水一样沸腾起来,形成和统治者对着干的局面。用微子的话就是:"小民方兴,相为敌仇。"[1]公元前1066年,周武王领兵伐商,一共只有兵车300乘,士卒4.5万人,还有虎贲(冲锋兵)3 000人,而商纣有士卒7万人(一说70万人),结果到了战场上,殷兵倒戈反攻,阵上起义,反过来欢迎周兵拯救自己,殷纣大败,最后灭国。这一战争充分说明。殷纣失败,原因是民众的厌恶。血迹斑斑的阶级斗争现实对孔子历史观的形成无疑是有重大影响的。

其次,孔子的思想是夏商周以来先进文化的继承和发展。殷纣末年,周武王在文王去世三年以后,率师渡孟津伐殷,曾作《泰誓》三篇,揭露殷纣的倒行逆施,为了说明出师的正义性,他向各路诸侯和战士们说,他是奉天之命讨伐殷纣的。但他又说,天帝的意旨是来源于民众的。他说:

民之所欲,天必从之。
天佑下民,作之君,作之师,惟其克相上帝,宠绥四方。
受有亿兆夷人,离心离德;予有乱臣十人,同心同德。
天视自我民视,天听自我民听。

在这里,周武王虽认为自己是奉天帝之命伐商的,但又认为天帝的视听来自民众的视听,天帝是服从民意的,国君、国师都是天帝派来辅助人民的。他确信自己这次伐殷纣肯定能胜利,原因就在于亿万民众已经不拥护殷纣了,他们已对殷纣"离心离德"了。正因为如此,他认定殷纣必败,自己必胜。在这里,他亦已看出了民心向背是战争胜负的决定因素,也是国家存亡的决定性因素。他这思想只是披上了一件神学外衣,思想实质是很清楚的。他

---

[1] 《马恩文选》,第2卷,莫斯科:外国文书籍出版局,1955年,第166页

这一思想是中国古代文化的精华。

武王去世以后,成王年幼,武王之弟管叔、蔡叔勾结武庚作乱,周成王讨伐叛乱以后,把其九叔封为国君,管理殷商遗民。在册封之时,周公对康叔作了重要指示,说要重视人民群众的监视作用。他说古人有言曰:

人无于水监,当于民监。(《酒诰》)

这里的"监",是照看自己的意思。"无于水监"就是说,不要光靠水作为镜子来照看自己,而应以老百姓作为镜子,来照看自己。自己脸上有没有污垢,只要用老百姓这面镜子一照,就能看得一清二楚。这是说,老百姓的意见就是自己政绩好坏的最好镜子。周公这观点说明他很重视民意。

在《尚书》一书中,我们还可看到一段皋陶和夏禹之间的对话,这段对话是皋陶和大禹之间讨论治国之道时说的,皋陶说:

天聪明,自我民聪明。天明畏,自我民明威;达于上下,敬者有土!(《皋陶谟》)

这意思是,天帝的聪明,来自于人民的聪明。天帝表扬好人,惩罚坏人,是根据人民的意志行事的,天帝的意志和人民群众的意志是相通的,要小心谨慎啊,有国土的君主!这段话的实质,也是披着神学的外衣强调民意的重要。这段话写于周代,无疑代表了周人的思想,但可能是很古老的名言,在周以前就有了。这段话和上面谈到的周武王、周公的思想一样,对孔子历史观的形成也有着重要的影响,这些思想都是孔子治民思想的先驱。比较起来,孔子的观点又有进一步的发展。皋陶和周武王主要是谈天帝意旨和民意的关系,而孔子是直接谈君民关系,他有时甚至把神学外衣完全抛开了。他在中国历史上第一次明确提出民心向背决定王朝的存亡,这是历史观上的重大突破。

《尚书》中还记载着夏禹的名言:

民可近,不可下,民惟邦本,本固邦宁。(《五子之歌》)

意思是说,要和老百姓亲近,不能贱视,他们是国家的根本,国家想稳定,必须维护好这个根本。这是一种民本主义思想,孔子的思想正是这种民本主义更为系统的发挥。这种思想在中国历史上影响深远。它好像一根鞭子,不断地鞭挞着那些暴君、昏君和贪官污吏,也为一切进步的执政者提供了一个非常重要指导思想。有些人认为在中国历史上,无论封建帝王还是公卿士大夫,无论进步思想家还是反动政客,都能接受民本主义,都是重视民众在立国兴邦方面的重要性。这种观点,我认为不对。因为,在封建社会,民本思想只能为那些开明君主、进步思想家所接受,那些暴君、昏君和反动政客,也许口头上能说一说,在行动上是不会兑现的。即使在社会主义社会,民本思想也仍然有其积极意义。"以民为本","民为邦本",这有什么错?实际上,把人民群众的好恶看成为国家兴亡的根本和基础,这一民本思想本身就是历史观上很重要的一个唯物主义观点。

值得注意的是春秋时期,比孔子早一百多年出生的管仲,也继承了夏禹的民本主义思想,他在一次和齐桓公的对话中说:

> 君若将欲霸王举大事乎? 则必从其本事矣。……齐国百姓,
> 公之本也。人甚忧饥,而税敛重;人甚惧死,而刑政险;人甚伤劳,
> 而上举事不时。公轻其税敛,则人不忧饥;缓其刑政,则人不惧死;
> 举事以时,则人不伤劳。(《管子》)

这段话说明,孔子不仅继承了夏禹以来帝王的民本主义,而且也继承了管仲的民本主义,无怪乎孔子在有的场合大大地赞扬管仲,称赞管仲为仁人。但无论是夏禹,还是管仲,他们说"民惟邦本",这个"本"意味着什么?其含义还有些模糊不清,他们都没有孔子那样说得深入而系统。孔子的思想更前进了,他看到了民众可以甩开天帝,像海水冲浪那样把船掀翻,把帝王的宝座掀翻,这个"本"的含义就很清楚了。这是明明白白的唯物史观。对这样的优秀传统文化,我们为什么不能大力加以弘扬呢?

二、"上下相亲"治国路线的提出

孔子有一个思想,他认为人类社会人与人的关系,归根到底是上下关系。他曾说:

> 又人道焉,不可以父子君臣夫妇先后称也,故要之以下上。
> (《帛书·要》)

这种概括,现在看来,好像不大合适。如夫妻关系,不好说是上下关系。但孔子受等级观的影响,当时看成为上下关系。当然,在这些关系中,最主要的关系,在他心目中还是君民关系、官民关系,或称执政者与民的关系。

他曾说：

> 贵而无位、高而无民，贤人在下位而无辅，是以动而有悔也。
> (《易乾文言》)

在这里他谈到居高位却得不到人民支持的君主，会犯大错误，很危险。

他这个思想和前面提到的把君民关系、官民关系看成船水关系、心体关系一脉相承，说明他的历史观不是英雄史观、圣人史观，在他看来历史的命运归根到底是人民群众决定的。

有一次，子贡问孔子如何治民？孔子说：

> 懔懔焉如以腐索之御奔马。(《说苑·政理》)

意思是说，治理百姓的事，心理上要有一种畏惧思想。他把人民比之为狂奔的马，如果驾驭马的绳索是一条腐烂的绳子，肯定要失败，所以，绳索必须是一条好缰绳。

为什么要那么胆战心惊呢？孔子接着又说：

> 夫通达之国皆人也。以道导之，则吾畜也；不以道导之，则吾仇也，若何而无畏？(同上)

意思是说，你如果治理得好，合乎道，这些老百姓就成了我的牲畜，就能服服帖帖被我使唤；如果治理不得法，这些老百姓可能成为我的仇敌，到那时候我就要垮台了。

这里，孔子把老百姓看成马，有轻视之意，说明他站在封建统治者的立场上。但他看到了人民群众对历史所起的决定性作用，很有战略眼光，这一思想是了不起的。他的治民、治国政治路线，就是在这个基础上提出来的。

有一次，鲁哀公请教孔子，问如何才能做到国势弱时能自卫，国势强时有能力攻打别国。孔子回答说：

> 使君朝廷有礼，上下相亲，天下百姓皆君之民，将谁攻之？苟违此道，民畔如归，皆君之仇也、谁将与守？(《孔子家语·五仪解》)

在这里，孔子谈到了一条上下相亲的治国政治路线。所谓"上下相亲"

就是执政者与人民之间和谐相处,互相爱护,互相支持,相亲相爱,团结一致。如果君民之间、官民之间能达到亲密无间,达到这种和谐的程度,那么,其他国家的人民也会和你亲近,也不会攻打你了。如果你和本国人民之间弄得像敌人一样,那你也就无法抵挡其他国家进攻,也就无法消除国与国之间的战争。在这里,根本问题在于老百姓的拥护和反对。在他看来,只要得到人民的拥护与爱戴,不仅自己国家不会发生动乱,而且能实现国与国之间的和平。

在《孔子家语·王言解》一文中,孔子还向他的学生曾参谈到了类似的话。他说:

> 上之亲下也,如手足之于腹心。下之亲上也,如幼子之于慈母矣。上下相亲如此,故令则从,施则行,民怀其德,近者悦服,远者来附,政之致也。……是以蛮夷诸夏,虽衣冠不同,言语不合,莫不来宾。……此之谓明王之守,折冲千里之外者也。

在这里,孔子表达了同一思想,即认为要加强执政者与人民之间的团结和谐关系。自己国家的上下关系搞好了,还能影响其他国家,做到近悦远来,与其他国家友好往来。既能守住自己国家不致受侵略,还能实现和平外交。

应该说,孔子这些思想,不仅在当时有进步意义,即使在今天,也有着极其重要的现实意义。

孔子不仅提出了一条突出和谐的政治路线,而且还在救民、赈民、利民、哀民、养民、恤民、施民、济民、举贤民等方面,提出了许多重要见解。

(一)救民

人类社会从原始社会到现在,人们始终在和各种自然灾害搏斗的过程之中,这些灾害的最直接受害者都是一些最下层的贫苦人民大众。因此,救济这些老百姓是任何执政者首先必须考虑的问题。按《左传·庄公二十八年》记载,冬天,鲁国发生饥荒,"臧孙辰告籴于齐",也就是说鲁国到齐国买粮食救灾。对这一件事,孔子就有一个评论,他说:

> 君子为国,必有三年之积。一年不孰乃请籴,失君之职也。
> (《春秋繁露·王道》)

孔子这些话,实际上就是对鲁庄公的批评,认为他这个人枉为人君。

在孔子看来,碰到灾荒发生的凶年,老百姓受难,这时候执政者应当主

动节约政府开支。在《孔子家语·曲礼子贡问》一文中,记载了孔子这一思想:

> 孔子在齐,齐大旱,春饥。景公问于孔子曰:"如之何?"孔子曰:"凶年,则乘驽马,力役不兴,驰道不修,祈以币玉,祭祀不悬,祀以下牲。此贤君自贬,以救民之礼也"。

"乘驽马",即乘劣马。"力役不兴",即国家不让老百姓服劳役。"驰道",指行车的大道,比人行道要宽要大,在古代可说是奢侈品了。"祈以币玉",是说祈祷时不用牛、马等大牲口,而用货币和玉石。"不悬",是说祭祀时不奏音乐,不击鼓敲钟。"祀以下牲",是说祭祀用的牲口,用次一等牲口,能减省的就减。所有这些,都是好的君主为了救民应当做到的礼节,是对自己的一种自我批评。

(二)利民

孔子认为,作为国家的官吏,应当处处想到利民。他曾说:

> 知为吏者,奉法以利民,不知为吏者,枉法以侵民。(《孔子家语·辩政》)

孔子这几句话,是对子贡说的。当时子贡被任命为信阳的地方官,他和孔子告别时,孔子送给他的临别赠言,目的是要他处处想到利民,不要做违法害民之事。

(三)哀民、养民、恤民

孔子在这方面的言论是很多的,比如:

> 哀鳏寡、养孤独、恤贫穷。(《大戴礼记·主言》)
> 古之听民者,察贫穷,哀孤独矜寡、宥老幼、不肖无告。(《尚书大传》)
> 民咸知孤寡之必不末也。(《大戴礼记·千乘》)
> 大道之行也,……矜寡孤独废疾者皆有所养。(《礼运》)

(四)施民、济民

孔子是很重视执政者对人民在经济上的布施与救济的,当然也很称赞人民相互之间的布施和救济。他曾说:

　　　　君子有三思,不可不察也。少而不学,长无能也;老而不教,死
　　莫之思也;有而不施,穷莫之救也。……有思其穷则务施。(《孔子
　　家语·三恕》)

　　这里,孔子强调人与人之间在经济上要互相帮助,你经济富裕时要帮助
别人,这样,你有困难时会有人来帮你。他这些话,既平淡,又实在。

　　有一次,鲁哀公问孔子什么叫贤人? 孔子在回答时,谈到贤人的品德,
他说:

　　　　富则天下无宛财,施则天下不病贫。此则贤人也。(《孔子家
　　语·五仪解》)

　　这里,他认为贤人的好品德,就是其中之一。这种人如果成了大富翁,
也没有人嫉妒怨恨他,他成了富人,就会帮助天下所有的穷人,使所有的穷
人都成为富人。也就是说,这些贤人能真正做到施民、济民。

　　在《论语·雍也》篇记载了子贡和孔子之间的对话。在这里,子贡向孔
子提出了一个问题,他问孔子,"如有博施于民而能济众者,何如? 可谓仁
乎?"孔子回答说:

　　　　何事于仁,必也圣乎! 尧舜其犹病诸!

　　子贡这话是指那些能在经济上广泛地给民众带来好处、救济民众的人,
算不算仁人。孔子认为能做到施民、济民的人,而且能做到广泛地给民众带
来富裕的人,这样的人,不仅可称为仁人,而且可以称为圣人了。可是要做
到这一步,不容易啊! 连尧舜这样的圣人都不容易做到啊! 连他们都感到
为难啊! 有人对"尧舜其犹病诸",作出了悲观主义的理解,说:"尧舜其犹病
诸",应理解为"连尧舜都是做不到的,不是现实的"[①]。我不这么理解。我认
为,孔子这里只是说"连尧舜都感到难以做到",并不是说"做不到"。实际
上,孔子在《礼运》篇中谈道,在大同社会里"人不独亲其亲,不独子其子,使
老有所终,壮有所用,幼有所长,鳏寡孤独废疾者皆有所养,……货恶其弃于
地也,不必藏于已……是故谋闭而不兴,盗窃乱贼而不作,故外户而不闭"。
想一想,孔子所说的这个社会里,还有需要救济的民众得不到解决的吗? 由
此可见,在孔子思想中,"博施于民,而能济众",虽难以做到,但并不像有些

------

① 　古棣等:《孔子批判》上册,长春:时代文艺出版社,2001 年,第 82 页

人那样想得那么悲观。

(五)赎民,反对人殉

中国在殷商奴隶社会流行人殉,直至春秋战国仍然残存,但反对者也越来越多。比如:秦穆公死后,子车氏的三个儿子奄息、仲行、鍼虎殉葬。据《左传》记载,此事遭到国人反对,为之赋《黄鸟》。还有人说:"秦穆之不为盟主也,宜哉。死而弃民。先王违世,犹诒之法,而况夺之善人乎!"(《左传·六年》)这说明人殉已遭到社会的强烈不满。

鲁国公父文伯的母亲敬姜,也是季康子的叔祖母。公父文伯卒,当时也涉及要不要殉葬的问题。这时候,敬姜站出来表示自己对殉葬的态度,她面对公父文伯的爱妾们说:"吾闻之:好内,女死之;好外,士死之。今吾子夭死,吾恶其以好内闻也。二三妇之辱共先者祀,请无瘠色,无洵涕,无摧膺,无忧容,有降服,无加服。从礼而静,是昭吾子也。"这意思是说:我听说,女人愿为宠爱妻妾的人去死,士人愿为忠于政事的人去死。现在我儿子早死,我不愿儿子留下宠爱妻妾的名声。你们这些女的在祭祀时不要悲伤毁容,不要捶胸顿足,不要提高丧服等级,要安安静静按礼而行,这才能显示出我儿子的好品德。孔子事后听到了这件事,他称赞敬姜说:

> 公父氏之妇智也夫! 欲明其子之令德。(《国语·敬姜之戒》)

孔子这话是说,敬姜是个有智慧的女人,她这样做,才真正能表现出她儿子是个品德高尚的人。孔子反对殉葬,在这里可以看得清清楚楚。在他看来,反对殉葬是一种道德行为,也是符合当时的礼节的。可见,把孔子说成是奴隶制的复辟派,是毫无根据的。

孔子不仅反对用活人殉葬,甚至连"俑"都反对。"俑"是用木头或陶泥制成的偶人,是专门用于葬的。由于这种木头人和陶人是象征人的,是暗示用人殉葬的。孔子觉得不好。他说:

> 为刍灵者善,为俑者不仁,不殆于用人乎哉!(《礼记·檀弓》)
> 始作俑者,其无后乎!(《孟子·梁惠王》)

由此可见,孔子是坚决反对人殉的,反对人殉,当然也反对奴隶殉葬,理由是太残忍,"不仁"。

孔子反对殉葬,实际上也表明了他对殷商以奴隶殉葬的厌恶态度。

更重要的是孔子不仅反对人殉,而且支持用钱赎回奴隶、解救奴隶。

有一次,他的学生子贡从其他诸侯国中用钱赎回奴隶。按鲁国当时的法律规定,赎回奴隶,解救奴隶可以得到官方赏钱,受到奖励。可是,子贡做了好事不求回报,没有向政府要赏钱。孔子知道这事后,批评子贡不要钱。他说:

> 赎人受金,则为不廉,则何以相续乎?(《孔子家语·观思》)

他又说:

> 自今以后,鲁人不复赎人于诸侯。(同上)

孔子这话的意思是:你该要的钱不要,做好事又不要奖励。这使人造成错觉,好像要赏钱的人不廉洁。这样一来,以后就没有人去干这样的好事了。所以,孔子反对子贡这样做。这件事说明,当时鲁国官方是鼓励"赎臣妾"这种取消奴隶制的做法的,孔子对此也是拥护的。在反对奴隶制这一点上,孔子和鲁国当权派站在一条战线上。有人说,孔子一生为复辟奴隶制效劳,然而,从孔子支持赎臣妾,反对家内奴隶制,反对奴隶殉葬,甚至反对人俑陪葬的态度中,我们根本看不出他是一个奴隶制的复辟狂。相反,我们看到的是,他是一个坚决反对奴隶制的人。

(六)举贤民

孔子治国,要求上下相亲,而且还要求在人民群众中发现贤民,提拔贤民。在《大戴礼记·主言》中有一段话。他说:

> 昔者明主之治民有法,必别地以州之,分属而治之,然后贤民无所隐,暴民无所伏;使有司日省而时考之,岁诱贤焉,则贤者亲,不肖者惧。……

这里,孔子说的"贤民",当然可能是地主,也可能是手工业者、农民、商人,甚至可能是奴隶。

说孔子赞成在奴隶中提拔贤人,也是有例可寻的。最明显的,就是称赞秦穆公提拔百里奚为大夫。这事在《孔子家语》和《史记》中都有记载,时间发生在孔子35岁时到齐国时,与齐景公之间的对话中。当时齐景公问孔子,说到秦穆公时,认为秦国不大,又地处偏远地带,但他能称霸诸侯,原因何在?孔子回答说:

> 秦国虽小,其志大;处虽僻,行中正。身举五羖,爵之大夫,起

累绁之中,与语三日,授之以政。以此取之,虽王可也,其霸小矣。(《史记·孔子世家》)

"五羖",指的是百里奚。本来是虞国大夫,虞国亡后,他成了晋国的俘虏,后作为陪嫁的奴隶到了秦国。在秦国时,他又逃跑至楚,被楚国作为罪人抓了起来。秦穆公知道他是一个贤人以后,用五张牡黑羊皮把他从楚国赎回,封为大夫,时人因而称为"五羖大夫"。孔子对秦穆公所做的这件事大为称赞,说明他是支持在奴隶中提拔贤人的。

通过以上这些治民措施,我们可以看出,孔子从各个不同方面都在贯彻"上下相亲"这条政治路线。孔子在这里要求执政者关心人民、爱护人民,以期达到君民、官民之间亲密无间的和谐政治局面。

三、先富后教

在谈到一系列治民措施时,我们还需要着重提出先富后教的思想,因为这是孔子治民思想中最富哲理性的一个方面。

孔子曾说:

> 民之所以生者,衣食也。上不教民,民匮其生,饥寒切于身而不为非者,寡矣。(《孔丛子·刑论第四》)

这里的思想很明确,就是说,衣食对人来说最为重要,人们首先必须有吃的、有穿的,然后才能干其他的事;没有吃穿,肚子饿了,身上寒冷,这时候,他们就可能起来造反,可能去干那些违反礼仪的事。这正如恩格斯评价马克思功绩时所说那样,说马克思发现了一个简单的事实,"人们首先必须吃、喝、住、穿,而后才能从事政治、科学、艺术、宗教等",显然,孔子在这里也看到了这一简单的事实。他这句话,和管仲"仓廪实,则知礼节,衣食足,则知荣辱"(《管子·牧民》)的思想完全一致,说明了经济对礼仪意识的决定性作用。当然《管子·牧民》这两句话,究竟是不是管仲所说,现在还不清楚,但《孔丛子·刑论》篇的话,明明白白写着是孔子说的。

有一次,鲁哀公问孔子如何才能把国家治理好? 孔子说:

> 政之急者,莫大乎使民富且寿也。(《孔子家语·贤君》)

那么,怎样才能使民富起来呢? 孔子又说:

省力役,薄赋敛,则民富矣。(同上)

　　若乃十一而税,用民之力,岁不过三日,入山泽以其时而无征,关讥市廛,皆不收赋,此则生财之路……(《孔子家语·王言解》)

　　这里,使民富的方法之一,就是轻徭薄赋,减免税收。
　　为了做到轻徭薄赋,减免税收,孔子认为执政者应节省开支,不要横征暴敛。他说:

　　　　奢侈者,财之所以不足也。(《孔子家语·入官》)
　　　　若乃供己而不节,则财利之生者微矣。(《孔子家语·入官》)

　　他还对齐景公的奢侈暴敛行为进行批评,说齐景公:

　　　　有马千驷,死之日,民无德而称焉!(《论语·季氏》)

　　除了减免税收外,孔子认为,要使老百姓富起来,还要保证农民种好地,开垦荒地,兴修水利,不违农时。他说:

　　　　治政有理矣而农为本。(《孔子家语·六本》)
　　　　以辟山莱。(《大戴礼记·五帝德》)
　　　　田畴尽易,草莱甚辟,沟洫深治。(《孔子家语·辩政》)
　　　　养之无扰于其时。(《孔子家语·入官》)

　　值得注意的是,他在这里提出辟草莱,开田地。这反映出当时各国实行税亩以后私人开荒种地的倾向,他对这些倾向是支持的。
　　他的富民政策不仅重视农业,而且还重视手工业和商业、林业、渔业的发展。他的高足弟子子贡善于经商,他不仅不反对,还有赞扬之意。说子贡"不受命,而货殖焉,亿则屡中"(《论语·先进》)。相反,对鲁国大夫臧文仲"置六关"(《孔子家语·颜回》)收税,阻碍商人经商,很有意见。他认为要想富裕,必须支持手工业,"来百工,则财用足"(《中庸》)。他还强调对手工业者要"既廪称事"(《中庸》)给予合理报酬。
　　教民,当然也是孔子治民思想中很重要的一方面。富民是解决民食问题,教民则是提高精神品位的问题。
　　教民是否可能? 一般地说,孔子的回答是肯定的。他曾把君比作盂,把民比作水。他说：

> 君者,盂也,民者,水也。盂方则水方,盂圆则水圆,上何好而民不从?①
> 为人君者犹盂也,民犹水也。盂方水方,盂圆水圆。(《韩非子·外储说左上》)

对民众教什么内容呢? 从国君和执政官员来说,教民,主要是德和礼。孔子说：

> 太上以德教民,而以礼齐之。其次以政导民,以刑禁之,刑不刑也。化之弗变,导之弗从,伤义以败俗,于是乎用刑矣。(《孔子家语·刑政》)
> 道之以政,齐之以刑,民免而无耻;道之以德,齐之以礼,有耻且格。(《论语·为政》)
> 等之以礼,立之以义,行之以顺,则民之弃恶,如汤之灌雪焉。(《孔子家语·王言解》)

这些话的主要意思是说,教民以教德为最上乘,以礼作为行为的标准,但不排除用刑。用刑是不得已的。用刑的目的,是为了不用刑,这叫做"刑不刑也"。礼义教育还是要配之以好的实行方法。如果实行得顺利,那么,民弃恶从善,就像热汤水往雪上灌那样迅速有效。

富民和教民,在孔子思想中都是很重视的。但执政者在治理民事过程中先应抓那一项工作呢? 在孔子看来,这二者之中应先抓富民的工作。在《论语》和《孔从子》中有这样两段话：

> 子适卫,冉有仆。子曰:"庶矣哉!"冉有曰:"既庶矣,又何加焉?"曰:"富之。"曰:"既富矣,又何加焉?"曰:"教之。"(《论语·子路》)

"庶"是人口众多。孔子一到卫国,发现他们国家人口稠密众多,发出惊奇之感。冉有借此和他谈起了如何治国的问题,孔子谈到了"富"和"教"的关系。他认为在富民和教民两件事上,首先应使人民富起来,这是第一重要

---

① 薛安勤:《孔子集语译注》,长春:吉林文史出版社,1996 年,第 279 页。

的,其次,才是教民。这件事说明孔子是很重视物质生活资料的生产的。正如恩格斯在评价马克思的历史功绩时指出:"马克思发现了人类历史的发展规律,即发现了直到最近还被思想体系的积淀所遮盖的一个简单的事实:人们首先必须吃、喝、住、穿,而后才能从事政治、科学、艺术、宗教等"①,"历史破天荒地第一次被奠定在它的真正基础之上了"②。这里,恩格斯指出了马克思的功绩是建立了历史唯物主义这门哲学。这门哲学最根本的理论就是社会存在决定社会意识,而这个理论形成的最初原因,就是马克思发现了上面所说的"一个简单的事实"。显然,恩格斯所说的"一个简单的事实",孔子在两千年前也多少看到一些了,至少是他已感觉到如不先解决人民的物质生活资料的生产问题,对人民进行道德礼义方面的教育是困难的。如果说,马克思为历史唯物主义进行了全面系统地论述,那么,我们可以说,孔子在几千年前,以其深刻的洞察力,也为历史唯物主义的建立做出了贡献。他的"先富后教"思想和"民恶则亡"等思想为这个历史唯物主义的基础,奉送了一块很大的"宝石",而不仅仅是"颗粒"。从这些方面看,他的历史观是唯物主义的。

四、足食足兵和去食存信

足食足兵和去食存信也是孔子治民思想中很有哲理性的一个命题。在《论语》中有这样一段话:

> 子贡问政。子曰:"足食,足兵,民信之矣。"子贡曰:"必不得已而去,于斯三者何先?"曰:"去兵。"子贡曰:"必不得已而去,于斯二者何先?"曰:"去食。自古皆有死,民无信不立。"(《论语·颜渊》)

这一段话涉及人民的粮食生产、军队建设、执政者在人民中的信誉三者的关系问题。在孔子看来,执政者领导人民生产出充足丰富的粮食,拥有一支强大的军队,是获得人民拥护,取得良好信誉的前提。孔子这一思想,明确认为道德信誉的有无、诚信观念的有无建立在物质生活资料生产的基础上,这种观点无疑是历史观上的唯物主义思想。这是非常可贵的。

更为有意思的是,子贡后面这二问和孔子的答话。子贡的第一问是,必不得已时,口粮、军事装备、信誉三者不可得兼时怎么办? 第二问是,必不得

---

① 《马恩文选》第2卷,莫斯科:外国文书籍出版局,1955年,第166页。
② 《马恩文选》第2卷,莫斯科:外国文书籍出版局,1955年,第162页。

已时,口粮和信誉二者不可得兼时怎么办? 孔子的回答是,即使军事装备、口粮没有了,也要信誉。他甚至说,宁可死,也不可失去信誉。因为,如果人民对政府不信任,政府就无法存在下去。"自古皆有死,民无信不立。"

对孔子这段话的理解,历史上是有不少例子可寻的。我们在这里仅举一例。南宋抗金名将岳飞,在战场上把金兵杀得闻风丧胆。他治军极严,非常重视军纪,为了使他的军队成为老百姓信赖的好军队,他向战士们提出了"冻死不拆屋,饿死不掳掠"①的口号。有的战士拿了老百姓一缕麻,立刻以违反军纪斩首。军队夜宿露天,老百姓开门请进,"无敢入者"②。这一事例,就足以说明孔子思想的正确性。战士冻死、饿死,这不是既去兵又去食吗? 岳飞为什么要这样做啊? 这还不是为了维护岳家军这支英雄军队在人民心目中的信誉吗? 军队要是不被人民信任,名声扫地,连老百姓都讨厌,它还能打胜仗吗? 在我国的抗日战争和解放战争中,我们的人民军队不是也经常出现小部队弹尽粮绝的情况吗? 这里的弹尽粮绝,就是一种迫不得已时的去兵去食。这时候,我们的战士们该怎么办呢? 是宁死不屈,维护英雄军队忠于祖国、忠于人民的信誉,还是屈膝投降当叛徒呢? 有人说,孔子去食存信的思想"是极不现实的",是把信"当作纯观念的东西"了。③ 他们把孔子这里的思想看成唯心主义来批判。他们认为孔子思想"不现实",那么,怎么样才算"现实"呢? 按照他们的逻辑推下去,军队在弹尽粮绝的时候,大概最好的选择,就只能是背叛人民,屈膝投降,不要再考虑什么信誉了。所以,他们对孔子的这一批判是错误的。相反,我认为孔子这里的思想是正确的。

第一,"足食足兵,民信之矣",这是唯物主义,完全可以证明他没有把信"当作纯观念的东西"。因为它肯定了物质生活资料的生产对信誉这一社会意识的决定作用。

第二,他提出"去食存信",这是看到了信誉这一社会意识有巨大的能动作用。这恰巧表明他不是庸俗唯物主义者,也不是机械论。马克思说:"批判的武器当然不能代替武器的批判,物质力量只能用物质力量来摧毁,但是,理论一经掌握群众,也会变成物质力量。"④那么,我们能不能说,信誉作为一种社会意识,也能掌握群众变成粮食和武器,变成强大的物质力量呢? 这个道理在我看来那是很明显的,是完全应该肯定的。中国人民军队在伟大的解放战争中,由于获得了人民的高度信任和支持,在战场上连续不断地

---

① 毕沅:《续资治通鉴》:卷124,北京:北京燕山出版社,2008年。
② 毕沅:《续资治通鉴》:卷124,北京:北京燕山出版社,2008年。
③ 古棣等:《孔子批判》下册,长春:时代文艺出版社,2001年,第390页。
④ 《马恩选集》第1卷,北京:人民出版社,1972年,第9页。

取得胜利,这不是信誉变成物质力量了吗? 当然,孔子在当时的历史条件下是不可能想到这些的,他也没有提"精神变物质"这一哲学命题。但他确实意识到了信誉"掌握"人民群众的重要性,他意识到了"信"决定着政府和执政者的生存死亡,以致提出要以生命为代价保卫信誉。这说明,孔子在食、兵、信三者的关系上,他的理解不仅符合唯物主义原则,而且符合辩证法。他这一思想是很精辟的。

五、天帝是气,天帝鬼神观念是神道设教的工具

说到这里,也许有人会说,在孔子哲学中,不是还有一个庞大的天命鬼神体系吗? 该如何评价这个体系在他哲学中的地位呢? 我们不讳言,孔子思想中确实有那么一个天命鬼神体系。但是,我们应该看到,孔子天命鬼神体系中的天帝鬼神观念,在他思想中有一个前后变化过程。在世界万物起源问起源问题上,他在晚年已由天帝本原改变为物质本原。在历史观上,他虽然仍然宣扬天帝能主宰国家兴亡,这不过是神道设教而已。他发现王朝兴亡的真正决定力量是人民,人民可以不经过天帝的批准,独立地把好皇帝扶上去,把坏皇帝推翻,而天帝呢,它实际上并不存在。为了弄清这一情况,我们不妨把有关这方面的论述作些分析。

《大戴礼记·用兵》篇,是孔子晚年和鲁哀公讨论尧舜禹汤文武桀纣政事的一篇文章,在那里,孔子曾说了一段话,他说:

> 圣人爱百姓而忧海内,及后世之人,思其德,必称其人,故今人道尧、舜、禹、汤、文、武者犹依然,至今若存。夫民思其德,必称其人,朝夕祝之,升闻皇天,上神歆焉,故永其世而丰其年也。夏桀、商纣赢暴于天下,暴极不辜,杀戮无罪,不祥于天,粒食之民,布散厥亲……于是降之灾,水旱臻焉,霜雪大满,甘露不降,百草蔫黄,五谷不升,民多夭疾,六畜瘁瘠,此太上之不论不议也。妖伤厥身,失坠天下,夫天下之报殃于无德者也,必与其民。

另外,在《大戴礼记·少闲》篇中记载,当鲁哀公问孔子什么叫"失政"?像商纣、夏桀那样残暴无道的帝王,是否算"失政"时,孔子说:

> 否,若夏商者,天夺之魄,不生德焉。

从这两段话中,我们可以看到,孔子在这里确实很推崇天帝的作用,它

甚至能把夏桀、商纣的魂魄夺走,让他们国破身亡。但细心看来,我们可以发现,这里的重心在于说明统治者应很好地考虑老百姓的利益,要以德治国。老百姓对你的政绩表示满意,他们的赞扬声"升闻皇天",天帝就会给你奖励,老百姓不满意,你搞暴政,天帝就惩罚你,让你国破身亡。人民的好恶、呼声在这里起着决定性作用,夺走魂魄、降水灾旱灾、下大雪、五谷不升等都是吓唬人的,对推翻旧政权起不了真正的决定作用。应当说,孔子这些话从主观动机来说是积极的,是对鲁哀公提出来的很好的建议,他要鲁哀公关心人民疾苦,执政为民。但是,为了提高他自己说话的权威性,他捧出了一个天帝。他那么一说,确实是把鲁哀公吓了一顿。在听了孔子那一段政见后,鲁哀公最后说了一句话:"在民上者,可以无惧乎!"这样,孔子的目的也就达到了,大功告成了!

孔子谈天帝夺走桀纣的魂魄,难道他真的相信天帝能决定国家和君主的命运吗?其实并非如此。

《韩非子·内储说上七术》那篇文章中有一段话,说有一次,鲁哀公向孔子请教,提到《春秋》一书中记载着这样的事:"冬天十二月下霜不杀菽。"他问孔子"这是什么意思?"孔子回答说:

> 此言可杀而不杀也,夫宜杀而不杀,桃李冬实。天失道,草木犹干犯之,而况人君乎!

冬天下霜而杀不死豆类植物,这不符合常规。那么,为什么会出现这种情况呢?在孔子看来,这只能说明天帝无能。一是可能眼力不够,看不见;其二,可能是天帝知道了也无可奈何。不管哪种原因都说明天帝无能,说明它主宰不了自然界的事,连该杀草木都杀不了。

司马迁的《史记》中,也记载了一段孔子对天的评语,有这样一段话:

> 物安可全乎?天尚不全。故为世屋,不成三瓦而居之,以应之天。天下有阶,物不全乃生也。①

孔子在这里提出了一条普遍规律,认为世界上一切事物都不是十全十美的,任何事物都有缺点,推而广之,他认为天也不是完美无缺的。他这一思想推翻了天帝的绝对权威,是对尊天思想的否定。

孔子71岁时,还说了这样一段话:

---

① 薛安勤:《孔子集语译注》,长春:吉林文史出版社,1996年,第682页。

天以至明不可蔽乎，日月为何而食？地以至安为不可危乎？
地为何而动？天地而尚有动蔽，在故贤者说于世而不得行其道，故
灾异并作也。（《说苑·至公》）

孔子这段话又一次推翻了天帝的绝对权威。原来，他曾说过"尊天敬
鬼，则日月当时"（《说苑·政理》），认为有天帝主宰着自然界，就不会发生
日月食，可是现在他却发现天帝根本管不了日食和月食，也管不了地震。不
仅管不了自然界的事，连人类社会圣贤的事业受阻，生命被害的事，它也管
不了。本来好人应受天帝保佑，坏人应该受天帝惩罚，可是实际上根本做
不到。

在孔子 63 岁时，他和弟子们周游列国，受了不少大难。这一次又在从陈
蔡去楚的路上，被陈蔡当权者所阻，7 天吃不到粮食，差一点饿死。当时他的
弟子子路向他提出了一个很尖锐的问题，说你老人家"积德累仁"干了那么
多好事，天帝不能"报之以福"，这是为什么？当时孔子没有正面回答这一问
题，他只是说，这是由于好人没有碰上好时机。但他举了历史上很多贤人的
不幸遭遇，恰巧又为子路作了补充。他说：

子以知者为无罪乎？则王子比干为何为剖心而死？子以义者
为听乎？则伍子胥何为抉目而县吴东门？子以廉者为用乎，则伯
夷叔齐何为饿死于首阳之山？子以忠者为用乎，则鲍叔何为而不
用？叶公子高终身不仕？鲍焦抱木而泣？子推登山而燔？故君子
博学深谋不遇时者众矣，岂独丘哉！贤不肖者，材也；遇不遇者，时
也。今无有时，贤安所用哉！（《韩诗外传卷七》）

在这段话中，他提到了很多贤人，如比干、伍子胥、伯夷、叔齐、鲍叔、叶
公子高、鲍焦、介子推等人，都不能施展他们的才能，都受到了不公正待遇。
孔子的答复是因为他们都没有碰到好时机。那么，为什么天帝不能对这些
好人"报之以福"呢？看来，对此问题孔子是不能不考虑的。现在，我们在孔
子 71 岁时说的那句话中得到了明确答复："是故贤者说于世而不得行其
道。"他这句话的意思很清楚，那就是说，天帝不仅管不了自然界的草木生
死，管不了日食、月食、地震，而且也管不了社会领域的事。什么好人干好
事，坏人干坏事，它一概看不见，也不会管这些事的。由此看来，对国君和帝
王也一样，天帝是不可能决定他们的命运的。在孔子的心目中，天帝的绝对
权威，早已一落千丈。

耐人寻味的是,他和鲁哀公的另一次对话,观点很明确。在那次对话中,鲁哀公一开始就问:"夫国家之存亡祸福,信有天命,非唯人也?"直接谈到天命主宰问题。听了这话,孔子回答说:

> 存亡祸福,皆己而已,天灾地妖,不能加也。……天灾地妖,所以儆人主者也,寤梦徵怪,所以儆人臣者也。灾妖不胜善政,寤梦不胜善行,能知此者,至治之极,唯明王达此。(《孔子家语·五仪解》)

为了说明这个道理,孔子还讲了两个故事。一个故事是讲商纣之时,有一只小麻雀在城墙角上生了一只大鸟。占卜的人说,以小生大,是吉利之事,国家一定会兴旺发达,能称王于天下。纣王听了这话很高兴,以为自己无须治理国政了,整天寻欢作乐,残暴杀人,最后国家反而亡了。还有一个故事是讲殷王太戊之时,朝廷里发现桑树和谷树共生在一起,有人占卦说,此事不吉利,要亡国。太戊害怕了,不断反省自己的错误,努力学习先王治国的好经验,三年以后,国家面貌大变,更强盛了。孔子以此说明国家兴亡,事在人为,与天命无关。他认为天地间出现一些怪异现象,人们用以神道设教,目的是要警戒统治者干好事,不要干坏事。孔子这一段话,正好说出了自己为什么要在鲁哀公面前大肆宣扬天帝夺走夏桀商纣魂魄等的用心。原来,这不过是一些美丽的谎言而已!

孔子对天帝鬼神的真正看法,可以从他和宰我之间的对话中看出来。有一次,他的学生宰我问孔子:"我闻鬼神之名,而不知其所谓。"孔子回答说:

> 气也者,神之盛也,魄也者,鬼之盛也。合鬼与神,教之至也。(《礼记·祭义》)

这几句话虽然很简单,但旗帜鲜明。孔子这里明确认为神即是气,鬼即是魄,都是物质性的东西。他这里虽未提到天帝,但天帝是最高的神,即他自己所说的"上神"(《大戴礼记·用兵》),这是清清楚楚的。他这个说法,把有人格的上帝和天地间各种鬼神都取消了、否定了,说明他自己是一个唯物主义者。他这观点和17世纪荷兰的唯物主义哲学家斯宾诺莎的观点有类似之处。斯宾诺莎有一个著名的说法,叫作"上帝就是自然"[1],这种把上帝

---

① 北京大学:《欧洲哲学史》,北京:商务印书馆,1997年。

归结为自然的观点是泛神论,实质上是唯物主义的。所以,我们在这里也可这样说,孔子把天帝和一切神归结为气的观点,是一种具有泛神论特征的唯物主义。

其实,我们在谈到孔子的精气本原论时,也可看到孔子这种泛神论的痕迹,孔子在那里说:"阳之精气曰神,阴之精气曰灵。神灵者,品物之本也。"这里也谈到神,甚至认为是"品物之本",但又认为神灵都是精气。由此我们可以这样说,不管孔子谈了多少次鬼神和上帝,并谈了鬼神上帝主宰着天上人间,他的真实面貌还是一个唯物主义者,上帝和鬼神在他那里只不过是一种精气,同时又是教育工具和政治工具,用他自己的话说,也就是"合鬼与神,教之至也"。

总之,我们从孔子的治民思想中,可以看到不少的唯物主义思想,也有辩证法思想。正如列宁所说:"判断历史的功绩,不是根据历史活动家没有提供现代所要求的东西,而是根据他们比他们的前辈提供了新的东西。"①从孔子思想中我们可以看到,他以心体、船水关系作比喻,多方面论证了人民群众可以不依靠天帝帮助直接决定王朝命运。他还认为衣食决定着劳动人民礼义观念的有无,认为富制约着教,民食制约着民信,还认为民信比生命更重要。他这些思想的深度和广度都超过了他以前和同时代的先进思想家,都是理论上的重大发现。当然,我们不是说,孔子这些思想可以取代马克思的历史唯物主义了。但他无疑是一个大思想家、大哲学家,是一个对世界文明有着重要贡献的伟人。他是马克思以前,在历史观上最先达到唯物主义的人。

---

① 《马恩选集》第 1 卷,北京:人民出版社,1972 年,第 9 页。

第十一讲

孔子的尊君思想和他的逆向思维

100多年来的近代中国,人们在谴责万恶的封建制度罪行时,常常把批判矛头对准孔子,认为孔子是这些罪恶的总根子,说他是绝对君权论者,说他是几千年来专制独裁政权的最初创始人。

人们这些说法是否符合事实呢? 我认为,这些说法有一定道理,但有不公不实之处,我在这里就此做些评析。

一、尊君,宣扬君权神授

孔子尊君、维护君权的思想确实是比较突出的,这一点,我们可以从他的许多言论中看到。比如,在《大戴礼记·虞戴德》一文中,他说过这样的话:

> 父之于子,天也,君之于臣,天也。有子不事父,有臣不事君,是非反天而倒行耶!

他还说:

> 有臣不事君,必刃。(同上)
> 天无二日,土无二王,家无二主,尊无二上,示民有君臣之别也。(《礼记·坊记》)

从以上这些话中,我们可以看到,他把君臣关系比成为天帝和人的关系。人应当尊重天帝,维护天帝权威,服从天帝的命令。在君臣关系上,人也应当尊重君主,服从君主命令,不然就是倒行逆施,大逆不道,对这样的臣子,应当处以斧钺之刑。从这些言论中,我们可以看出,孔子对君主确实是忠心耿耿的,他是承认君主的无上权威的。

君主为什么要像天帝那样受到尊重,能像天帝那样凌驾一切呢? 孔子还有一个说法,叫作"受命于天"。他说:

唯天子受命于天,士受命于君。(《礼祀·表记》)

这就是说,君主之所以有那么大的权力和殊荣,是因为他这个天子的位置是老天爷给的,是天帝任命的。他这种思想也就是君权神授思想。这个思想在中国几千年的历史中影响确实不小,董仲舒"君臣为纲"的思想就是他这一思想的继承和发挥。

孔子尊君,不仅存在于他的言论中,而且在日常行动中,都有明显表示。在《论语·乡党》篇中,他的门人后学们对此都有细微的描述。比如:那篇文章中谈到孔子"其在宗庙朝廷、便便言,唯谨尔"。"君在,踧踖如也。与与如也。""君召使摈,色勃如也,足躩如也。""过位,色勃如也,足躩如也,其言似不足者,摄齐升堂,鞠躬如也,屏气似不息者。出,降一等,逞颜色,怡怡如也。没阶趋进,翼如也。复其位,踧踖如也。""君赐食,必正席先尝之。君赐腥,必熟而荐之。君赐生,必畜之。侍食于君,君祭,先饭。疾,君视之,东首,加朝服,拖绅。君命召,不俟驾行矣。"这里说明,孔子在君主面前,是非常注意礼节的。所谓"唯谨尔",就是说在君主面前说话行动非常谨慎。"踧踖",恭敬之貌,是说孔子在君主面前,对君主很恭敬。"色勃如也,足躩如也",是说孔子在君主召唤他时,脸色容貌很庄重,脚步飞快,很敏疾,对君主很尊重。"其言似不足者,摄齐升堂,鞠躬如也,屏气似不息者,"是说孔子经过国君座位时,对国君态度谦虚,说话时好像气不足,弯着腰低着头,连呼吸都停止了,说明他对君主非常尊敬。"正席先尝之",说明当君主赐给他好吃的东西时,他恭恭敬敬地坐在座位上,先尝一口表示感谢。"君赐腥,必熟而荐之",是说当君主赐给有腥气的生肉时,他先把肉煮熟了,还要给祖宗上供,表示对君主的尊重。"君祭,先饭",是说陪着君主吃饭时,君主饭前祭祀,他要先尝一尝,表示他对饮食卫生的关心,防止不安全因素。"东首,加朝服,拖绅",说明即使在有病卧床时,君主来时也要守为臣之礼,披着朝服见君。"不俟驾行矣",说明君王朝见自己时,一点也不能怠慢,甚至连驾车都来不及,急急忙忙就走。所有这些都说明君主在孔子的心目中是多么重要,他对君主是多么尊重,多么忠心耿耿。

不仅如此,我们还可举出其他一些例子。

鲁僖公二十八年,晋文公与鲁僖公、齐侯、宋公、蔡侯、郑伯、陈子、莒子、邾子、秦人在温地会合,商量出兵攻打那些不顺服的国家,如曹、卫等,把曹国的国君抓起来了，晋文公还把周天子也召来了，让周天子接见诸侯，还让周天子打猎。这件事从礼节上说是不礼貌的，是晋文公失礼，也是给周天子丢面子的事。为了维护周天子的面子，孔子在《春秋》中写了：

天王狩于河阳。

说是周天子到那里打猎去了，不是被晋文公召去的。这件事说明，作为忠臣，还有维护天子面子的义务，即使自己丢了尊严，也要为他掩饰。

齐国的相国晏婴，有一次出使鲁国，当他回到齐国时，看见齐景公正让国人修建大台，天寒地冻，不少地方的老百姓受冻挨饿，但他仍坚持不停工。晏子回来，齐景公举行宴会作乐欢迎。在宴会上，晏子唱了一首歌，歌词说："冰冷的水浇我，怎么活！老天爷毁了我，怎么活！"唱完又叹气又流泪。景公听了后说，"你为什么要这样，难道就是因为我建大台的事吧？那我马上就停工。"晏子听了齐景公的话，就出去到了筑大台的地方，拿起棍子打那些不努力干活的人，并说："国君要筑大台，你们为什么不赶紧建？"当时筑城的人责备晏子说："你这是帮助老天爷干坏事，虐待我们啊！"晏子回家还在路上时，齐景公停止筑台的命令就传下去了。这件事后来被鲁国的孔子知道了，孔子很称赞晏子，说晏子称得上是个贤臣。

古之善为人臣者，声名归之君，祸灾归之身，入则切磋其君之不善，出则高誉其君之德义，是以虽事惰君，能使垂衣裳，朝诸侯，不敢伐其功，当此道者，其晏子是耶！（《晏子春秋·谏下》）

这里，孔子所提倡的也就是维护君主的尊严和面子，甚至为此不惜损毁自己在老百姓心中的美好形象，舍己为君。

这样的事，实际上孔子自己也经历过。有一个叫陈司败的人问孔子，"鲁昭公知礼乎"？孔子回答说："知礼。"可是孔子说完以后，陈司败又见到孔子学生巫马期，他对巫马期说："鲁昭公曾从吴国娶了个夫人，吴与鲁是同姓国家，按礼是不能结为夫妻的，鲁昭公干了这件事，说明不懂礼，可是现在孔子偏说他知礼，这不是有意袒护、有意包庇吗，这不是说明，作为君子的孔子也拉帮结派，也有私心吗？"巫马期听了这话，就告诉了孔子，孔子说：

丘也幸，苟有过，人必知之。（《述而》）

他承认自己在这件事情上包庇鲁昭公，掩盖鲁昭公的尊严、面子，而自己在这件事上背了黑锅,背了拉帮结派的黑锅。

又一次,孔子到季孙那里去,季孙的管家向孔子提出一个问题,说国君派人来借马出去打猎,借给他吗? 季孙没说话,孔子曰:

> 吾闻之,君取于臣谓之取,与于臣谓之赐;臣取于君谓之假,与于君谓之献。(《孔子家语·正论解》)

季孙在旁听了很受启发,说我实在没想到这些,赶紧对管家说:"自今已往,君有取一切,不得复言假也。"意思是说,只要国君需要的东西,拿走就是,不能说"借"。这又说明,臣子对于国君,只有贡献的义务,不存在借给的问题。在财物上,臣子应当贡献出君主所需要的一切。

臣子必须服从国君的指挥,必须维护国君的尊严,必须贡献出国君所需要的财物,必要时甚至献出个人的生命。有一次,孔子的学生闵子骞问孔子有关忠孝之道,孔子说:

> 夫为人臣者,杀其身有益于君则为之,况利其身以善其君乎![1]
> (《亢仓子·训导》)

这就说,只要在利于君王,即使杀身也在所不惜,只有做到这些才能算是忠臣。

二、尊君思想在当时有进步意义

从以上一系列尊君言行中,我们可以看出,孔子确实是一个维护君权的人,他这些思想无疑对后人是有很大影响的。

但是,正如列宁所说那样:"在分析任何一个社会问题时,马克思主义理论的绝对要求,就是把问题提到一定的历史范围之内"。[2] 我们在评论孔子尊君思想时,也必须弄清其思想产生的特定历史条件。

那么,他所在的特定历史条件是什么呢? 这个特定条件就是它既不同于西周初期,也不同于秦始皇统一全国以后。这是一个大动乱的时期,也是实物地租制封建社会的初期。在经济上,随着铁器的使用,农业用牛耕田,

---

[1] 薛安勤:《孔子集语译注》,长春:吉林文史出版社,1996 年,第 48 页。

[2] 列宁:《论民族自决权》,见《列宁全集》第 20 卷,北京:人民出版社,1958 年,第 401 页。

劳动生产率提高了,开垦土地的越来越多,私有土地越来越普及,买卖土地、争夺土地时有发生。为了吸引劳动者,实物地租制逐渐推广,使那个旧的庄园式的井田制难以维持下去了,籍田仪式取消了。早在西周末期,周宣王"不籍千亩"宣告了旧制度的覆灭,表明他已把国家带到了以实物地租为主要税收来源的封建社会。公元前685年左右,齐国的齐桓公也实行了"相地而衰征"的农业税收制度。公元前644年,晋国实行"爰田"制;公元前594年,鲁国在鲁宣公十五年,实行"初税亩",说明这两国也实行了实物地租制。公元前547年、公元前542年、公元前359年,楚国、郑国、秦国都相继实行了实物地租制。但是,在经济上发生这一系列变化的同时,在政治上并不是很平静的。经济变革从总的方面上是前进的,但完全处于无序状态、混乱状态,它缺乏一个强有力的政治中心来领导这一变革。由于经济发展给各国之间带来的不平衡,国与国之间为了争权夺利,不断发生战争,兵役、税收、力役频繁,各种自然灾害频发,民不聊生。天子的权力衰落了,有的国家连诸侯的权力也下降了,权力落到大夫和陪臣手中去了。这种状况,说明在经济大变动时期,政治上层建筑处于失控状态。用现在的话说,就是上层建筑不适应经济基础发展的需要。用孔子的话说,叫作"天下无道"。

孔子说:

> 天下有道,则礼乐征伐自天子出;天下无道,则礼乐征伐自诸侯出。天下有道,则政不在大夫;天下有道,则庶人不议。(《论语·季氏》)
>
> 天下之有道也,有天子存;国之有道也,君得其正;家之不乱也,有仁父存。(《大戴礼记·虞戴德》)

在这里,孔子把有没有天子,有没有好的国君,看成为"有道",还是"无道"的根本条件。强调一个国家,应当由天子来主持一国之政。要不然,政出多头,或让诸侯、大夫,甚至让陪臣主持一国大事,这是不正常的。孔子这一思想,也就是大一统的思想,就当时历史条件下,为了结束权力下移的混乱局面,为了更好地、有序地发展经济,要求有一个统一的天子执政,这种思想应当说是进步的。

事实上,孔子这种思想在春秋战国时期不是孤立的。在《吕氏春秋》一书中,我们也可看到类似的思想。比如,该书《大乐》篇有这样的话:"能以一治天下者,为圣人。"在《谨听》篇中还说:"今周室既灭,而天子已绝。乱莫大于无天子,无天子则强者胜弱,众者暴寡,以兵相残,不得休息,今之世当之矣。"

以上两篇文章的写作时间虽比孔子晚,但时代特点基本一致,它们都要求有一个君主来统一天下,让人民有一个安定和谐的生存环境,结束忍饥挨饿、流离颠沛之苦。完全可以这样说,《吕氏春秋》这些思想是进步的,是符合当时历史前进潮流,孔子的思想也一样。

在这里,我们很有必要看一看恩格斯《论封建制度的瓦解和民族国家的产生》那篇文章,这篇文章谈的是欧洲封建制度瓦解时期的情况,但那时也处于极度混乱时期。恩格斯说:"在这种普遍的混乱状态中,王权是进步因素,这一点是十分清楚的。"他还说:"王权在混乱中代表着秩序。"①试想,恩格斯在封建社会行将没落的时期,还在肯定王权,说明它有进步性,那么,孔子在封建社会前期肯定君权、肯定大一统的必要性,难道还有问题吗?

三、君权神授思想的两面性及虚假性

君权神授,看起来把君主抬得很高,实际上又使君主受到约束。因为君主之上又增加了一个天神,也就是天帝。天帝既然能给君主以极大权力,同时也可随时随地剥夺君主的特权。这个奥妙,孔子是看到了。孔子在君主面前,曾不断地使用这一武器制约君主。

比如,在朱渊清、廖名春主编的《上博馆藏战国竹书研究续编》中,曾记载鲁国大旱时,哀公对孔子说"子不为我图之",孔子答说:

> 邦大旱,毋乃失诸刑与德乎?②

为什么在刑罚和道德上犯了错误就会大旱呢? 这里的意思很清楚,就是认为大旱是上帝对鲁国政治上失误的一种惩罚。孔子说这话就是要鲁哀公检查自己治国方面的错误,把天灾和政治是非联系起来,借以督促国君改进工作。

《孔子家语·执辔》篇是孔子和他学生闵子骞的一篇对话,其中谈到如何治国的问题。此文在谈到五帝、三王如何治国时,孔子说:

> 今人言五帝、三王者,其盛无偶,威察若存,其故何也? 其法盛,其德厚,故思其德,必称其人,朝夕祝之,升闻于天。上帝俱歆,

---

① 《马恩全集》第21卷,北京:人民出版社,1956年,第453页。

② 朱渊清、廖名春:《上博馆藏战国竹书研究续编》,上海:上海书店出版社,2004年,第97—98页。

用永厥世而丰其年。

孔子这段话中，称赞五帝、三王。五帝即黄帝、颛顼、帝喾、尧、舜。三王，指夏禹、商汤、文王。他认为五帝三王之时，法制完备，很讲道德，在这些方面做得好，很受民众赞扬，以致连上帝都知道了，连上帝都很佩服他们。于是，上帝就奖励他们，让他们的国家富裕，粮食丰收。这是说，你君主干得好，能像五帝三王那样做出好成绩来，上帝就会奖励你、表扬你。在这里，上帝对君主来说，是一个很大的监督力量和极大的鞭策。

相反，在谈到夏代的桀、商代的纣王时，孔子说：

> 其法不听，其德不厚，故民恶其残虐，莫不吁嗟，朝夕祝之，升闻于天。上帝不蠲，降之以祸罚，灾害并生，用殄厥世。（同上）

夏桀和商纣实行暴政，受到人民咒骂，天天盼他们垮台，最后上帝也知道了，就罚他们，年年发生灾难，最后以政权彻底垮台而告终。这又从反面说明，你君主如果当得不好，上帝就对你不客气。你以为当上君主可以为所欲为了吗？还有天帝管着你哩！

当然，孔子所说的天命，有时不仅仅是指水灾、旱灾等自然灾害，它指的是天帝重新任命某些圣贤去替代原来的暴君，如商汤代替夏桀，文王武王代替商纣。孔子有时以此去警告在任的君主。比如：他和鲁哀公的谈话中就有这方面的事例。他说：

> 禹崩，十有七世，乃有末孙桀即位。桀不率先王之明德，乃荒耽于酒，淫佚于乐，德昏政乱，作宫室高台汙池，土察，以民为虐，粒食之民惛焉几亡。乃有……成汤卒受天命，不忍天下粒食之民杀戮，不得以疾死，故乃放移夏桀，散亡其佐。乃迁姒姓于杞 。（《大戴礼记·少间》）

> 纣不率先王之明德，乃上祖夏桀行，荒耽于酒，淫佚于乐，德昏政乱，作宫室高台汙池，土察，以为民虐，粒食之民忽然几亡。乃有周昌霸，诸侯佐之。……文王卒受天命，作物配天，制无用，行三明，亲亲尚贤。民明教，通于四海，海之外肃慎、北发、渠搜、氐、羌来服。（同上）

在这两段话中，孔子也谈到了“天命”，认为夏桀、商纣的灭亡，商汤、文王称帝都是天帝安排的结果，说明天帝决定着夏、商、周三个朝代帝王的命运和王朝的存亡,帝王必须是好君主,胡作非为也是不行的。

孔子真的相信有天帝存在吗? 其实,他是不信的,这可以从鲁哀公和他的一次对话中看出来。在《孔子家语·五仪解》中记载,当鲁哀公问孔子"夫国之存亡祸福,信有天命,非唯人也"时,孔子回答说:

> 存亡祸福,皆己而已,天灾地妖,不能加也。……天灾地妖,所以儆人主者也;寤梦征怪,所以儆人臣者也;灾妖不胜善政,寤梦不胜善行,能知此者,至治之极也,唯明王达此。

这里,孔子明确认为国家存亡祸福,君主地位权力能否保障,全靠君主自己的所作所为,不决定于天命。人们之所以说天帝管着你国家存亡、君主生死命运,只不过是一种警戒而已。所谓"儆戒",就是吓唬,也叫神道设教。

真正说起来,孔子虽说过"天子受命于天",实际上,连天帝都是虚假的。天帝,他有时也叫"上神",可是,神是什么呢? 他曾说:

> 气也者,神之盛也;……骨肉毙于下,化为野土,其气扬于上,为昭明,熏蒿,凄怆,此百物之精也,神之著也。(《礼记·祭义》)
> 阳之精气日神。(《大戴礼记·曾子天圆》)

这里,孔子明确认为神就是气,或者说是精气。既然如此,所谓"上神"和天帝都不过是气和精气。那么,再去谈"天子受命于天",说天帝能决定国家兴亡、君主生死存亡,还有什么意义?

四、维护君权,但不是愚忠

有人说,孔子忠君是无条件的,他是绝对君权论者,是愚忠。我认为这种说法不公平,也不符合实际。说真的,孔子尊君、维护君权,但不是愚忠。他的忠君是有条件的。

首先,孔子强调臣"事君"不是盲目服从,他必须帮助国君处理国家事务,以"谏"和"争"作为基本任务。

《论语》中有这样的记载:

> 子路问事君。子曰:"勿欺也,而犯之"。(《论语·宪问》)

这意思是什么呢? 就是说,你如果是一个忠臣,你就不能欺骗国君,但必须不断地向国君提建议，即使他不接受，也要提，要不怕侵犯他的尊严。在是非问题上，就不怕侵犯君主的尊严。

子路是孔子的弟子，他初次见孔子的时候，孔子就问他："你有什么爱好？"子路回答说："我喜欢长剑。"孔子说："我不是问你这个，我是问根据现有能力，加上学习，你想达到什么样的目标？"子路说："学习能对我有好处吗？"孔子说：

> 夫仁君而无谏臣则失正，士而无教友则失听，御狂马不失策，操弓不反檠，木受绳则直，人受谏则圣。……（《孔子家语·子路初见》）

这里孔子主要是要子路好好学习，但同时也谈到了君臣关系。他认为一个好的君主如果没有臣子不断地提意见就会迷失正道，就会犯错误，就好像疯狂奔跑的马没有鞭子，反拉弓箭，锯木头不用绳墨一样就会出现种种偏差。这是明确提出一个臣子应当以"谏"作为忠君的基本条件。作为臣子，不能简单地国君让干什么就干什么，而应当不断地向国君提建议，争是非。

什么叫忠？孔子的弟子子贡曾经向孔子提出了这个问题。子贡问孔子说："臣从君命，贞乎？"也就是说：是不是国君让干什么，臣子就干什么就是忠？孔子回答说：

> 鄙哉赐！汝不识也。昔者明王万乘之国，有争臣七人，则主无过举；千乘之国有争臣五人，则社稷不危也；百乘之家，有争臣三人，则禄位不替……故子从父命，奚讵为孝？臣从君命，奚讵为贞，夫能审其所从，之谓孝，之谓贞矣！（《孔子家语·三恕》）

这里，孔子明确指出，无论忠还是孝，都不能理解为唯唯诺诺的愚忠愚孝。作为忠臣，就是要作争臣，不断地和君主争是非，就是要千方百计地不让君主犯错误。

孔子还说：

> 良药苦口而利于病，忠言逆耳而利于行。汤武以谔谔而昌，桀纣以唯唯而亡。君无争臣，父无争子，兄无争弟，士无争友，无其过者，未之有也。故曰：君失之，臣得之；父失之，子得之；兄失之，弟得之；己失之，友得之。是以国无危亡之兆，家无悖乱之恶。父子兄弟无失，而交友无绝也。（《孔子家语·六本》）

　　在这里,我们可以看出,孔子的忠孝思想与中国秦汉以后忠孝是有很大区别的,在中国几千年的封建社会里,封建统治者宣扬君叫臣死臣不得不死,父叫子亡子不得不亡,什么"天王圣明,臣罪当诛",实际上都不是孔子的思想,很多研究者,把孔子说成是几千年封建社会愚忠愚孝的罪魁祸首,这是完全错误的。孔子所说的忠臣,是指那些敢于向君王争是非的人,是那些敢于谏争的人。

　　在"谏""争"的问题上,孔子和鲁定公之间还讨论过"一言丧邦"的问题。有一次,鲁定公问孔子:"一言而丧邦,有诸?"孔子说:"有这样的君主,以自己说的话没有人违抗为快乐。"问题是有时他说的话不正确还不让人违抗,那么,他的一句话就可能亡国,这也就是"一言而丧邦"了。这就是说做君主的不让臣子说话,不让臣子"谏"、"争",弄不好可能亡国,其后果是严重的。孔子这思想,实质上就是反对个人独裁,赞成臣子共同议政。

　　有几件事,受到孔子赞扬。

　　第一件事,根据《淮南子·齐俗训》记载:有一次晋平公说话不当,著名音乐家师旷举起琴向平公砸去,碰到墙壁上,平公周围的人看到连墙壁都碰坏了,主张把撞坏的墙修补好,可是晋平公不让修,说留着作个纪念,记下自己的过失。孔子对这件事很称赞,他称赞晋平公能纳谏,是好君主,光凭这一点,他能招来敢于直谏的忠臣。

　　　平公非不病其体也,欲来谏者也。(《淮南子·齐俗训》)

　　第二件事,春秋时期的赵简子,也就是赵鞅,是晋国的大臣,与孔子同时。据说他有两个家臣,一个叫赦厥,一个叫尹焯,赦厥在向赵鞅提意见时总是背着众人,偷偷地告诉赵鞅,而尹焯提谏议总是在大庭广众之中。赵简子说赦厥"爱我",尹焯"不爱我"。当时尹焯听了就不服气,他说:赦厥是爱你的缺点,不喜欢你改正错误;我是喜欢你改正错误,不喜欢你的缺点错误。孔子听说这件事以后,赞扬尹焯,说尹焯是位君子,敢于揭短不随便赞誉主子。

　　　君子哉! 尹焯,而訾不誉也。(《说苑·臣术》)

　　第三件事,春秋时的卫灵公有两个臣子,一个叫蘧伯玉,是个好人;还有个弥子瑕,"不肖",不是个好人,可是卫灵公重用弥子瑕,不用蘧伯玉。这时,卫灵公的另一大臣史鱼就对卫灵公提意见,说卫灵公做得不对,可是卫灵公还是不听。后来史鱼病得很厉害,在他快要死的时候,对他儿子说,我在朝廷中没有让国君做到重用贤人,排斥不肖之辈,"为臣不能正君",那么,我死了,你就把我放在窗户底下就行了,不用讲究什么礼节了。他儿子听从了史鱼的临终遗言。卫灵公在史鱼死后去吊唁,很奇怪,说为什么是这样,史鱼的儿子就把这件事告诉卫灵公,卫灵公听了很惊愕,大惊失色说,这是我的过错啊!于是下命令把史鱼的尸体放在房子的正堂屋中,接着就把蘧伯玉召来委以重任,把弥子瑕罢免了。孔子后来听到这件事很动情地说:

> 古之烈谏之者,死则已矣,未有若史鱼死而尸谏,忠感其君者也,不可谓直乎?(《孔子家语·困誓》)

由此可知,孔子所谓忠,绝不是盲目服从,不是愚忠,做臣子的责任,就是不断地在君主面前"谏"和"争"。

值得注意的是,孔子不但强调"谏"和"争",以此作为忠臣的基本职责,他还研究了"谏"的方式。"谏"有五种方式,即正谏、降谏、忠谏、戆谏、讽谏,孔子最喜欢的是"讽谏",他说:

> 吾从其讽谏矣乎。夫不谏则危君,固谏则危身,与其危君,宁危身。危身而终不用,则谏亦无功矣。(《说苑·正谏》)
> 谏有五,吾从讽之谏。事君,进思尽忠,退思补过,去而不讪,谏而不露。[1](《白虎通·谏诤》)

孔子尊君,承认君主对臣子有命令权,有财产权,但这并不等于说臣子就没有任何自由了,并非说臣子是处于消极的地位了。实际上,在孔子看来,臣子还是有很多自由的。臣子在君主面前可以仕,也可以隐退,臣子可以为君主而死,也可以不死,不仅君主选择臣子,臣子也可选择君主。

孔子说:

> 所谓大臣者,以道事君,不可则止。(《论语·先进》)

孔子这两句话是在有一次然子质问孔子时说的。季子然问仲由和冉求能不能说是大臣。孔子说他们两个人可以说已具有相当才能的臣子了。同时他还对大臣所应具有水平和风格作了解释,意思是说,作为大臣,并非君主让干就干什么,像奴才一样,相反,他们是具有独立人格的,他们是"以道

---

[1]　薛安勤:《孔子集语译注》,长春:吉林文史出版社,1996年,第330页。

事君",如果让他们干不正道的事,他们是宁肯辞职,也不会去干的。

孔子自己的行动,完全证明他正是这么做的。公元前501年(鲁定公九年),孔子51岁时任中都宰,很有成绩,第二年升为小司空,又升为大司寇,摄相事。那年鲁定公与齐景公会于夹谷(今山东莱芜南),孔子以大司寇身份为鲁定公相礼。齐欲劫持鲁定公,孔子据理力争取得胜利,并让齐国把侵占鲁国的土地归还鲁国,表示谢罪。鲁定公十三年时,鲁国治理得很好,齐国害怕了,选了80个美女、34匹马送给鲁国进行破坏,季桓子接受了齐国的礼物,多日不听朝政,专门取乐。孔子看不顺眼,就辞职不干,并唱歌:

> 彼妇人之口,可以出走,彼妇人之请,可以死败! 优哉游哉,聊以卒岁!(《孔子家语·子路初见》)

由此亦可见,春秋时代的君臣关系和秦以后封建社会的关系还有所不同,那时的臣子,想辞职时可以大大方方地离开,还可唱着歌离开,不会受到国君的迫害。这件事在《论语·微子》篇也有记载:"齐人归女乐,季桓子受之,三日不朝,孔子行。"

类似的思想,在《孔子家语·三恕》篇也有。孔子曾对子路说:

> 国无道,隐之可也;国有道,则衮冕而执玉。

由此观点出发,孔子还评论了一些人。

1.齐国鲍牵。有一次,孔子弟子樊迟问孔子,他说齐国的鲍牵,处理政治事务刚正不阿,对国君可以说是忠臣了,结果却被国君砍掉了双脚,齐君也够昏庸的了。孔子听了后说:

> 国有道则尽忠以辅之,国无道则退身以避之。(《孔子家语·正论解》)

他认为鲍牵被砍掉双足,这是他自己不够明智,说向日葵还知道保护自己的脚,鲍牵却不知道。

2.泄冶。孔子的弟子子贡问孔子说:陈灵公和大夫公孙宁、仪行父跟夏征舒的母亲私通,而且在朝廷上拿出夏姬的内衣招摇一番,毫无顾忌地嬉笑。当时,陈国大夫泄冶提出意见谏灵公被杀,这事和比干被杀一样,泄冶可说是仁人了吧? 孔子听了后却说:比干和商纣是叔侄关系,官仅次于太师为少师,他谏诤,是为了保住江山社稷,他以死谏诤,是希望死后让纣王悔悟,这确是仁人之心。但泄冶不一样,他只是一个下大夫,与陈灵公之间无骨肉之亲。

> 以区区之一身,欲正一国之滛昏,死而无益。(《长短经·臣术》)

这是说,他的忠心没有必要,这种死没有用,不值得。

3.管仲。有一次,子路问孔子,说管仲这人如何评价?孔子回答说"大人也"。意思是说,他是个伟大人物。子路提出管仲五条罪状,不同意孔子的说法。第一,管仲对齐襄公所说治国之道,襄公不爱听,说明他口才不行;第二,他想让公子纠当国君没有成功,说明他无能;第三,他的家庭破败却无忧无虑,说明他对自己家里的人没有慈爱之情;第四,他坐在囚车里不感到惭愧,说明他不知羞耻;第五,他用箭射杀齐桓公,后又做他的臣子,说明他不忠;第六,他和召忽原来都是公子纠的部下,公子纠被杀以后,召忽尽忠自杀,而管仲没自杀尽忠,说明他不仁不义。既然如此,为什么老师还说他是伟大人物啊?孔子听了以后对子路的责难都一条条地作了答复。第一,齐襄公不听管仲说的治国之道,不是管仲口才不好,而是襄公根本就听不进去,不懂;第二,子纠没当上国君不是管仲无能,而是没遇到时机;第三,管仲家庭破败不忧愁,因为这是天命,不是他不爱家人;第四,他坐在囚车里无忧无虑,这是因为他自有主张;第五,他侍奉被他射杀的君主,不能说不忠,而是权变;第六,召忽尽忠自杀,管仲没那么做,不能说不仁不义。召忽是"人臣之才",是当臣的材料,他不死就成为俘虏,死了可扬名天下,死也值得,而管仲是"天子之佐,诸侯之相",是天子的左右手,诸侯的宰相之才,不死就可建大功立大业,这样的人为什么要死啊?在这里,孔子为管仲不死辩护,说明忠还是不忠,还要看具体情况,这里还有"权"不能搞愚忠,要考虑到建大功立大业。

4.晏婴。有一次,卫灵公之孙卫将军文子问子贡,孔子七十多学生中,谁在道艺德行上最高,子贡开始说不知道,后来一个一个地对不少人作了介绍,回到鲁国,还把这件事跟孔子说了,孔子听了后,也给子贡谈了一些其他有德有才的贤人,这些人中包括了晏婴。他说晏子曾说过这样的话:"君虽不量于臣,臣不可不量于君。"接着孔子说:

> 是故君择臣而使之,臣择君而事之,有道顺君,无道横命,晏平仲之行也。《大戴礼记·卫将军文子》

这里,孔子指出晏婴的君臣观是双向选择的君臣观,对君主忠不忠,忠到什么程度,还有灵活性,对有道之君当然要顺从,对无道之君则要衡量情况,决定顺从到什么程度。在这里,孔子是赞成晏子这种对待君主的态度的。

总之,在孔子思想里臣子忠于君主是有条件的,不是绝对的无条件的。那种认为孔子宣扬愚忠的观点是不符合实际情况的。

在下面,我们还可补充几条材料。

第一条材料,鲁哀公十一年,孔子68岁时,冉求向季孙推荐孔子,说:"国有圣人而不能用,欲以求治,是犹却步而欲求及前人,不可得已!今孔子在卫,将用之已。有才而以资邻国,难以言智也。请重币延之。"(《孔子家语·儒行解》)听了冉求的话,季康子请示鲁哀公,把孔子从卫国请了回来。回来以后,鲁哀公向孔子问儒家有些什么样的行为准则,孔子说了这样的话:

> 儒有上不臣天子,下不事诸侯,……虽以分国,视之如锱铢,弗
> 肯臣仕。其规为有如此者。(同上)

这里"不臣天子,不事诸侯",就是认为作为儒者有时可以不当臣子,可以不当官,自己爱干什么就干什么。很显然,连臣都不当,自然也就谈不上忠君了。

第二条材料,《论语·泰伯》中说:"天下有道则见,无道则隐。"不出来工作,还有什么臣忠于君的义务?

在孔子思想中,我们可看到,他不仅认为做臣子的可仕、可隐,有死的自由,也有不死的自由,而且有时还可推翻君主,可以革君主的命,可以诛君。

比如:在他看来商汤革夏桀的命,周文王、周武王革商纣的命完全是合理合法的。

在《孔子家语·贤君》中有这样一段话:

> 昔者夏桀贵为天子,富有四海,忘其圣祖之道,坏其法典,废其
> 世祀,荒于淫乐,耽湎于酒,佞臣谄谀,窥导其心,忠士折口,逃罪
> 不言,天下诛桀,而有其国。

这里谈的就是诛杀夏桀这个暴君,他认为完全是合理合法的。

一次,孔子谈易至于损益二卦,觉得这一卦对治理国家很重要,尧治天下谦虚待人,直到如今仍显示着他的美德光芒,而骄傲的君主是没有好下场

的。他说：

> 夏桀昆吾，自满而极，亢意而不节，斩刈黎民如草芥焉，天下讨之，如诛匹夫，是以千载而恶著，迄今而不灭。(《孔子家语·六本》)

这里孔子也很明显地谈到诛杀夏桀的正义性。

值得注意的是，孔子和他的得意弟子曾参之间的一段对话，他说：

> 明主之所征，必道之所废者也。彼废道而不行，然后诛其君，致其征，吊其民而不夺其财也。故曰：明主之征也，犹时雨也，至则民说矣。是故行施弥博，得亲弥众。此之谓"衽席之上乎还师"。(《大戴礼记·主言》)

这里孔子所说的"明主"，是指贤明的领袖，可以是天子，也可以是诸侯。这就是说，作为天子之臣的诸侯，也可成为"明主"。这样的臣子可实行征伐，可以诛他国之君。这也说明"君"是可诛的。

孔子认为无道之君可以被推翻，甚至可杀的观念，不仅表现在他对夏桀商纣这些暴君的看法，即使对春秋时期一些君主的看法上，我们也可以看出来。

孔子对春秋时期一些君主被杀的看法，具体表现在《春秋》一书中，这本书中他谈到很多弑君事件，但在实际上所弑之君有很多都是无道之君，孔子在行文中好像认为"弑"君是错误的，但实际上由于弑君的主体不同，评价上又有所不同。比如：孔子在很多情况下谈"国人"弑其君某某，在这种情况下被弑的国君，实际上都是无道之君，贬中有褒。如：

> 莒弑其君庶其。(《春秋·文公十八年》)

这事的真相是太子仆依靠国人的力量杀了莒纪公，但是由于这事归根到底是莒纪公的错。莒纪公有两个儿子，大儿子是太子仆，二儿子是季佗，莒纪公偏爱小儿子季佗而废黜了太子仆，让小儿子继承国君之位，这事本身是不合传统礼法的。所以孔子没有说太子仆弑君而说莒国人弑君，这实际上从另一角度揭露了莒纪公是反人民的。

又如：

晋弑其君州蒲。(《春秋·成公十八年》)

对这一条,《谷梁传》的注解是"称国以弑其君,君恶甚矣",说明晋厉公州蒲是一个很坏的国君。实际上晋厉公是栾书、中行偃派程滑杀死的,但《春秋》没称栾书、中行偃杀死国君,说明他们杀死国君代表了国家利益,他们是正确的。

再如《春秋》记载:

宋人弑其君杵臼。(《春秋·文公十六年》)

宋昭公的死,实际上是夫人王姬派人杀死的。可是《春秋》不说王姬弑君,而说宋人弑君,这是因为责任在宋昭公杵臼那里,用《左传》的话,就是"书曰,宋人弑其君杵臼,君无道也"。

最为明显的是:

晋赵盾弑其君夷皋。(《春秋·宣公二年》)

这里写赵盾弑晋灵公夷皋,就事实而言弑君者是赵穿,但赵穿是赵盾的侄子。晋灵公是个坏国君,无道之君,对国人的征重税,生活奢侈,还从高台上用弹丸打行人,看被击者是怎样躲避弹丸的,还任意杀厨师。像这类事赵盾作为正卿多次进谏,晋灵公表面上接受意见,实际上很讨厌他。暗地里派人刺杀赵盾,甚至用恶狗咬他。赵盾出走还没走出国境,赵穿就杀了晋灵公。在这种情况下,太史董狐记下了"赵盾弑其君",还拿到朝廷上给人看。赵盾辩解,董狐说:"你是正卿,逃亡没逃出国境,回来又不惩凶手,不是你还是谁?"对这件事,董狐的说法是对的。但赵穿弑的确是无道之君,是坏国君,从这意义上赵穿做得也没错。因此,孔子说话了,他说:

董狐,古之良史也,书法不隐。赵宣子,古之良大夫也,为法受
恶,惜也,越境乃免。(《左传·宣公三年》)

这说明,孔子实际上是支持必要时杀君的,尽管赵盾有杀君之恶名,这不影响他是好臣子,而被弑的晋灵公,实际上是无道之君。

总之,孔子的忠君观念,与秦汉以后的忠君观念是不同的,混为一谈是错误的,孔子是反对愚忠的。

五、向往禅让制和选举制

孔子反对愚忠,不仅表现在臣子对君主不断谏诤上,而且还表现在他从根本上反对君主世袭制。在他看来,只要君主世袭制存在,要使民众走上正道,那是不可能的。他说:

> 禅也者,上德授贤之谓也。上德则天下有君而世明,授贤则民效而化乎道。不禅而能化民者,自生民未之有也。(《郭店竹简》第20～21简)

在这段话中,孔子提出了禅让思想,认为禅让是君权继承的最好形式。这里他虽仍然主张实行君主制,但这种君主之间接班是德才兼备的圣贤之间的让位,不是父子之间的世袭。禅让是以大公无私的思想为出发点的,而父子世袭是把天下国家看成一家的私有财产,其思想出发点是自私自利思想。在孔子看来,实行禅让制反映了人类社会高尚的道德境界,它为人民作出了仿效的榜样,使人民受到感化而成为有道德的人。相反,要是不实行禅让制,要想把老百姓治理好,"自生民未之有也"。也就是说,自从有人类以后,从来就没有发生过这样的好事。所以,禅让制优于世袭制,应当实行禅让制,不能实行君主世袭制。

孔子对禅让制的赞扬,在《论语》中也可以看到一些说法,比如,在《泰伯》篇有一段话:

> 泰伯,其可谓至德也已矣,三以天下让,民无得而称焉。

泰伯,也就是吴国的始祖太伯,他是周文王的爷爷太王的大儿子。太王有三个儿子,太伯是老大,次子仲雍,三子季历。太伯知道弟弟季历贤于己,太王也想传位给季历,太伯因此为了让位给季历逃到吴地。孔子对此大加赞扬,认为太伯是个很值得大大表扬的人,他主动让贤,是古代唐虞君位禅让的遗风。由此也可看出孔子是主张君位禅让的。

孔子赞扬禅让,也表现在《礼记·礼运》篇中,在这篇文章中,孔子说:

> 大道之行也,与三代之英,丘未之逮也,而有志焉。大道之行也,天下为公,选贤与能,讲信修睦。故人不独亲其亲,不独子其子,使老有所终,壮有所用,幼有所长,矜寡孤独废疾者,皆有所

养。……是谓大同。今大道既隐,天下为家,各事其亲,各子其子,货力为己,大人世袭以为礼,城郭沟池以为固,礼义以为纪。故谋用是作,而兵由此起。禹汤文武成王周公,由此其选也。是谓小康。

孔子在这段话中,谈到了社会发展的两大阶段,即大同社会阶段和小康社会阶段,一是天下为公的社会,一是天下为家的社会。这里的区别点很多,但他特别提到了大同社会的君主是通过"选贤与能"的方法实现的,而小康社会的君主是通过"世袭"的方法产生的。对大同社会,他谈了很多优点,没谈到缺点;对小康社会,不仅谈了好的一面,也谈了很多缺点,还专门谈了"世袭制"的毛病。这说明在君主产生的方法上,他认为"选贤与能"的方法比"世袭"的方法好。什么是"选贤与能"? 就是说,要选既有道德,又有才能的人当君主和各级官吏。怎么选? 他没有进一步说。但是,只要我们看一看《尚书》的《尧典》、《大禹谟》等文章,我们就可以很清楚,孔子这里说的"选贤与能"就是尧舜禅让、舜禹禅让这些事,孔子既然是《尚书》的编者,他对这段历史无疑是很清楚的。所以,我们可以这样说,孔子虽然尊君忠君,但他对所尊所忠的君是有选择的,对无德之君,他是不忠的,对专制君主、暴君,他是反对的;他所支持的君,是德才兼备之君,特别是大同社会之君。

总之,孔子的尊君思想,充满了一系列逆向思维。他强调君权神授,既是对君主的高抬,又是对君主的约束;他宣称天帝的真实存在,却又从理性的角度指出了天帝的虚假性;他根据大一统的需要维护君权,但又反对愚忠;他在现实生活中尊重家天下时期的世袭君主,但又从理想的角度颂扬公天下时期的禅让之君、选举之君。这说明,他在考虑尊君问题时,他的思想方法是一种历史的、辩证的思想方法。

第十二讲

孔子圣贤群体治国的思想

在孔子思想中,圣贤治国的思想是很重要的一个组成部分。那么,什么是圣贤呢? 圣贤治国的重要性在哪里呢? 究竟怎样才能做到圣贤治国呢? 我们在这里就这些问题做些探索。

一、圣人有国受人民拥护则治,暴君有国被人民反对则亡

孔子重视圣贤治国,那么什么是圣人呢? 对此,孔子一次和鲁哀公讨论治国的人才时作了答复。他说:

> 所谓圣者,德合于天地,变通无方,穷万事之终始,协庶品之自然,敷其大道而遂成情性;明并日月,化行若神,下民不知其德,睹者不失其邻。此谓圣人也。(《孔子家语·五仪解》)

这里包含四层意思:第一,像天地那样生育万物,"德合于天地",有大德;第二,有大智,"变通无方,穷万物事之终始";第三,有很大的协调团结能力,"协庶品","化行若神";第四,非常朴实,不摆架子,"下民不知其德,睹者不识其邻"。

那么,什么是贤人呢? 孔子说:

> 所谓贤人者,德不逾闲、行中规绳,言足以法于天下而不伤于身,道足以化于百姓而不伤于本;富则天下无宛财,施则天下不病贫。(《孔子家语·五仪解》)

这里大体上包含三层意思:作为贤人,第一,他的道德行为中规中矩,不超越常规;第二,他的思想言论完全足以教化百姓而不使自己招来灾祸;第

三,这样的人要是富了,就会去救济天下的穷人,没有人妒忌他。

总的说来,孔子所说的圣人、贤人,就是指那些有道德仁义之心的,有大智的,能团结教育上下人士,泽惠穷人的人。在他看来,治理国家,就需在这样的能人、智者、有道德仁义之心的人。

那么,圣贤治国,有什么必要性? 有什么好处呢?

孔子有关圣贤治国的思想,比较集中地见于他晚年一些言论中。

公元前 484 年,孔子 68 岁时,结束了周游列国的流浪生活,在鲁哀公的授意下,把他接回鲁国。在这以后,直到 73 岁他去世前,他和鲁哀公之间,曾多次讨论国事。现在《大戴礼记》中有《孔子三朝记》七篇,即《千乘》、《四代》、《虞戴德》、《诰志》、《小辨》、《用兵》、《少闲》,即当时孔子和鲁哀公对话的记录稿。这七篇中的第四篇《诰志》,专门讨论了如何消除自然灾害,把国家治好的问题。鲁哀公一开始就问孔子,为了消除自然灾害,把国家治好,是不是应该多多祭祀鬼神,减少鬼神的不满?

对鲁哀公这一问题,孔子的回答是:

> 丘未知其可以为远灾也。

这意思是说,祭鬼神无助于减少自然灾害。孔子是不信鬼神的。

那么,怎样才能减少自然灾害,把国家治好呢? 孔子在这里提到了圣贤治国的好处。他说:

> 圣人有国,则日月不食,星辰不损,勃海不运,河不满溢,川泽不竭,山不崩解,陵不施谷,川浴不处,深渊不涸。於时龙不闭,凤降忘翼,蛰兽忘攫,爪鸟忘距,蜂虿不螫婴儿,蚊虻不食天驹,雏出服,河出图。(《大戴礼记·诰志》)

这段话的意思是说,只要让圣人治国,一切自然灾害都能消除。他能解决鬼神所解决不了的问题。我们知道,日食、月食、彗星、陨石,从现代科学的观点看来,它已经不是什么秘密。而古人把它们的产生,看成大祸降临人间的前兆,这完全是一种误会。至于水灾、旱灾、地震、泥石流、猛兽吃人、猛禽吃家畜,毒蜂毒蝎咬人、蚊子、牛虻吸小马的血等自然灾害,在古代自然科学极不发达、社会财力有限的状况下,要想避免灾害造成的严重后果,有些可能容易解决,有些是很困难的。如果想从源头上杜绝灾害的发生,那就更困难了。但是,孔子在这里认为,只要圣人执政,一切自然灾害和怪异现象都可以克服,这显然不切实际。

他之所以产生这一想法,是由于,第一,对自然界的灾害和怪异现象看得过于简单了;第二,对圣贤的能力估计过高;第三,也由于对人民群众的力量的客观制约性认识不足。孔子在这里认为有圣贤治国,自然灾害可以克服,怪异现象可以消除,其中也包含着人民群众的支持和拥护。但即使如此,这种能力也不是没有限制的。正如马克思在《路易·波拿巴的雾月十八日》一文所说那样:"人民自己创造自己的历史,但是他们并不是随心所欲地创造,并不是在他们自己选定的条件下创造,而是在直接碰到的,既定的,从过去承继下来的条件下创造。"①

这说明,即使是人民群众创造历史,也受着自然科学条件和经济发展等客观条件的限制,更不要说英雄伟人和圣贤了。对这一点,我国 20 世纪 50 年代发生的大跃进运动,完全说明了这一切。

当然,在《诰志》这篇文章中,孔子认为圣人有国能消除一切自然灾害和各种怪异现象,这只是他思想的一个方面,更为重要的是,他在这里正确地阐述了圣贤如何处理各种社会生活中的矛盾问题,他在这里引用了周朝太史的话说:

> 政不率天,下不由人,则凡事易坏而难成。

这话的意思是,治理国家,既要按天道历法办事,还要按老百姓的实际需要办事,否则,什么事都办不成。他这个观点是完全正确的。

他又说:

> 知仁合则天地成,天地成则庶物时,庶物时则民财敬,民财敬
> 以时作;时作则节事,节事以动众,动众则有极,有极以使民则劝,
> 劝则有功,有功则无怨,无怨则嗣世久,唯圣人!

这段话的意思是:天和地互相结合,人们衣食住行所需要的物资都顺时成长。各种物资能按时成长,老百姓的财富就不断地积累起来。只有按时作业,财富才能不断积蓄。劳动人民能按时作业,行事有分寸节度,只有在这基础上才可为统治者服劳役。服劳役一定要有限度,劳役有极限,才能使劳动人民满意。人民满意了,服劳役才会有效率;劳动人民满意了,对当权者没有怨恨了,国家才能长治久安,才能"嗣世久",而能把这些工作做好的,只能是圣人。

---

① 《马恩选集》第一卷,北京:人民出版社出版,1972 年,第 603 页。

　　从以上这段话中,我们可以看出,要想国家长治久安,关键是要百姓对政府没有怨言。只要老百姓对统治者很满意,没有怨言,他们拥护这个政府,那么,这个政府不会垮台,国家不会亡。人民群众是国家存亡的决定性因素。那么圣人呢? 圣人很重要。在孔子看来,圣人的任务,就是做好组织工作、调节工作、宣传教育工作等。如保证老百姓能按时作业,帮助劳动者的财富不断增加,阻止过度劳役,就是要千方百计地让老百姓满意,使国家不断兴旺发达,统治者不被推翻。

　　孔子在这篇文章中还对鲁哀公说:

　　　天生物,地养物,物备兴而时用常节曰圣人。(《大戴礼记·诰志》)
　　　天作仁,地作富,人作治。乐治不倦,财富时节,是故圣人嗣则治。
　　　(同上)
　　　古之治天下者必圣人。(同上)

　　以上第一段话中的"物备兴"是说,老百姓所需要生产资料、生活资料都很完备,要什么,就有什么。"时用常节曰圣人"是说,作为圣人,他的作用就是能把这些物资使用得很及时很有节制。

　　第二段话中,"乐治不倦",就是把老百姓的事快快乐乐不知疲倦地安排好。"财富时节",即让老百姓的财富有节制地使用,而又很及时,不任意浪费。在孔子看来,只有圣人能把这些工作做好。

　　第三段话是一句话:"古之治天下者必圣人",从《诰志》这篇文章中,我们可以看出尽管孔子很强调圣人的作用,但不是唯心史观,因为他很清楚,真正决定历史命运的是人心向背,国家兴亡归根到底是由人民决定的。

　　孔子的学生宰我,鲁国人,有人说比孔子小 29 岁,其人有口才,后曾为齐国临淄大夫,由于参加田常作乱,被夷族。他曾问孔子有关黄帝、颛顼、帝喾、尧、舜、禹等圣贤如何治理国家的事。孔子都作了一一回答。在谈到黄帝时,孔子说:

　　　生而民得其利百年,死而民畏其神百年,亡而民用其教百年。
　　　(《大戴礼记·五帝德》)

　　黄帝能给人民带来如此大的利益,当然也是圣人无疑了。
　　颛顼,是黄帝的孙子,在谈到他政绩时,孔子说:

动静之物,大小之神,日月所照,莫不祗励。(《大戴礼·五帝德》)

"动静之物",指动物、植物。"祗励",按孔广森《注》解释,是平均之意。也就是说,他治理国家,对一切事、一切人都非常公平,使人民很满意。

帝喾,他是黄帝的曾孙,对他治理国家的政绩,孔子的评价是:

日月所照,风雨所至,莫不从顺。(同上)

"莫不从顺",也即是说,他的政绩很好,把社会治理得很好,把各方面的事办得很顺当。

帝尧,孔子对他政绩的评价是:

其言不贰,其行不回,四海之内,舟舆所至,莫不说夷。(同上)

"其言不贰",即他说的话,无人提出不同意见,非常正确。"其行不回",指出他的行为没有邪曲之处。"说",悦也,"夷",公平之意。"莫不说夷",即人们对他的言论行为非常喜悦,感到公平。

帝舜,10 岁以孝闻于天下,30 岁继承尧的帝位。在位期间起用了大批贤人辅助他执政。孔子对他的评价是:

其言不惑,其德不懈,举贤而天下平。(同上)

"其言不惑",即言论不使人产生疑惑,"其德不懈",即其道德行为不邪懈。由于他在位期间使用大批贤人,把社会治理得很好。

黄帝、颛顼、帝喾、尧、舜,历史上被称为五帝,这些帝王的政绩卓然,在孔子看来,这些人所以有这些政绩,能把社会治理好,就是因为这些都是圣人,更重要的是他们都受到人民的拥护和爱戴。谈到夏禹的功绩时,孔子说:

禹治以移众,众服,以立天下。(《大戴礼记·诰志》)
四海之内,舟车所至,莫不宾服。(《大戴礼记·五帝德》)

"移众",指夏禹动员广大民众治理洪水,疏通河道。"以立天下",指舜传位于禹,成为国君。说明他在平治天下,安定人民方面功勋卓著。

谈到商汤时,孔子说:

> 成汤卒受天命,不忍天下粒食之民刈戮,不得以疾死,故乃放
> 移夏桀,散亡其佐。乃迁似姓于杞,发厥明德,顺民天心壴地,作物
> 配天,制典慈民。咸合诸侯,作八政,命于总章,服禹功以修圣绪,
> 为副于天。粒食之民已昭然明视,民明教,通于四海,海之外肃慎、
> 北发、渠搜、氐、羌来服。(《大戴礼记·少闲》)

商汤的功绩,就是推翻了夏桀的残暴统治,为民除害,再现舜禹的事业。

在鲁哀公和孔子的多次对话中,孔子还谈到了武丁。武丁是成汤的二
十二世子孙,他是一个有成就的中兴之主。孔子对他的评价是:

> 开先祖之府,取其明法,以为君臣上下之节,殷民更服,近者
> 说,远者至,粒食之民昭然明视。(《大戴礼记·少闲》)

"府",指商汤的文书档案府库。"昭然明视",看得清清楚楚。此段说明
武丁继承了祖先的治国大法,把国家治理得井然有序,使远方的少数民族都
表示愿意接受他的统治,老百姓对他都很满意。

在谈到周文王姬昌的时候,孔子说:

> 文王以俟时。(《大戴礼记·诰志》)
> 文王卒受天命,作物配天,制无用,行三明,亲亲尚贤。民明
> 教、通于四海,海外之肃慎、北发、氐、羌来服。(《大戴礼记·少
> 闲》)

"俟时"指周文王称帝,是在商纣暴政很不得人心的时候,是天帝命令他
代替商纣的。他称帝以后按天帝意志干了不少好事。"制无用"即禁止了商
纣时的奢侈浪费。"行三明"即祀奉日、月、星辰。"亲亲尚贤",说明周文王
实行德治,崇尚孝道,尚贤使能,把国家治理得很好,对周边少数民族都产生
了很大影响。

在大力表彰圣君的同时,孔子也揭露了暴君给国家带来的祸乱,指出这
些暴君统治的结果只能使国家走向危亡。

在孔子和鲁哀公的对话中,孔子提到历史上两位最突出的暴君夏桀和
商纣。

夏桀是夏禹的十七代子孙,孔子说:

桀不率先王之明德,乃荒耽于酒,溢佚于乐,德昏政乱,作宫室高台汙池,土察,以民为虐,粒食之民惛焉几亡。(《大戴礼记·少闲》)

"汙池"即酒池。"土察",以民为土察,即以民为土芥。"以民为虐",虐待人民。"惛焉几亡",使老百姓迷乱得几乎不能生存。正是由于夏桀把国家弄得一团糟,最后被商汤推翻,这是理所当然。

商纣,是商汤王朝的末代皇帝,是武丁的九代子孙。孔子说:

商纣不率先王之明德,乃上祖夏桀行,荒耽于酒,溢佚于乐,德昏政乱,作宫室高台汙池,土察,以为民虐,粒食之民忽然几亡。(同上)

商纣的所作所为,和夏桀几乎一样,荒淫酗酒,虐待人民,杀害忠臣,最后的结果是政权被推翻,国破身亡。

二、各级政府都应有圣贤辅佐

孔子在治国方面,不仅认为要有圣贤之君,而且还认为要有圣贤之臣作辅助,圣贤治国是一个群体作用。也就是说要想治好一个国家,不是一个人所能做到的,它需要的是一批圣贤上下共同努力的群体作用。

一次,孔子和曾子谈到治国之道时,孔子说:

昔舜左禹而右皋陶,不下席而天下治。(《大戴礼记·主言》)

在孔子看来,圣贤之君治理国家,并非必须事事必躬亲,他认为君主与各专职官员之间,是个既有分工,又相互配合的关系。"夫政之不中,君之过也。政之既中,令之不行,职事者之罪也。明主奚为其劳也。"意思是说,君主是制定政策,确定大政方针的,具体贯彻执行,是各专职人员的责任。虞舜由于夏禹、皋陶这些圣贤之臣辅助配合,可以做到不费多大力气就能把天下治理好。

在《论语》中有一段话,也涉及孔子重视圣贤群体执政的思想:

舜有臣五人而天下治。武王曰:"予有乱臣十人。"孔子曰:"才难,不其然乎?唐虞之际,于斯为盛,有妇人焉,九人而已。三分天

下有其二,以服事殷。周之德,其可谓至德也已矣。"(《论语·泰
伯》)

这段话中辅佐舜的贤人有五,比起孔子前面那段话中说的两人,又多了
三人。按孔安国的说法,除了禹和皋陶,还有稷、契、伯益。武王说的"乱
臣",就是治国之臣、治乱之臣。"十人",指周公旦、召公奭、太公望、毕公、荣
公、太颠、闳夭、散宜生、南宫适。还有一个女人,据郭沫若考证是武王之后
王姜。孔子说的"才难",即人才难得,在他看来,唐虞以来,武王居然有那么
多贤才,真是一件盛事、喜事。他在这里对周文王、周武王已取得三分天下
有其二的情况下,还向殷称臣表示称赞,说明他们确实是有德之君。当然,
他在这里指出十位贤臣之中有一个女人,女人不能列入贤人之中,这是对妇
女的轻视,是偏见。这种看法应予否定。但孔子在这段话中,对舜和武王拥
有众多贤人,正是由于这些贤人辅佐,出现天下大治的局面,对这种大好形
势,他是完全肯定的。他对虞舜、武王依靠贤人治理国家的做法,是坚决拥
护的。

公元前517年,孔子35岁时,曾去齐国见齐景公。齐景公向孔子提了一
个问题,他说:"秦穆公其国小,处僻而霸,何也?"孔子对曰:

其国虽小而虽志大,处虽偏僻而其政中,其举果,其谋和,其令
不偷,亲举五羖大夫于系缧之中,与之语三日而授之政,以此取之,
虽王可也,霸则小矣。(《说苑·尊贤》)

"其政中",指政令恰到好处。"其举果",指行动果断。"其谋和",指谋
划正确。"其令不偷",指下达命令不马马虎虎,纪律严明。"五羖大夫",指
百里奚。他原为虞国大夫,虞亡后被晋俘虏,作为陪嫁奴隶送入秦国。后又
从秦逃到楚,为楚人所执,又被秦穆公以五张羊皮赎回,长谈三日以后封为
大夫。秦穆公称霸,与百里奚、蹇叔、由余等贤人辅佐有密切联系。孔子在
这段话中,大大地表扬了秦穆公放手重用贤人的气魄,认为他不仅能称霸,
甚至还可以称王。

春秋时期的叔向,亦即羊舌肸,晋国大夫,他曾奉了晋侯之命,到郑国探
知情况,看看郑国有无贤人当权,准备乘机会攻打郑国。叔向到了郑国,子
产接见了他,谈话之间还赋了《诗经·郑风·褰裳》诗比喻晋、郑两国的关
系。诗中有这样的句子:"子惠思我,褰裳涉洧,子不我思,岂无他士?"这虽
是爱情诗,但表示了对晋国施压的强硬反抗态度。叔向回到晋国,告诉晋侯
说:"郑有人,子产在焉,不可攻也。"孔子对这件事谈了自己的看法说:

"无竞惟人"，子产一称，而郑国免。(《吕氏春秋·慎行论·求人》)

"无竞惟人"，是《诗经·大雅·抑》篇中的诗句，意思是:要强莫过得贤人。孔子认为，子产念了一首诗，就避免了一次战争灾难，可见贤人执政的重要性。

春秋时期，楚国的士尹池出使宋国，宋国的司城子罕请他喝酒，子罕是宋国执政相国，但他家的邻居，墙头突出挡着他家的出路，西边的邻居，积水又流过了子罕的院子，对这些子罕都没去改正。士尹池很奇怪，觉得他身为国相，为什么那么宽宏大量。他就这小事问子罕。子罕告诉他:南边邻居是做鞋的工人，已经是三代鞋匠了，如果叫他们搬到别处去，宋国要做鞋的人就找不到他家了，他家就无法谋生了。正是因为这原因，才没让他搬走。西边的邻居住处地势高，积水流往我家院子比较方便，所以也没阻止。士尹池回到楚国，听说楚王正要调兵攻打宋国，士尹池就对楚王说，还是不要攻打宋国吧，宋国的国君贤，他们的国相司城子罕仁慈，他还说:"贤者得民，仁者能用人，攻之无功，为天下笑"。(《新序·刺奢》)楚王听了士尹池的话以后，就不攻打宋国而去攻打郑国去了。孔子听说这件事以后就说:

> 夫修之于庙堂之上，而折冲乎千里之外者，其司城子罕之谓乎。(《吕氏春秋·恃君览·召类》)

孔子这些话的意思就是，司城子罕身居司空，但能在朝廷之上修养自己的品德，胜敌于千里之外，这真是圣贤兴国的极好范例啊! 这说明即使有圣贤之君执政，还得有贤臣辅佐啊!

正因为辅佐大臣的重要，自古以来，凡是圣明的君王，都是千方百计地挑选身边的贤人的。有了好的辅佐大臣，君主本人就可以轻轻松松地把国家治好。在一次和弟子子张的谈话中，孔子就说:

> 贤君良上必自择右左始。故佚于取人，劳于治事;劳于取人，佚于治事。(《大戴礼记·子张问入官》)

这就是国君如果能在选择贤人上狠下工夫，他自己就可以在治理国家的具体事务方面省去不少精力，如果在选择贤人方面不下工夫，那么，自己就可能陷入繁杂事务之中，不能自拔。无疑，孔子这些话，对于古今统治国家的执政者来说，真是至理名言啊!

帝王治国需要好的辅佐大臣,诸侯治国也需要贤人帮忙,即使一般的官吏,也需要有贤人辅助。所以,孔子说:

> 尚贤使能,则官府治。(《说范·政理》)

有一次,孔子的弟子子路问孔子"治国何如?"孔子说:"在于尊贤而贱不肖。"子路又说:"范中行氏尊贤而贱不肖,其亡何也?"孔子回答说:

> 范中行氏尊贤而不能用也,贱不肖而不能去也。贤者知其不己用而怨之,不肖者知其贱己而仇之。贤者怨之,不肖者仇之,怨仇并前,中行氏虽欲无亡,得乎?(《说范·尊贤》)

这里的范中行氏,指的是晋国大夫荀林父,由于他曾担任过晋国的中行将军,后来以官名为氏,称范中行氏。范氏,指范武子也是晋国大夫。公元前597年,荀林父率晋军和楚战于邲(今河南荣阳北),打了败仗,溃不成军。其中原因是由于各将领意见不统一,荀林父作为主帅不能听取贤人的意见,事后,荀林父向晋景公请求死罪。孔子这里所说,就是指的这些事。

三、最大的知者是知贤

孔子重视圣贤对国家存亡兴衰的巨大作用,那么怎样才能让圣贤治国呢?他认为,首先是要知贤,最大的知者就是知贤。在一次和曾子讨论治国之道时,他说:

> 仁者莫大于爱人,知者莫大于知贤,政者莫大于官贤。(《大戴礼记·主言》)

有一次,子贡问孔子:"各诸侯国中最贤能的大臣有谁。"孔子说:"齐有鲍叔,郑有子皮。"子贡说:"不对吧?应当说,齐有管仲,郑有子产。"孔子说:"然,吾闻鲍叔之荐管仲也,子皮之荐子产也,未闻管仲、子产有所荐也。"子贡又说:"按您的说法,就是荐贤的人比贤人更贤啊!"孔子又说:

> 知贤,智也。推贤,仁也。引贤,义也。有此三者,又何加焉?(《韩诗外传卷七》第二十四章)

由此可见,孔子是很重视知贤的。

孔子和曾子的对话中,还有这样一段话:

> 昔者明主以尽知天下良士之名,既知其名,又知其数。既知其
> 数,又知其所在。(《大戴礼记·主言》)

这里,孔子把知贤君看成为天子和国君很重要的一项职责。不仅要知贤,而且"尽知"所有贤士之名;不仅要知道这些贤士的姓名,还要弄清楚有多少? 住在什么地方?

孔子68岁结束周游列国的生活,回到鲁国以后,鲁哀公曾专门请教他如何知人。孔子的回答是:"君何为不观器视才?"那么,怎么"观器视才"呢?孔子说:

> 平原太薮,瞻其草之高丰茂者,必有怪兽居之,且草可财也,如
> 艾而夷之,其地必宜五谷;高山多林,必有怪虎豹繁孕焉;深渊大
> 川,必有蛟龙焉;民亦如之,君察之,可以见器见才矣。(《四代》)

这里,孔子以怪兽、虎豹、蛟龙比贤人,他要鲁哀公从众多的民众中寻找人才。

孔子还说:

> 群然、戚然、颐然、罩然、蹐然、柱然、抽然、首然、佥然、湛然、渊
> 渊然、淑淑然、齐齐然、节节然、穆穆然、皇皇然。见才色修声不视
> 闻,怪物佫命不改志,舌不更气,见之举也,得之取也,有事事也。
> (同上)

"群然",就是合群的样子。"戚然"《诗经》有"戚戚兄弟"之说,亲切之意。"颐然",很有涵养,喜悦之意。"罩然",广大之意。"蹐然",勤敏的样子。《尔雅》:"腊蹐,敏也。""柱然",高起的样子。"抽然",超然不凡的样子。"首然",正直的样子。《郊特牲》:"首也者,直也。""佥然",善与人相处之意。"湛然",安闲之意。"渊渊然",高深之意。"淑淑然",《说文水部》:"淑,清湛也。""齐齐然",肃敬之意。齐,读为斋。"节节然",有限节之意。"穆穆然"、"皇皇然",《尔雅》:"穆穆、皇皇、美也。""才色修声",指美人女色和音乐美声。"佫命"即或怪命,指祥瑞符咒之事。"怪物",指神鬼之事。"不改志"不为迷惑。"舌不更气",不应因他人花言巧语而改变意志。所有这些

识人才的看法，现在看来，未免烦琐，结果搞得鲁哀公听了都感到疑惑不解。但他最后几句意思比较明确，认为有德有才的贤才是一些"非礼勿视，非礼不听"的人，是一些很少谈"怪力乱神"的人。

孔子还说：

> 贪于味不让，妨于政。愿富不久，妨于政。慕宠假贵，妨于政。治民恶众，妨于政。为父不慈，妨于政。为子不孝，妨于政。大纵耳目，妨于政，好色失志，妨于政。好见小利，妨于政。变从无节，桡弱不立，妨于政。刚毅犯神，妨于政。鬼神过节，妨于政。幼勿与众，克勿与比，依勿与谋，放勿与游，徽勿与事。臣闻之弗庆，非事君也。君闻之弗用，以乱厥德，臣将庆其简者。（同上）

这里，孔子通过一个人的实际行动，评判一个人是否是圣贤之才。"贪于味不让"是指有些人只为私利算计，只图厚禄而不知逊让，这样的人有害于执政，说明不是贤人。"愿富不久"即心里只想着富贵，贪富无厌，这样的人也不能让他执政。"慕宠假贵"，即心里老想着怎样让国君宠爱，老想着居高位，这样的人也不利于执政，不能提拔重用。"治民恶众"，即对百姓很残暴，这样的人也不能让执政。"不慈"、"不孝"的人不能让执政。"大纵耳目"，指成天纵情于个人作乐的人，这样的人也不能让执政。"好色失志"，指那些好色之徒，这种人不能提拔重用。"好见小利"，指那些贪图个人小利的人，不能重用。"变从无节"，指那些没有一定主见，"桡弱不立"，指那些没有主见、胆小怕事、办事不果断的人，这样的人也不能重用。"刚毅犯神"，指不敬鬼神的人，孔子从神道设教的立场出发，认为这样的人，也不是贤人，因而不能让他们执政。"鬼神过节"，指敬鬼神太过分，他认为这样的人也不能重用。"幼勿与众"，是指年纪太轻，不能让他治理老百姓。"克"指好胜心强的人。"勿与比"，是说不要和这些人较量。盛气凌人，意气用事，只管个人好胜使强的人，也不适合于重用。"依勿与谋"，是指那些没有主见，只能依从别人，优柔寡断的人，那样的人，也不能重用。"放勿与游"则指任性放纵的人，这样的人不能重用。"徽"，《论语》中有"恶徽以为知者"的话，是指那些没有见识的人，见识短浅，这样的人无法和他们谈事，更不要说提拔重用了。"庆"，即"荐"，推荐之意。"臣闻之弗庆，非事君也。"是说作为人臣听到什么重要事情发生，应及时禀报国君，不然，就是没有尽到人臣的责任，这是贤不贤的标志。"君闻之弗用，以乱厥德，臣将庆其简者。"这是说人臣向国君提意见，有时国君不采纳，他意见本身是好意见，这时，做臣子的应进一步作简要的补充，这都是作为贤臣所必需的条件。

庄子著作中有关孔子的论述,往往虚夸不实,但在《列御寇》中,有一段如何识别人的论述,这段论说比较符合孔子的实际思想状况,在这里不妨引用一下。孔子说:

> 凡人心险于山川,难于知天;天犹有春秋冬夏旦暮之期,人者厚貌深情。故有貌愿而益,有长若不肖,有顺懁而达,有坚而缦,有缦而钎。故其就义若渴者,其去义若热。故君子远使之而观其忠;近使之而观其敬;烦使之而观其能;卒然问焉而观其知;急与之期而观其信;委之以财而观其仁;告之以危而观其节;醉之以酒而观其则;杂之以处而观其色。九征至,不肖人得矣。

孔子这段话中,"貌愿而益",指一个人表面上看很忠厚,实际上骄傲自满。"顺懁而达",指一个人外表柔顺而内心刚直。"坚而缦",指看似坚实,内心息慢。"缦而钎",指看似个慢性子,实际上是急性子,很急躁。"去义若热",指一个人看起来就义若渴,实际上弃义如怕火之热。"醉之以酒而观其则",这个"则"是法则、原则之意。指一个人酒后能吐真言,能见真情,一个不法之徒,就可能酒后凶相毕露。因此,这也成了孔子知人的一种法宝。应当说,孔子在这里用九种方法来测知人的贤与不贤,这是实事求是的方法。

知贤、识贤在我国古代实际上已不仅仅是一种个人行为,它完全可以通过政府有组织地进行考查。在这方面,孔子也谈到了。在他和曾子的谈话中,有这样的一些论述:

> 昔者明主之治民有法,必别地以州之,分属而治之。然后贤民无所隐,暴民无所伏,使有司日省而时考之,岁诱贤焉,则贤者亲,不肖者惧;……(《大戴礼记·主言》)

"别地以州之,分属而治之",即把整个国家分为许多州,州下面又设很多官府,以此分别治理老百姓的事。这样一来,对老百姓的情况,就专门有人调查了解,谁是贤民,谁是暴民也就清楚了。显然,用这种方法来识贤、知贤,比某一个统治者个人识贤,要好得多了。

在和鲁哀公的一次对话中,孔子曾谈到司马这一级别的官,应当干一些什么样的事。他说:

> 司马司夏,以教士车甲,凡士执伎论功,修四卫,强股肱,质射御,才武聪慧,治众长卒,所以为仪缀于国,出可以为率,诱于军旅。

四方诸侯之游士,国中贤余秀兴阅焉。(《大戴礼记·千乘》)

"修四卫",即做好国家东、南、西、北边境的安全保卫工作,保证不受外来侵略得逞。"强股肱",指锻炼臂力,提高射箭本领。"治众长卒",治理众人,成为士卒之长。"为仪缀于国",成为国家仪表形象。"可以为率",可以成为统率军队的将帅。"诱于军旅":"诱"即诱导、教导。"诱于军旅",即对军旅发号施令。"贤余",卿大夫的庶子,但为有才能者、贤者。"秀"优秀人才。"兴阅","兴"为升,"阅"即考核、考察之意。"兴阅"即对那些人才给以考核提级。显然,孔子这里所说的对武士的考核办法,也正是统治者通过军政机构识贤的一种重要手段。

四、举贤必须出于公心

为了治理好一个国家,执政者不但要知贤,还要举贤、用贤,知而不举不用,即使知了也没有用。孔子对那些知而不举不用的人,曾经评之为"窃位"、"蔽贤"。比如:在《论语》中这样一段话:

　　臧文仲其窃位者与?知柳下惠之贤而不与立也。(《论语·卫灵公》)

臧文仲,即鲁国大夫臧孙辰,是鲁庄公、鲁闵公、鲁僖公、鲁文公时的很有权的臣子。柳下惠,即展禽,鲁国贤人。孔子曾称赞他的为人"孝子慈幼,允德禀义,约货去怨"(《大戴礼记·卫将军文子》),即:孝敬老人,慈爱幼小儿童,重视道德,有义气,轻视财货,消除怨恶。《左传》僖公二十六年和文公二年,曾经记载了他一些事迹。对这样一个贤人,臧文仲明明知道,但不推荐他,不给他一个重要职位。所以孔子批评他是"窃位者"。"立"即古代的"位"字。

孔子的弟子子贡,曾经当过信阳的县令,临行时向孔子辞行,孔子当时送给他一些话:你要好好工作,顺应形势,抓住时机,不要"夺",不要"伐",不要"暴",不要"盗"。子贡听了孔子的话很奇怪,他说,我作为正人君子,还会偷盗人家的东西吗?孔子进一步解释说,我说的"盗",不是指偷盗人家财物。他说:

　　取人善以自为己,是谓盗也。君子之盗,岂必当财币乎?……匿人之善者,是谓蔽贤也;……(《说苑·政理》)

孔子在这里提到"蔽贤"。他这里是告诫子贡，叫他不要掩盖贤人，不要欺世盗名，而要发掘贤人，举荐贤人。

孔子的另一个学生仲弓，曾被任命当季桓子的家臣总管，临行时问孔子应当如何工作。孔子告诉他要"举贤才"。在《论语》中有一段记载：

> 仲弓为季氏宰，问政。子曰："先有司，赦小过，举贤才"。曰："焉知贤才而举之？"子曰："举尔所知，尔所不知，人其舍诸？"（《论语·子路》）

这里，"先"引导之意。"先有司"，即引导管事的官吏。"赦小过"，不追究小的错误，要宽大为怀。与此同时，孔子也嘱他要推荐贤人，以此作为从政的重要内容。

齐国有一个高廷，有一次问孔子怎样侍奉君王。孔子回答他说：

> 贞以干之，敬以辅之，待人无倦，见君子则举之，见小人则退之。
>
> （《说苑·杂言》）

"贞以干之"，即以忠贞之心对君主。"敬以辅之"，即以恭敬之心辅助君王。在这里，孔子所说的"君子"，即有德贤人。"见君子则举之"，也即推举贤人之意。

在举贤问题上，有"窃位"的人，也有"蔽贤"的人，但也有做得很好的。比如，春秋时期，晋平公问他的臣子祁黄羊："南阳无令，其谁可而为之？"祁黄羊说："解狐可。"晋平公说："解狐不是你的仇人吗？"祁说："你问的是谁可以去南阳执政，没问谁是我的仇人啊。"晋平公听了很高兴，就按祁说的办了，社会舆论都说这事办得好。过一段时候，晋平公又问祁黄羊，说："国无尉，其谁可而为之？"祁说："午可。"平公说："祁午是你的儿子啊！"祁说："你说的是谁可以当担任这个职务，没有问他是不是我儿子！"平公听了后说："善，就按你说的办。"社会上的舆论也说，这事办得好。孔子听到这事以后，就说：

> 善哉！祁黄羊之论也，外举不避仇，内举不避子，祁黄羊可谓公矣。
>
> （《吕氏春秋·孟春记·去私》）

这是说，祁黄羊这人没有私心，他想的都是国家的利益、公家的利益。在举贤这一点上，他是一个很好的榜样。

孔子认为，在荐举贤人这一点上，圣人是做得最好的，他在这里特别提到唐尧，他说：

> 尧之知舜之贤，非其难也。夫至乎诛诸者必传之舜，乃其难也。（《韩非子·外储说左上》）

据《吕氏春秋》记载，尧有子十人，但他没把帝位传给自己儿子，而传给舜。舜也有儿子九人，但没把帝位传给儿子，而是传给了夏禹，这都说明，他们的思想中没有私心，"至公也"（《去私》）。按韩非子的说法，尧为了坚持传位于舜，还杀了两位谏者，一个是鲧，一个是共工。孔子说的那一段话，就是指的这件事。这说明，尧舜传位于贤人，完全出于大公无私之心，而且也表明，他们举贤的态度是很坚决的。

孔子在和鲁哀公的谈话中，还有这样的话：

> 圣人有国……贤人并忧，残毒以时省，举良良，举善善，恤民使仁，日斅仁宾也。（《大戴礼记·诰志》）

"贤人并忧"是说，贤人们都和圣君一样，在考虑国事，为国事担忧。"残毒以时省"，指杀人放火等残害人的事在不断减少。"举良良，举善善"是说，由于圣人不断地提拔贤人执政，奖励贤人，因而使百姓也不断地向贤人学习，成为品行良好的贤人。"恤民使仁"，"恤民"是指统治者爱护百姓，"使仁"是指人的心地仁慈善良。"斅"是教导的意思。"日斅仁宾"是说，圣人每天以仁教民，民也知道以仁爱待人了。这一段话也说明，只有圣人执政，才能很好地实现举贤，使民众不断地向贤人学习。

五、要尊贤，还要给贤者以相应的禄位

对贤人，不仅要知贤、举贤、用贤，而且要尊贤、奖贤。孔子在这些方面，都很重视。据《吕氏春秋》记载，周武王征伐商纣，带领军队攻打到殷郊，他的袜子带掉下来了。当时，他的辅佐大臣都在他旁边，如太公望、周公旦、召公奭、苏公忿生、毕公高都不愿帮他把带子系上，还说："我们是侍奉君王治事的，不是来系袜带的。"后来，还是武王自己放下手上的旗子和斧子，很费力地系上了。孔子在读到这段历史资料时，很有感慨地说：

此五人者,之所以为王者佐也,不肖主之所弗安也。(《不苟论》)

在这里,周武王之所以如此对待这五位辅佐者,说明他对他们非常尊重,他并不是那种颐指气使、呼三喝四的人,说明他是一个圣贤之君。

有一次,鲁哀公问孔子:"当今世界,那位君子最贤?"孔子说"卫灵公",鲁哀公说:"吾闻之,其闺阁之内,姑姐妹无别。"这是说,卫灵公的后宫长幼关系混乱。孔子回答说:

臣观于朝廷,未管于堂陛之间也。灵公之弟曰公子渠牟,其知足以治千乘之国,其信足以守之,而灵公爱之。又有士曰王林,国有贤人,必进而任之,无不达也;不能达,退而与其分其禄,而灵公尊之。又有士曰庆足,国有大事,则进而治之,无不济也,而灵公说之。史鳅去卫,灵公邸舍三月,琴瑟不御,待史鳅之入也而后入。臣以是知其贤也。(《说苑·尊贤》)

孔子在这里评论卫灵公是从大处来着眼的。他认为卫灵公爱贤、尊贤,所以他本人也是一个圣贤之君。

孔子有一个弟子叫宓不齐,字子贱,比孔子小49岁,曾为单父宰,很有成绩。孔子曾问他:"你治理单父,百姓很称赞,你告诉我,你采用了什么措施?"宓不齐说:"我的办法是把粮仓打开,救济贫穷,补足那些困难的人"。孔子听了说:"做得好,老百姓拥护,但这是小节,还不够。"宓又说:"有三个人,我像父亲一样对待他们;有五个人,我像兄长一样侍候他们;有十一人,我像朋友一样对待他们。"孔子又说:"你父事三人,是以孝道教百姓;兄事五人,是以弟道教百姓;友事十一人,但还不够。"宓又说:"此地民有贤于不齐者五人,不齐事之而禀度焉,皆教不齐之道。"意思是说,这五个人是自己的老师,他们对宓不齐的工作,起了教育辅佐作用。孔子听了宓的话,就说:

其大者,乃于此乎有矣,昔尧舜听天下,务求贤以自辅。夫贤者,百福之宗也,神明之主也,惜乎不齐之所以治者小也。(《孔子家语·辩政》)

这里,孔子把宓不齐尊贤,把贤人看成老师视为治国执政的大道,甚至把他和尧舜等同看待。在这点上,他对宓不齐的评价,可以说是很高的。

孔子尊贤,同时也强调对贤人应有重禄。他还主张给贤人以大权,给予高的职位。这思想主要表现在对管仲的评价上。在《说苑》中有一段话涉及管仲执政的事。齐桓公要管仲治国,管仲说"贱不能临贵",意思是说:国内很多人地位职务都比我高,我无法管理他们。于是,齐桓公把管仲提拔为上卿。过一段时候,管仲又说"贫不能使富",意思是国内很多人比我富,我无法管他们。于是,齐桓公又以齐国市场中一年的租税赏给管仲,让他富起来。过一段时间,管仲又对齐桓公说"疏不能制亲",意思是说,朝廷好些人都是你的亲戚和同族人,我无法管住他们。于是,齐桓公就把管仲封为"仲父",其亲近关系仅次于生父。这样以后,管仲的贤才能得到充分发挥,使齐国"大安而遂霸天下"。针对这件事,孔子说:

> 管仲之贤,不得此三权者,亦不能使其君南面而霸矣。(《说苑·尊贤》)

这里,管仲得了三权:职权、财权、亲权。有职、有地位又有利。孔子认为,管仲这里得到了齐桓公大富大贵的奖励,这是应该的,这是齐国称霸于天下所必需的。

孔子在与鲁哀公的对话中,还直接讨论了俸禄和爵位的必要性问题。孔子对这一问题的态度是:

> 事必与食,食必与位,无相越踰。(《大戴礼记·四代》)
> 食为味,味为气,气为志,发志为言,发言定名,名以出信,信载
> 义而行之。禄不可后也。(同上)

第一段的话很清楚,就是你要贤人执政,就应给予俸禄,不仅给俸禄,还要给相当的爵位,当然,这种俸禄的多少、爵位的高低,都要和他所做事相称。第二段话,从人吃粮食谈起,人吃了东西,能长身体,能发号施令,能让民众相信你,从这意义上说,俸禄不能少了。他认为俸禄是取信于民的东西。他这种说法,是有道理的。

孔子不仅认为统治阶级中的贤人应该得到奖励,而且认为普通老百姓中的贤者也应给予尊敬和奖励。他说:

> 民咸知孤寡之必不末也,咸知有功之必进等也,咸知用劳力之
> 必以时息也。(《大戴礼记·千乘》)

这里,他明确认为普通老百姓中间的有功者也要"进等"。"进等"就是

一种奖励。有人说，孔子并不关心在劳动人民中尚贤、尊贤，这种说法不对。很明显，这里的"民"，当然是包括劳动人民的。

孔子还说：

> 国有四辅；辅，卿也。卿设如四体，毋易事，毋假名，毋重食。凡事尚贤进能，使知事爵不世，能之不愆。凡民戴名以能，食力以时成，以事立，此所以使民让也。民咸孝弟而安让，此以怨省而乱不作也，此国之所以长也。（同上）

"四辅"指春官司徒、夏官司马、秋官司寇、冬官司空，是国家的四员股肱大臣。"毋易事"是说不要把国家大事看得太容易，要谨慎小心，踏踏实实地干好。"毋假名"就是不假借名义，不冒名顶替，不夺人之名归己有，不欺世盗名。"毋重食"就是对俸禄多少不要斤斤计较。"事爵不世"，指官吏的职权和荣誉称号不是世袭的，老子当司徒，不等于儿子也一定是司徒，父亲是朝廷一级官爵，不等于儿子也是世袭的一级官爵。可见孔子是反对世卿世禄制度的。"能之不愆"就是说有能力的贤人，不愁没有表现的机会，不用担心无用武之地。"愆"是失去之意，就是说只要是贤才，朝廷就应重视，不但让当官，还要奖励，给予荣誉。孔子这里对鲁哀公说这些话，就是要鲁哀公重视贤才，不仅要用贤、尊贤，还要有奖励。"凡民戴名以能"，这里谈的普通老百姓，当然包括劳动人民。这说明对劳动人民中的贤人、能人也应给予一定的光荣称号。"戴名"就是给予光荣称号。"食力以时成"，指那些凭自己的劳动能力养活自己的农民、工人、商人顺利地完成自己的事业。"以事立"指劳动者能很好做好自己工作，很有成就。"此所以使民让也"就是说在工人、农民、商人中出了贤人，就给予鼓励，给予荣誉称号，进行奖励，这能使他们也懂得推贤尚能，而且能懂得互相谦让不争，这样，整个国家就会出现一种安定团结的局面，国家也就不会灭亡了。在这里，我们又一次看到，孔子不仅在统治阶级中强调尊贤、尚贤、奖贤，而且也重视在劳动人民中尊贤、尚贤、奖贤，看不到这一点，就是一个重大疏忽。

第十三讲

孔子孝道思想再认识

孝,这在我国现实生活中,是一个经常谈到的道德范畴。但无论在历史上,还是现实生活中,它又是一个被人们不断维护,而又屡遭破坏的行为法则。因此,我们在这里重新研究一下孔子在这方面的观点,无疑是有重要意义的。

一、推行孝道,可以使天下大治

在孔子思想中,孝是一个很重要的道德范畴,他曾经把孝说成为十大"人义"之一。他说:

> 何谓人义?父慈、子孝、兄良、弟悌、夫义、妇听、长惠、幼顺、君
> 仁、臣忠,十者谓之人义。(《礼记·礼运》)

这里所谓"义",亦即人们最应当做的事。作为父亲,对子女应当慈爱。作为儿子,对于父亲最应当做的事,就是尽孝道。作为丈夫,对妻子要有情义。作为妻子对丈夫要听从。兄对弟要有爱心,弟对兄长要敬从。长辈对年轻人要关心爱护,年幼者对年长者要顺从。国君要有仁爱之心,臣下要忠诚。孔子所提的十大"人义",实际上也即提出了人与人之间的十条行为法则,"妇听"一条,是违反人与人之间平等的原则的,当然是错误的。其他诸条,在当时历史条件下都是有其合理性的,有些即使在社会主义条件下也是可用的。比如:父慈、子孝、兄良、弟悌、夫义、长惠、幼顺,这些道德范畴,即使在今天也是可以继承的。孔子在当时历史条件下,提出了"治人七情,修十义,讲信修睦,尚辞让,去争夺"(同上书)的思想,认为只有很好处理好这些问题,才能把国家治理好。"七情",即人的喜、怒、哀、惧、爱、恶、欲这些情感。"十义",其中就有"子孝"这一条。所以儿子孝敬父母,这是天下得以治

理的一个重要方面。

孔子认为,作为有德有才的君子,在思想行为上应当有"六本",而孝就是"六本"之一。他说:

> 行已有六本焉,然后为君子也。立身有义矣,而孝为本;丧祭有礼矣,而哀为本;战阵有列矣,而勇为本;治政有理矣,而农为本;居国有道矣,而嗣为本;生财有时矣,而力为本。……故反本修迹,君子之道也。(《孔子家语·六本》)

这里,孔子说的"本",也即根本、根基之意。意思也即是说,作为"君子",应当把自己的根基修理好,把基础打好,而孝就是这"六本"之一。不孝敬父母,就不能算有德行的"君子"。

有一次,孔子和他的弟子曾参谈如何治理国家,如何使一个国家治理好,使之"致王霸","不出户牖 而化天下"。具体办法是什么呢? 孔子提出了"内修七教,外行三至"的办法。所谓"七教",其中就有孝。他说:

> 上敬老,则下益孝;上尊齿,则下益弟;上乐施,则下益宽;上亲贤,则下择友;上好德,则下不隐;上恶贪,则下耻争;上廉让,则下耻节;此之谓七教。(《孔子家语·王言解》)

这里,"孝"即孝敬父母,孝敬老人。"弟",即尊敬兄长,尊敬比自己年龄大的人。"乐施",即乐于在经济上、物质上帮助困难的人,乐于救济穷人。"亲贤",即尊敬贤人,重用贤人。"好德",即重视执政者的道德修养,不干缺德之事。"恶贪",即执政者不贪污、不图私利。"耻争",即不争名夺利。"廉让",即廉洁而谦逊,不骄傲自满。在孔子看来,这"七教",是"治民之本"(同上书)。执政者能以身作则,为老百姓作出榜样,老百姓也就会上行下效,不会干坏事了,用孔子的话,就是"民之弃恶,如汤之灌雪焉!"(同上书)意思是:老百姓弃恶从善,好像热开水浇到雪上,很快就化解了。从这里,我们可以看出,孔子把孝看成为治理国家的七教之一,说明了他对孝道的重视。

孔子是主张以仁治国的,但他又认为孝弟是仁的根本。他说:

> 君子务本,本立而道生。孝弟也者,其为仁之本与!(《论语·学而》)

这也就是说,你要想成为仁人,首先就要抓住根本,这个根本就是孝和弟,对父母要孝,对长辈要尊敬。

孔子还说:

> 为政在于得人。取人以身,修身以仁。仁者,人也,亲亲为大。
>
> (《孔子家语·哀公问政》)

这是说治理国家重要的是要有贤人。而贤人是靠自身修养出来的,自身修养要以仁为目标。仁是什么呢? 仁就是爱人,爱父母是最重要的。也就是说,作为仁人,最重要的是要孝敬父母,如果连自己的父母都不爱,要他去爱别人,根本无从谈起。

在谈到以仁治国的时候,孔子特别颂扬虞舜。据《韩非子·难一》记载:历山的农民在田界方面发生了互相侵占的纠纷,舜就跑到那里和农民一起耕田,一年后,那里的农民不再闹田界纠纷了。河边打鱼的人争站脚地,舜就亲自到那里,和渔民一起打鱼,一年后,渔夫们不再抢地了,相反,他们都把站脚地让给年龄大的渔民。东边边区的制陶工人制的陶器质量粗劣,舜就亲自到那里,和工人们一起制陶器,一年后,陶器的质量也提高了。孔子在知道这件事的历史传闻以后,赞叹说:

> 耕渔与陶,非舜官也,而舜往之者,所以救败也。舜其信仁乎!
> 乃躬耕处苦而民从之。故曰:"圣人之德化乎!"

这是说,种田、打鱼、制陶器,并不是舜的职业,但舜却亲自去参加那些劳动,他的目的是为了拯救那里已经败坏的社会风气。虞舜真是有仁爱之心、对老百姓充满爱心的执政者啊! 他竟能亲自去参加种田、打鱼、制陶器这些艰苦的劳动,结果把老百姓的不良风气改正过来了,这真是:"圣人的道德行为能感化人啊!"

值得注意的是,孔子不仅指出虞舜对劳动人民有仁爱之心,而且还指出虞舜是个大孝子,他对劳动者的仁爱之心是根植于他对父母的孝心的。

原来,虞舜没有成为天子以前,他本来就是一个体力劳动者,他会种地,也会制陶器、捕鱼,他父亲瞽瞍眼瞎,母亲愚顽,弟弟傲慢无礼。但舜对父母很孝顺,以自己的行动孝养父母。他父亲和弟弟曾想害死虞舜,让舜挖井,舜下井后,他们从上面填土,想把舜埋在井底;又让舜上粮仓,上去后,他们把梯子搬掉,想把他摔死。尽管如此,舜对父母的爱心不减。有时在地里劳动时向上天诉苦、哭泣,50岁的人还像小孩一样对父母表达依恋之情。正因

为如此,舜执政以后,才能作出很大成绩。孔子对过去的圣贤之君曾作了这样的评价:

> 孝弟之至,通于神明,光于四海。(《新序·杂事一》)

他显然认为虞舜之孝,已经到了极点,达到了通神明,光照天下的地步。

那么,虞舜是用什么办法处理劳动者之间的纠纷的? 难道仅仅靠一起劳动就能把矛盾解决了吗? 孔子在这里没有具体谈这些问题。但虞舜作为孝子,以爱亲、敬亲之心待人,无疑会受到老百姓的爱戴,在这个基础上,很多矛盾也就容易解决了。在这方面,孔子在其他场合也谈到了。他说:

> 爱亲者,不敢恶于人;敬亲者,不敢慢于人。爱敬尽于事亲,而德加于百姓,刑于四海,盖天子之孝也。(《孝经》)

这里,虽不是直接谈虞舜,谈的是天子之孝,谈天子如何以孝治国,实际上也就把虞舜如何以孝治国的问题解决了。

孔子在这里谈到了天子以孝治国。那么,天子以孝治国,还有其他办法吗? 有。孔子认为,天子可以采用敬老的办法,来治理国家。他说:

> 长民者,朝廷敬老,则民作孝。(《礼记·坊记》)

有一次,鲁定公问孔子如何敬老? 孔子听了鲁定公的提问很高兴。他说:"君之及此言也,将天下实赖之,岂唯鲁哉!"意思是说,你作为国君提出这问题,普天之下的人都会得到好处,不光是鲁国一个国家的人受益啊! 接着,他对敬老的具体措施及其意义作了叙述。他说:

> 昔者有虞氏贵德而尚齿,夏后氏贵爵而尚齿,殷人贵富而尚齿,周人贵亲而尚齿。……是故朝廷同爵而尚齿,七十杖于朝,君问则席;八十则不仕于朝,君问则就之,而悌达乎朝廷矣,其行也,肩而不并,不错则随,班白之老,不以其任于路,而悌达乎道路矣。居乡以齿,而老穷不匮,强不犯弱,众不暴寡,而悌达乎州巷矣。古之道,五十不为甸役,颁禽隆之长者,而悌达乎蒐狩矣。军旅五什同齿,则尚齿,而悌达乎军旅矣。夫圣人之教孝悌,发诸朝廷,行于道路,至于州巷,放于蒐狩,循于军旅,则众感以义,死之而弗敢犯。(《孔子家语·正论解》)

　　孔子这篇论述,把孝弟之道,贯彻于朝廷、道路、州巷、蒐狩、军旅各个方面,也把国君对待老人的态度谈得很具体。尽管现在离孔子活着的时候已几千年过去了,这种思想的影响,我们还非常熟悉,熟悉得依稀如昨。

　　孔子重视天子和国君以孝治国,还提出朝廷应推行丧祭之礼。他曾说:

　　　　民不孝者,生于不仁,不仁者,生于丧祭之礼也。……丧祭之
　　礼明,则民孝矣。故虽有不孝之狱,而无陷刑之民。(《孔子家语·
　　五刑解》)

　　丧祭之礼,在现在人看来,好像是可有可无的东西了,但在孔子看来,这是治国的重要手段,是执政者教育民众的重要工具,它可以使民众培养出对祖宗、父母的孝。道德的感染力增强了,虐待父母、犯法杀人的罪犯也就没有了。"无陷刑之民",也就是这个意思。

　　在孔子看来,帝王治国,不仅要关心本国的被统治者,还要关心与其他国家的关系。这样,要想推广孝道,眼界就要开阔一些。他曾说:

　　　　昔者明王之孝治天下也,不敢遗小国之臣,而况于公、侯、伯、
　　子、男乎? 故得万国之欢心,以事其先王。治国者,不敢侮于鳏寡,
　　而况于士民乎? 故得百姓欢心,以事其先君。治家者不敢失于臣
　　妾,而况于妻子乎? 故得人之欢心,以事其亲。夫然,故生则亲安
　　之,祭则鬼享之,是以天下和平,灾害不生,祸乱不作.故明王之以
　　孝治天下也,如此。(《孝经》)

　　这里,其他小国、公国、侯国、伯国、子国、男国、鳏、寡、士民、臣妾、妻子,这些人的利益都顾及了。作为天子,对这些人的先王、先君、父母双亲,都要关心。活着的人要让他们有人孝敬;已经死了的,要有人祭祀。这样上上下下形成一个孝亲的风气,各种灾害也就不会发生了,犯上作乱、虐待老人没有了。按照孔子的话来说:"天下和平"就到来了。

　　以上谈得是天子、国君以孝治国的事,那么,作为一个国家里被统治的臣民,能否参与以孝治国的行列呢? 在孔子看来,这是可以做到的。在《论语》中有这样一段话:

　　　　或谓孔子曰:"子奚不为政?"子曰:"诗云'孝乎惟孝,友于兄
　　弟,施于有政.'是亦为政,奚其为政?"(《论语·为政》)

孔子的意思，即使住在家里不当官，只要做到了孝于父母，和兄弟搞好关系，也就等于从政了。这实际上等于说，做一个普通老百姓，也能参与以孝治国的行列，也能在以孝治国方面作出贡献。

孔子还说：

> 君子之事亲孝，故忠可移于君。事兄悌，故顺可移于长。居家理，故治可移于官。（《孝经》）

这里，他提出了两个观点：第一，孝于父母，尊敬兄长的人，他们这种道德品质有利于治理国家，把孝于亲的思想品德用于君主，就成了忠，把悌的思想品德用于长辈，就成了对长辈的顺从。第二，以孝治家，以悌治家，这种治家的方法，也可以在当官时运用，可以用治家的方法治国。

正因为如此，孔子自己在没有当官时，就很重视在家乡推行孝道。据《新序》记载，孔子的老家在曲阜阙里街，孔子年轻时对母亲"笃行孝道"，由于他的榜样作用和宣传作用，那里的年轻人无论是打猎抓到野兽或捕到鱼，都首先奉献给双亲，自己留很少一点。由于孔子的学说和道德影响力，许多人从很远的地方跑来，拜他为师。"七十二子自远方至，服从其德"（《新序·杂事一》）。当时孔子还是一个普通平民，但在行动上，已为以孝治国做出了贡献。

孔子的学生宓子贱，曾在单父这个地方当官，工作做得很有成就。孔子有一次问宓子贱，你在工作上有些什么好办法、好经验？宓子贱回答说："我的办法就是让做父亲的爱自己的儿子，还让做儿子的爱惜孤儿，扶助孤儿并且注意父母的丧事。"孔子听了说："善！小节也，小民附矣，犹未足也。"意思是说，搞得不错，但这只是做了点小事，还不够。接着宓子贱又说："有三个人，自己像孝敬父亲一样服侍他们；有五个人，自己把他们像兄长那样尊敬他们；有十一个人做自己的好友。"孔子听了说："父事三人，可谓教孝矣；兄事五人，可以教悌矣；友事十一人，可以举善矣。中节也，中人附矣，犹未足也。"意思是说，宓不齐在这里以孝教民，在以孝治国方面也做出了贡献，这说明作了普通官吏，也完全可以在以孝治国方面有所建树的。当然，就治理国家的全局而论，宓子贱在这里的作用还是很有限的。所以，孔子还是说，这是中等贡献，还不能算大贡献。宓子贱进一步又说："这里有五个人比我的才德还要高，他们是我请教的对象，对我帮助很大。"孔子听了他的话后很赞叹，他说：

> 其大者，乃于此乎有矣，昔尧舜听天下，务求贤以自辅。夫贤

者,百福之宗也,神明之主也,惜乎不齐之所以治者小也。(《孔子家语·辨政》)

从这段话中,我们可以看出,在孔子的整个思想体系中,尊贤对于国家的治理,比推行孝道更为重要,但推行孝道在国家的治理中也是重要的一环。宓子贱能在单地推行孝道,说明一个普通的官吏,在以孝治国的过程中,并不是无能为力的。

二、要养亲,更要敬亲、爱亲、顺亲

孔子强调从孝治国,那么,怎样才是孝呢?

(一)养亲

有一次,孔子到齐国去,在半路上听到哭声,哭得很悲惨,孔子下车就问那个人:"你是何人?"那人说:"我叫丘吾子",孔子又问:"你为什么哭得那么厉害?"丘吾子说:"我有三条错误,现在才意识到,后悔都来不及了。"孔子又说:"你这三条错误能否说给我听一听?请你不要隐瞒。"丘吾子说:"我年少时爱学习,周游全国,等我回家一看,父母死了,这是我的第一条错误。后来,我长大以后,在齐国当官,但齐国国君又骄傲又奢侈,不重视我们这些士人,使我的作用无法发挥,这又是我第二条错误。我平生喜欢结交朋友,现在这些朋友都离散了,这又是我第三条错误。树欲静而风不停,我作为儿子想养父母,报答父母,已经来不及了,时不我待,现在要想再见一下亲人都不可能了。"说完以后,丘吾子投水而死。见了这件事,孔子向学生说了一句话:

小子识之!斯足为戒矣。(《孔子家语·观思》)

孔子这话的意思,也就是要人们以丘吾子的事,作为借鉴,要想报答父母养育之恩,不能错过养亲的时机啊!在当时,孔子的弟子们听了孔子的话以后,有13个人要求离开孔子"辞归养亲"。从这件事,我们可以看出孔子是很重视养亲的,他是把这看成为孝的重要内容。作为子女,自己幼小时由父母养育,父母老了,无疑应当养老,乌鸦尚能反哺,作为万物之灵的人,就更应当如此了。孔子在这里强调这一点,是完全正确的。

供养父母,是不是一定要让父母天天吃大鱼大肉、山珍海味才算孝?孔子并不这样认为。有一次,子路向孔子诉苦,说:"穷人真难啊!穷人在父母活着的时候,没有办法好好供养双亲,父母死的时候,也没有办法厚葬尽

礼。"孔子听了子路这话,并不以为然。他说:

> 啜菽饮水,尽其欢心,斯谓之孝;敛手足形,旋葬而无椁,称其
> 财,斯之谓礼。贫何伤乎?(《孔子家语·曲礼子贡问》)

孔子认为,孝养父母重在让父母心里高兴。家里贫穷,吃粗粮,喝白开
水,这都不重要。父母死了,由于贫穷,只要有衣服遮身体,殓毕即葬,有棺
而无椁,这也就算尽了孝子之礼了。对父母的物质待遇,只要和实际贫富情
况相称就行了。所以,贫穷并不影响孝养。这里,孔子并不认为只有富人能
做到孝养父母,贫穷的人就无法孝养父母了。

值得说明的是,子路在这里虽然说了家贫无法孝养父母,但在行动上他
真正做到了,他是一个真正的孝子。子路幼小时,家里很穷,父母年老干不
动了,子路常常到百里地之外背负米回家,有时没吃的,就以豆叶、野菜充
饥。每天早出晚归种植粮食蔬菜,手上脚上都长出老茧。子路还说他那时
为了养父母,简直是"不择禄而仕"(《孔子家语·观思》)。为了当官挣钱,
不考虑多少俸禄,只要给一点就行。后来他南游于楚,官做大了,甚至到
了"积粟万种,累茵而坐,列鼎而食"(同上)的地步,可是那时候,他父母已经
去世,要想侍候双亲已不可能了。孔子曾称赞子路,说:

> 由也事亲,可谓生事尽力,死事尽思者也。(同上书)

意思是说:子路孝于父母,可以算得上父母活着的时候尽了力,死后尽
了心了。

(二)敬亲、爱亲、顺亲

孔子重视养亲,但更重视敬亲。他曾说:

> 今之孝者,是谓能养。至于犬马,皆能有养,不敬,何以别乎?
> (《论语·为政》)
> 小人皆能养其亲,君子不敬,何以辨?(《礼记·坊记》)

这两段话明确指出,对父母仅仅孝养是不够的。在第一段里,孔子指
出,子女只是在物质上供养父母,如果在精神上、思想上不尊敬父母,那就和
养狗、养马没什么区别了。很多人家里都养着狗和马,狗和马都要人喂养,
不然它们会饿死的。你如果供养父母也像喂狗、喂马一样,只养不敬,对父
母呼三喝四,又打又骂,那你养父母和养狗、养马有什么区别? 孔子这一批

评是非常正确的。第二段，孔子谈到小人和君子的区别，认为小人能养父母，而不尊敬父母；君子能养父母，也尊敬父母。这段话里有个君子和小人的区别问题。在孔子看来，那些能养父母，而不能敬重父母的人，从道德水平上看，从人格水平上看，从人的好坏水平上看，只能算是小人，不能算是君子。而作为君子，那就不仅要好好供养双亲，而且还要敬重双亲。所以，孔子这里的两段话虽不是同时说的，但在思想上是紧密联系的。

孔子还说：

> 父子不同位，以厚敬也。（《礼记·坊记》）
> 家无二主。（同上）
> 善则称亲，过则称己，则民作孝。（同上）
> 君子弛其亲之过，而敬其美。（同上）
> 父母在，不称老。（同上）
> 修宗庙，敬祀事，教民追孝也。（同上）
> 父母在，不敢有其身，不敢私其财，示民有上下也。……父母在，馈献不及车马，示民不敢专也。（同上）

以上这些，都涉及如何尊敬父母的问题。"父子不同位"，是说父子之间一高一低的地位要分清，做儿子的应当敬重父亲。"家无二主"，也是尊重父亲，父为主，子为次。"善则称亲，过则称己"，有好处就说是父母干的，有错误就说自己干的。这也是尊敬父母的表现。"弛"，松弛之意。"弛其亲之过"，意思是说，对父母的过失，不要看得太重，要看得轻一些。"敬其美"，是说，对父母的优点，要好好尊重，表示敬意。"父母在，不称老"，意即父母在的时候，首先应尊父母，不应让别人先尊自己为老人。"不敢有其身"，自己的身体是父母给的，由父母决定。"不敢私其财"，自己的一切包括财产都由父母作主。"馈献不及车马"，这是因车马是家中比较大的财产，自己不应说送人就送人，必须尊重父母的意愿，不能私自作主。"修宗庙，修祀事"，这是父母死后的事，说明敬父母，敬祖宗，不仅活的时候要敬，而且在死后也要尊敬，这才能算孝子贤孙。

敬亲，这是孝这一道德的主要方面，它比养亲更重要。当然，除了敬亲，还要顺，要爱，这些都是不能分的。一般说，对母亲更多的是爱，对父亲更多的是敬，但也要爱。孔子说：

> 资于事父以事母，而爱同，资于事父以事君而敬同。故母取其爱，而君取其敬，兼之者父也。（《孝经》）

这就是说,对父亲,既有爱,也有敬;对母亲主要表现为爱。这是因为,从古至今,母亲对子女更多的是生活方面关心,而父亲还有教育子女的责任,这就很自然地形成孝的表现也有所不同。当然,这种情况不是绝对的,在现实生活中,很多家庭,母亲教育子女也有教育得很好的,不仅要爱母,也应当敬母。但孔子根据从古至今的大多数情况,指出子女对父对母孝方式的不同,还是有一定道理的。

孔子说:

> 立爱自亲始,教民睦也。(《孔子家语·哀公问政》)
> 爱敬尽于事亲,而德加于百姓。(《孝经》)
> 教民亲爱,莫善于孝。(《孝经》)
> 先王见教之可以化民也,是故先之以博爱,而民莫遗其亲,陈
> 之以德义而民兴行,先之以敬让而民不争,导之以礼乐而民和睦,
> 示之以好恶而民知禁。(《孝经》)
> 生事爱敬,死事哀戚,生民之本尽矣,死生之义备矣,孝子之事
> 亲终矣。(《孝经》)

以上这些,谈的都是爱亲。爱亲的结果,能使人与人之间和睦相处,互相爱护。有人说,孔子的孝与墨子的兼爱不同,墨子提倡所有人之间的爱,而孔子不提倡博爱,这是误解,实际上孔子不仅提倡爱父母,而且也提倡爱其他人,爱老百姓,把孔子的爱看得很狭隘是错误的。"教民睦也",这不是爱民吗?"德加于百姓",这不是爱百姓吗?"化民"这不是爱民? 所以把孔子爱亲的思想仅仅局限在家庭范围之内,是完全错误的。孔子主张爱亲,这是对的,但爱亲是起点,还要推己及人,最终目的是为了治国平天下。

孔子言论中,有些话虽未直接谈到爱亲,但实际上还是和爱亲有关的。比如:有这样一些话:

> 身体发肤,受之父母,不敢毁伤,孝之始也,扬名于后世,以显
> 父母,孝之终也。(《孝经》)
> 父母在,不远游,游必有方。(《论语·里仁》)
> 父母在,常言不称老,为其伤老也。若老莱子,可谓不失孺子
> 之心矣。①
> 孟武伯问孝。子曰:"父母,唯其疾之忧。"(《论语·为政》)

---

① 薛安勤:《孔子集语译注》,长春:吉林人民出版社,1996年,第46页。

这几段话,第一段有两层意思:第一层意思是爱护身体,不要使它受到伤害。就是说,既不要因为打架等原因受到外伤,也不要因生病受到内伤,要保护好,因为身体不属于自己,是属于父母的。这说明,爱护身体,也即爱父母,这也是爱亲的表现。第二层意思谈到光宗耀祖,使祖宗、父母得到荣誉,使父母也扬名于后世,这也是爱亲的一种形式。第二段话是说,为了不让父母牵挂,也为了便于侍候父母,最好不要远走他乡,这是子女爱父母的必然选择。即使不得已,也应让父母知道你到哪里去了。第三段是谈老莱子的孝。老莱子是春秋时期楚国一个隐士,他70岁的时候,他父母还在,有一次,他还穿着五颜六色的花衣服,为父母取乐。他给父母端水,不慎把脚摔了,他躺在地上学婴儿哭。自己老了,也不愿在父母面前说老,主要是怕父母伤心,所以孔子说其"不失孺子之心",表扬他的孝道。老莱子这种孝,应当说也是对父母的爱。第四段话,是孟武伯向孔子问孝。孟武伯是孟懿子的儿子,名彘,也叫仲孙彘。他爷爷是孟僖子,死时曾要孟懿子拜孔子为师,当时孟懿子才13岁,孔子34岁,这里孟懿子的儿子又问孔子如何实行孝道。孔子的回答是,要关心父母的疾病,关心父母的疾病就是孝。常言道,"久病床前无孝子",关心父母的病,本身就是爱的表现。

孔子不仅主张敬亲、爱亲,而且还强调顺亲。有一次,孔子的弟子闵子骞问孔子孝与道的关系。孔子在答话中谈到了顺亲。他说:

> 孝者,善事父母之名也。夫善事父母,敬顺为本,意以承之,顺承颜色,无所不至,发一言,举一意,不敢忘父母;营一手,措一足,不敢忘父母。[①]

在这里,孔子认为以"敬顺为本",既要敬亲,也要顺亲。时时顺从父母的心意,就是"意以承之",要顺从父母的脸色,就是"顺承颜色"。以至说一句话,提出一个想法,一举手,一投足,都要想想是否和父母的愿望一致。

有一次,鲁哀公和孔子谈到男女婚嫁之道,孔子谈到了女子有"三从"之道,"幼从父兄,既嫁从夫,夫死从子",接着还说"妇有七出":

> 七出者:不顺父母出者,无子者,蟜僻者,嫉妒者,恶疾者,多口舌者,窃盗者。(《孔子家语·本命解》)

[①] 薛安勤:《孔子集语译注》,长春:吉林人民出版社,1996年,第48页。

孔子这一思想,从现在看来,不符合男女平等原则。他把妇女看成了男人的附属品,是完全错误的。在"七出"之中,把"无子""恶疾"也列入妇女的罪过,确实荒唐。但第一条对"不顺父母"者,给予批评指责,这是应当的。其他诸条,他的批评也有一定道理。但动辄扫地出门未免有些简单粗暴。

前面我们谈了孟武伯向孔子请教孝道,实际上他父亲孟懿子也向孔子请教过孝道。在《论语》中有一段话:

> 孟懿子问孝。子曰:"无违。"樊迟御,子告之曰:"孟孙问孝于我,我对曰'无违'。"樊迟曰:"何谓也?"子曰:"生,事之以礼;死,葬之以礼,祭之以礼。"(《论语·为政》)

这里,孔子把孝解释为"无违",是指不要违背父母意愿,要顺从父母的意愿。父母活着时,要侍候父母,死以后要按礼葬父母,祭祀父母,一切按父母意愿行事。所以,这里的"无违"就是强调顺亲。

有一次,孔子的弟子子夏问孝道。孔子回答说:

> 色难。有事,弟子服其劳,有酒食,先生馔,曾是以为孝乎?(《论语·为政》)

在这里,孔子强调的是人的脸色。就是说,作为子女对待父亲母亲,和颜悦色很重要。这跟学生跟着老师干些事,有酒食请老师先吃喝不一样,对老师主要是尊敬。而对父母,除了敬,还要爱和顺,要让父母看起来顺眼。

孔子要求子女对父母孝顺,有一种说法,叫"承志"。意思就是说,父母所希望追求的东西,子女能继续去追求。如果父母死了,那就是继承遗志。过去周文王的祖父,叫古公亶父,也就是太王亶父。他有三个儿子,即太伯、仲雍、季历。季历的儿子叫昌,即周文王。太伯知道太王很看重昌,认为昌贤,想让季历继承他的王位。于是太伯自己跑到吴地。太王将死,他对季历说:我快死了,你去请你两位兄长回来把王位让给他们,如果他们不回来,你就心安理得继承王位。太王死了,季历到吴地告诉太伯和仲雍,太伯和仲雍回来了。群臣想让太伯立季历为王,季历推辞。太伯对仲雍说:"现在群臣要我让季历为王,而季历又不干,怎么办?"仲雍说:"过去的法律中有这种说法,要扶助弱小者,可以让季历为王。"这样,季历就被拥护为王,季历去世,文王就继承了王位。就这件事,孔子评论说:

> 太伯独见,王季独知,伯见父心,季知父心,故太王、太伯、王

季,可谓见始知终而能承志矣。①

孔子在这里称赞太伯有独到之见,王季有独到智慧,他们都知道父亲的内心想法,依照太王的意愿行事,这可说是"承志"了。在孔子看来,太伯、季历能按父母的意愿行事,顺从父亲的意愿,这就是孝的表现。这"承志"两个字,我们现在很流行。我国已故的国家领导人中,不是有个廖承志吗?他这个名,就包含了这个意思。廖承志的父亲廖仲恺,他是国民党的元老,积极支持孙中山搞革命,拥护孙中山联俄、联共、扶助农工的三大政策,1925年被国民党右派分子暗杀于广州。他被害以后,他儿子继承他父亲的遗志继续革命,参加了中国共产党,几十年中为人民事业立了不少功劳,成为中国共产党中卓越的领导人之一。这个人名的典故,就在孔子这句话中。

孔子在《论语》中还有一句话:

> 三年无改于父之道,可谓孝矣。(《论语·学而》)

这一句话,和"承志"也是一个意思。

三、推行孝道,并不等于无原则地盲从

现在有一种说法,认为孔子把敬亲、爱亲、顺亲看成为孝,完全是一种不讲是非善恶的愚孝行为,而实际上又是为反动统治阶级效劳的。

其实,在孔子思想中,孝于亲并不是无原则的,孝不等于盲从。

有一次,孔子的学生曾子问孔子:"父亲说什么话,儿子照办,这就是孝吗?"孔子听了曾子的话就说:

> 是何言与!是何言与!昔者天子有争臣七人,虽无道,不失其天下;诸侯有争臣五人,虽无道,不失其国;大夫有争臣三人,虽无道,不失其家;士有争友,则身不离于令名;父有争子,则身不陷于不义。则子不可以不争于父,臣不可以不争于君,故当不义则争之。从父之令,又焉得为孝乎!(《孝经·谏诤章》)

这一段话,明确表明,孔子提倡孝道,绝非盲从愚孝。顺从父母,还要看父母的话和行为,是否正确。如果说的不对,做得的不符合义理,那还要争,

---

① 薛安勤:《孔子集语译注》,长春:吉林人民出版社,1996年,第31页。

争不等于不孝。

当然，孔子提倡"父有争子"，还要讲究"争"的方式方法。他主张"微谏"、"几谏"、"讽谏"，态度要好。他说：

> 事父母，几谏。见志不从，又敬不违，劳而不怨。（《论语·里仁》）
> 从命不忿，微谏不倦，劳而不怨，可谓孝矣！（《礼记·坊记》）
> 文王之为太子也，其大孝矣，……君后有过，怡声以讽。（《亢仓子·训导》）

"几谏"、"微谏"是一个意思，是用轻微而不是强烈对抗的方式向父母提意见。"怡声"，是指说话的声音让父母听起来舒服，要让父母乐意听的，不能吵架、谩骂、乱发脾气。"讽"，即以暗示和委婉的语言进行劝告。在孔子看来，周文王在这方面做得很好，他可以称得上大孝了。

在谈到父母的错误时，孔子曾谈到父母教育子女的方式问题，他是反对采用暴力的手段教育子女的。他说：

> 鞭扑之子，不从父教；刑戮之民，不从君之政，言疾之难行。故君子不急断，不意使，以为乱源。（《说苑·杂言》）

这里，他指出，无论是父母，还是君主，对自己儿子或民众，都不能采用急躁的方式来处理问题，更不能随着自己的心意乱来一气。

然而，在对待父母教育方式的过失时，作为孝子，应当如何正确面对呢？有人说："天下无不是的父母"、"父叫子死，不得不亡"。其实，这都是孔子以后的人散布的错误论调，在孔子思想中，没有这种说法。孔子关心的是子女何正确对待父母的错误。

《孔子家语》中有这样一个故事，有一次，孔子的学生曾子在家里参加农业劳动，他在瓜地除草时，不小心把瓜根锄断了，他父亲曾皙大怒，拿起棍子揍曾子的背，把曾子打昏在地，不省人事，过了很长时间，他终于醒过来了，醒来后，他跑到父亲面前说："我刚才得罪了父亲大人，你教育了我，你用那么大的劲，没有受伤吧？"接着他自己跑到房子里又弹琴又唱歌，表示自己身体没有不适，很健康，让曾皙放心。曾子是孝子，他这种想法主观动机是好的。可是这件事被孔子知道以后，孔子很不高兴，孔子对曾子说了一大段话。本来曾子认为自己没什么错，听了孔子的话后，他感到自己错了，向孔子承认了自己"罪大矣"。孔子的话是这样说的：

汝不闻乎？昔瞽瞍有子，曰舜。舜之事瞽瞍，欲使之，未尝不在于侧；索而杀之，未尝可得。小棰则待过，大杖则逃走。故瞽瞍不犯不父之罪，而舜不失烝烝之孝。今参事父，委身以待暴怒，殪而不避，既身死而陷父于不义，其不孝熟大焉！汝非天子之民也。杀天子之民，其罪奚若？（《孔子家语·六本》）

孔子在这里给曾子讲了虞舜孝于瞽瞍的故事。说瞽瞍需要舜侍候的时候，舜总是在身边，但当瞽瞍要杀死舜的时候，他到处寻找都找不到。瞽瞍拿着小木棍打舜，舜就服服帖帖地接受，如果瞽瞍拿着大木棍打舜，舜就逃跑。这样瞽瞍没有成为杀人犯，舜也不失为孝子。现在你曾子侍候父亲，你父亲发怒，拿着大棍打你，你服服帖帖地挨打，甚至打昏打死了都不逃避，如果你真的被打死了，那不是把你父亲推向犯罪、陷于不义了吗？你这不但不能算孝，相反，正表现出你是大大的不孝。要知道，你是当朝执政的帝王的子民啊，如果你父亲把你打死了，他成了杀人犯，他的罪就大了。孔子对曾子说的这段话对不对呢？应当说，他这个分析是很有道理的。这就是说，作为孝子，有时候挨打是孝，逃跑也是孝。孝子不仅要面对没有过失的父母，还要正确面对有过失的父母。

四、推行孝道中的糟粕

应当说，孔子有关孝道的言论，有不少精湛论述，很多说法在今天仍然有很大的现实意义。可以预言，随着社会化养老、敬老事业的不断发展，家庭养老、敬老的功能可能逐渐淡化。但从家庭到社会，其实质不会变化。在今天，就我们中国来说，弘扬孝道这一传统文化仍然很有必要，社会的和谐和安定团结，很需要有这种道德支撑。

在这里，我们也应指出，孔子有关孝道的思想中，也有需要扬弃的糟粕。这主要表现在以下几个问题上：

第一，妻子"无子"，能否称为不孝？前面我们提到，在鲁哀公和孔子的一次谈话中，孔子谈到了"妇有七出"，其中包括"无子者"（《孔子家语·本命解》），在孔子看来，没有儿子就是不孝，而且就是妻子的责任。这种观点现在看来很荒唐，但流毒很深。最近内蒙古，有一个女子身为人妻，就因为生了一个女孩而没有生男孩，受到公婆和丈夫谴责，自己也感到愧对一家人，抬不起头来。其实，妻子生男孩还是生女孩，完全是一种不以人的意志为转移的生理现象，和人的孝或不孝毫无关系，更不应该以此为理由把妻子赶出家门。

第二,父母犯了罪,子女在知情的情况下,是否应该包庇父母的罪行,隐瞒罪行? 在《论语》有这样一段话:

> 叶公语孔子曰:"吾党有直躬者,其父攘羊,而子证之。"孔子曰:"吾党之直者异于是,父为子隐,子为父隐,直在其中矣。"(《论语·子路》)

孔子这段话在后来的中国封建社会中也成了经典,告发父祖的犯罪行为反而成了很不道德的事情。可是,整个社会要是真的这么办,法院该怎么办呢? 那么杀人犯法也无法破案了。如果按孔子说的办,公检法就得关门了。

第三,报杀父之仇,还需要通过政府的途径吗? 还要不要分清是非啊? 有一次,孔子的弟子子夏问孔子,碰到杀父母的仇人该怎么办? 孔子说:

> 寝苫枕干不仕,弗与共天下也。遇于朝市,不返兵而斗。(《孔子家语·子夏问》)

"寝苫",即睡在草垫上,"枕干",即以盾牌为枕头。"不仕",不求做官。"弗与共天下",即不共戴天之仇。"遇诸市朝",指在集市、朝廷相遇。"不返兵而斗",即不必返回去取兵器就进行决斗。孔子说的这一做法,我认为首先需要分清是非,究竟是自己父母有错,还是仇人的错,其次,即使是自己父母没错,也应通过政府途径处理。要不然,事情反而更糟,本来自己没错,结果别人杀了自己父亲,自己又杀了别人。这不是乱套了吗? 正确的办法,应让政府去抓杀人的罪犯,如果政府置之不理,包庇坏人,就进一步考虑其他处理办法。如果不分青红皂白地报仇,并不一定就符合孝道,而且还可能给社会带来混乱。

第四,为了孝养父亲,战场上打败仗,是否是孝子?《韩非子》一书中有一段话;

> 鲁人从君战,三战三北。仲尼问其故,对曰:"吾有老父,身死莫之养也。"仲尼以为孝,举而上之。(《韩非子·五蠹》)

这件事需要做些分析,"鲁人从君战",要看是哪一次战争? 如果战争本身是非正义的侵略战争,此人战争中失败逃回,算不了什么。如果是正义战争,由于不安心造成失败后逃跑回来,那是不忠。既然是不忠,也就是不孝。

孔子反而为这种人辩护,还荐举他做官,显然是错误。这正如韩非子所说的那样:"以是观之,夫父之孝子,君之背臣也"(《韩非子五蠹》)。把忠和孝对立起来,也和孔子本身的"以孝事君则忠"(《孝经》)思想矛盾。既然是孝子,必然是忠臣。那么,到了这个鲁人身上,这句话怎么不灵验了呢?

第十四讲

孔子的赋税徭役思想

　　孔子的赋税徭役思想，是他整个思想体系中很重要的组成部分，对中国社会后来的影响也比较大。但也就在这个领域，我国思想界的看法很不一致。下面，专就此谈一些看法。

一、他的观点切中鲁国时弊

　　孔子的赋税徭役思想，他自己有一个概括的提法，叫做"舍其四者而节其二者"，也就是"舍四节二"。他说：

> 昔者明主，关，讥而不征；市，廛而不税；税十取一；使民之力，岁不过三日；入山泽以时，有禁而无征。此六者取财之路也，明主舍其四者而节其二者。明主焉取其费焉？（《大戴礼记·主言》）

　　"关，讥而不征"，指国家边界上如有商人出入，管城门的人只进行检查询问，不收税。"市，廛而不税"，指市场上只收住房费，不收商品的税。"税十取一"，指农民种粮食收割以后，地主收十分之一的地租。"使民之力，岁不过三日"，指农民为政府服劳役一年不能超过三天。"入山泽以时，有禁而无征"，指上山砍柴、打猎、采药，要注意各种林木、动物的季节，环境保护，到江河湖泊中打鱼捕虾也要注意鱼虾的生长季节，禁止乱砍滥捕，这方面政府应有各种规章禁令。虽然如此，执政者也不对老百姓征收什么税款。总起来说，就是关、市、山、泽四个方面免税务，田税要减少，劳役也要减少。在孔子看来，作为一个国家的好的执政者，就应该实行这种赋税政策和劳役政策。只有这样，才有利于农业、商业的发展，也能使农民、商人承受得了。

　　他还说：

时使薄敛,所以子百姓也。日省月考,既廪称事,所以来百工
也。(《孔子家语·哀公问政》)

"时使薄敛",是对农民言的,说对他们要注意时令季节,不要延误生产
季节,不要因劳役而造成农业减收,甚至颗粒无收。对他们的税收,地租要
少,这是对于自己子民百姓的应有态度。"日省月考",是对各行各业的手工
业者进行成绩检查和考核。"既廪",给手工业者的薪资。"称事",与其成绩
相称。这后面那条是招募各行各业的手工业者的政策,是为手工业的发展
创造条件的。

那么,当时鲁国的实际状况如何呢?

这里,鲁哀公十一年齐鲁作战时,《左传》一书就作了揭露。齐国的国
书、高无邳领兵攻打鲁国,鲁国的季氏、孟氏、叔氏三家谁都不想出兵,互相
扯皮,孔子的弟子冉有当时是执政大臣季康子的家臣头子,他看到一个叫公
孙务人的下属人员掉着眼泪说:

事充政重,上不能谋,士不能死,何以治民?(《左传·哀公十
一年》)

这话的意思是说,徭役多,赋税又重,执政的人不好好谋算,战士也不愿
送死,这种状况,怎能把百姓治理好!这说明,当时鲁国的老百姓确实是处
于繁重的赋税和劳役重压之下,根本没有为执政老爷们卖命的积极性。

孔子周游列国,正是那个哀公十一年的自卫返鲁,此后几年中,鲁哀公
也曾多次向孔子请求治国之道,孔子也多次揭露这一问题的严重性。比如:
在《大戴礼记·千乘》一文中,我们可以看到孔子曾向鲁哀公指出劳役太重
的严重性。他说:

太古之民,秀长以寿者,食也。在今之民,羸丑以痟者,事也。

他又说:

今之世,上治不平,民治不和,百姓不安其居,不乐其宫,老疾
用财,壮狡用力,于兹民游;薄事贪食,于兹民忧。

这里,"羸丑以痟者,事也",就是认为劳役太重,使劳动人民长得又瘦又
丑陋。"事",即劳役。"壮狡用力",健壮的成年人服劳役,出劳动力。可是

家里还有老人、残疾人要照应，还要花钱治病，他们还饿着肚子，"老疾用财"。这样，由于上面执政的人争权夺利，不管百姓死活，"上治不平，民治不和"，下层农民也就无法生活下去了，就流离失所了"不安其居，不乐其宫"了，就"于兹民游"了，老百姓就成了"游民"了。"薄事贪食，于兹民忧"，这就是说，农民老百姓只能要饭过日子，连起码的生存权利都无法保证了。应当说，孔子对鲁国社会的分析是极其深刻的，他对下层老百姓是充满同情之心的。

但是，就当时的有些统治者来说，他们是没有认识到这种情况的，鲁哀公、季康子，他们都是没有认识到这种严重情况的。比如鲁哀公，他不仅没认识到重役重税的严重性，反而还觉得赋税还不够。

有一次，哀公问政，孔子回答："政之急者，莫大于使民富且寿也"。(《孔子家语·贤君》)哀公又问："为之奈何？"孔子说："省力役，薄赋敛，则民富矣；敦礼教，远罪疾，则民寿矣。"这里孔子又提出了轻徭薄赋的问题。可是，紧接着哀公又说出这样的话："寡人欲行夫子之言，恐吾国贫矣。"可见，鲁哀公还是没有认识到重役重税的严重性，他只是认为，要国富，就要重敛重役。最后孔子的回答则是："诗云：'恺悌君子，民之父母'，未有子富而父母贫者也。"孔子这句话，看似唱高调，说大话，实际上具有深刻的辩证法。中华人民共和国 1949 年以后从极端贫困的国力到逐渐富裕的现实中，我们完全可以领悟到民富与国富的辩证关系。

鲁哀公类似的思想，我们也可以从他和孔子弟子有若的对话中看到：

> 哀公问于有若曰："年饥，用不足，如之何？"有若对曰："盍彻乎？"曰："二，吾犹不足，如之何其彻也？"对曰："百姓足，君孰与不足？百姓不足，君孰与足？"(《论语·颜渊》)

这里，有若的回答完全符合孔子的意思，正因为年饥，更应少向百姓征收赋税，只有让百姓富裕起来，才谈得上执政者的富裕。而鲁哀公显然还不了解民富与国富的辩证关系。"彻"是什么意思呢？它指的是向农民征收十分之一的实物地租，而鲁哀公表示不同意，认为征十分之二的实物地租都不够。有若这里的思想和孔子完全一样，是主张轻徭薄赋的。由此也可看出，孔子的赋税徭役思想和鲁国当权者的政策不一致，他的思想是切中时弊的，这一思想是进步的。

二、符合春秋时期历史潮流

孔子的赋税劳役思想不仅适合当时鲁国国情，同时也适合春秋时期的时代潮流。在当时横征暴敛的统治者很多,教训不少,但爱惜民力,轻徭薄税,以致民富国强的统治者也有。

以齐国为例。公元前 517 年(昭公二十五年),孔子 35 岁时去齐,在泰山见女子哭,孔子叫子贡去问为什么哭?那妇女说:"公公死于虎,我丈夫又死于虎,现在我儿子又被老虎吃了!"子贡说:"你们为什么不搬走,离开这里?"那妇人回答说:"无苛政。"意思就是说,在这里政府不管,既无劳役,也无苛捐杂税。子贡把这话转告孔子,孔子就对学生们说:"小子识之! 苛政猛于暴虎。"(《孔子家语·正论解》)意思是说:政府的暴政比猛虎还要凶残,比吃人的猛虎还要厉害啊!泰山在齐国境内,可见当时的齐国也有繁重的赋税和苦役。

孔子生活的时代,在齐国正是齐景公、晏孺子荼和齐悼公、齐简公执政的时候。齐景公执政开始于公元前 547 年,比孔子出生公元前 551 年还要早四年,齐景公死于公元前 490 年,即鲁哀公五年。他死后晏孺子荼于公元前 489 年上台,不久被杀,公元前 488 年齐悼公阳生执政。齐简公执政于公元前 484 年,即鲁哀公十一年。哀公十四年齐简公又被陈恒所杀。

齐景公执政 58 年,不算短。他的"政绩"就是奢侈,喜欢暴敛。他死时孔子就说:"齐景公有马千驷,死之日,民无德而称焉。"(《论语·季氏》)

齐国这个诸侯国,在齐桓公时有一个很大发展,齐桓公在位 43 年,自公元前 685 年至公元前 643 年,比孔子出生之年早 130 年执政,而在那时就实行了封建地主阶级的实物地租制,具体说法叫"相地而衰征"(《国语·管仲佐政》)"与民分货"(《管子·乘马》)。在商业方面实行"关市讥而不征,以为诸侯利"(《国语·诸侯归桓公》)。所以,如果说封建实物地租制的地主,齐桓公就是这种地主的政治代表了,至于齐景公,他执政已在齐桓公 100 年以后,他当然也是封建实物地主租的政治代表了。可是现在有人在划阶级时还把他划为奴隶主贵族代表,那岂不成了历史倒退!

对齐桓公的赋税的政策,在《管子·大匡》篇中,还有一个记载:

> 桓公践位十九年,弛关市之征,五十而取一。赋禄以粟,案田而税。二岁而税一,上年什取三,中年什取二,下年什取一;岁饥不税,岁饥弛而税。

这里,"案田而税",即按田地的收入状况,按土地肥瘠状况征收租税,就是一种实物地租。饥岁不收税,至多等下年再收什一之税,和孔子什一之税的说法差不多。鲁国"初税亩"实行于公元前 594 年,鲁宣公实行的这个"初税亩"说不定是直接从齐国学来的哩!即使如此,鲁宣公这一决定,也应算是一个改革,说明他是新兴实物地租制的政治代表。季文子有没有表示支持态度,不好说,因为那时他不是执政大臣。

齐国到了齐景公时,封建实物地租制度已实行了 100 年,但他对老百姓的赋税和劳役加重了,这是实物地租制封建制内部发展的结果。这种情况,可以从《左传·昭公三年》的记载中看到一些证据。那一年,齐景公派晏婴送一个女子到晋国订婚,晋国派大臣叔向接待,在饮宴时,叔向询问齐国内部政治状况。晏婴回答说:

> 此季世也……民参其力,二入于公,而衣食其一。公聚朽蠹,而三老冻馁。国之诸市,屦贱踊贵。

这里说明,以齐景公为首的政府暴敛于民,老百姓一年的收入,被他们抢走了三分之二,公家的仓库里粮食多得长虫子,但老百姓却在挨饿,特别是老年人,更是受冻挨饿。这种状况所以产生,并非说政府是奴隶主政权,实际上,政府早就成了封建地主政权,它是封建实物地租制政权,但同样也会搞苛政、搞重役重敛。因此,作为执政大臣的晏婴,也提出了与孔子几乎一样的赋税政策和劳役政策。

有一次,齐景公问晏子,我想使臣子们对我和顺,让老百姓和我亲近,你看有什么办法吗? 晏婴在回答这一问题时,就说:

> 俭于藉敛,节于货财,作工不历时,使民不尽力,百官节适,关市省征,山林陂泽不专其利,领民治民勿使烦乱,知其贫富,勿使冻馁,则民亲矣。(《晏子春秋·内篇问上第三》)

这是说:征收赋税要节俭,劳役时间不要太长,劳役不要让老百姓太累了,管理不要过多过滥,边关、市场的税收要省掉,政府不要垄断山林和水产方面的专利,不要使老百姓受冻挨饿,这样老百姓和政府之间就亲近了。

又有一次,齐景公要把平阴和稿邑两个地方赐给晏子,作为俸禄,晏子拒绝。他提出了理由:

> 吾君好治宫室,民之力弊矣;又好盘游玩好,以饬女子,民之财竭矣;又好兴师,民之死近矣。弊其力,竭其财,近其死,下之疾其上甚矣,此婴之所为不敢受也。……君商渔盐,关市讥而不征;耕者十取一焉。……(《晏子春秋·内篇杂下第六》)

在这里,我们可以看到晏婴的赋税劳役观点,和孔子几乎没什么区别:关市讥而不征,耕者十取一,开放山林水泽,爱惜民力等。这充分说明孔子的赋税劳役观点不仅适合于鲁国,也适用于齐国,他的观点是适合当时时代潮流的。它对鲁国来说,绝不是迂阔不切实际的空谈。

役重敛厚,这种状况在春秋时期不只存在于齐鲁两国,实际上在其他各国也都存在。

就晋国而论,《左传·宣公二年》记载,晋灵公"厚敛以雕墙",他还站在高台上用弹丸打行人。《左传·哀公十一年》记载:陈国做司徒的辕颇把从农民那里征来的税用于婚事,还把多出来的钱给自己制"大器",结果被国人驱逐出境,逃到郑国。公元前641年(周襄王十一年)梁国的国君急于修城,弄得老百姓无法正常生活下去。有一天有人互相转告说秦国的军队要来偷袭,这一说,筑城的人纷纷借机逃走了。结果,秦军真的来了,把梁国灭了。鲁昭公三年,晋国大臣叔向与齐国晏婴饮宴时,叔向也谈了晋国内部的暴政,他说:"虽吾公室,今亦季世也。……庶民罢敝而宫室滋侈,道殣相望而女富溢尤。民闻公命,如逃寇仇。"这说明晋国的劳役也是很重的。

孔子所反对的重役重敛在当时确实普遍存在,那么,他所提出的轻徭薄赋思想在当时是否适用呢?在这里,我们可以看看那些成功的统治者是如何作为的。

从齐国来说,齐桓公的赋役政策当然是个很好的说明。就晋国来说,晋文公所以能称霸一时,也不是没有原因的。公元前636年,《左传·僖公二十七年》记载,晋文公即位后"教其民",做了不少有益于民的事,如"弃责(债)薄敛、施舍分寡,救乏振滞,匡困资无。轻关易道,通商宽农。懋穑劝分,省用足财……",使晋国"政平民阜,财用不匮"(《国语·晋语四》)。在这里,我们就可看到他对轻徭薄税的重视。

再看越王勾践在他被吴王夫差(哀公三年)战败以后,勾践卧薪尝胆,思报国仇,为了使国人和他同心合力,他采取了一系列惠民政策,如:"令壮者无取老妇,令老者无取壮妻。女子十七不嫁,其父母有罪。丈夫二十不娶,其父母有罪。将免者以告,公医守之。生丈夫,二壶酒,一犬;生女子,二壶酒,一豚。生三人,公与之母;生二人,公与之饩。当室者死,三年释其政;支子死,三月释其政。必哭泣埋葬之,如其子。令孤子、寡妇疾疹、贫病者,纳宦其子。……勾践载稻与脂于舟以行,因之孺子之游者,无不餔也,无不歠也,必问其名。非其身之所种者则不食,非其夫人之所织则不衣,十年不收于国,民俱有三年之食。"这里,免除三年赋税或三月赋税"释其征",自己十年之内"不收于国",还不算,相反,还要奖励多生子女,扶养孤寡老人,救助流浪者和贫病者,教育贫苦儿童。有的属于轻徭薄税,不仅薄税,而且是免税,还有很多救助。这说明轻徭役薄赋税,对于一个国家的富强多么重要。孔子的思想和那些图霸图强的君主,思想是多么一致。现在,有人一方面肯定晏婴、晋文公、齐桓公、勾践等人在春秋时期的进步作用,另一方面,却又对提出同样的政治主张的孔子横加指责,说他是奴隶制复辟派、封建保守派,实在是太不公平了!为什么要这样厚此薄彼呢?应当说,在当时条件下,谁选择轻徭薄赋,谁就是好的统治者,谁就是具有远见卓识的开明君主。孔子这些思想不仅不保守、不反动,相反,它完全适合那些具有革新思想的执政者的需要。

三、反"田赋"也是反暴敛

研究孔子的劳役赋税思想,一个重大的问题,就是要辩明鲁国季康子实行田赋的是非问题。

公元前483年(鲁哀公十二年),鲁国的执政大臣季康子提出要实行田赋,他要冉有去咨询一下他的老师孔子。孔子表示反对,他还和冉求之间有一段对话,申述自己的理由。他说:

> 先王制土,籍田以力,而底其远近;赋里以入,而量其有无;任力以夫,而议其老幼。于是,鳏寡孤疾老者,有军旅之出,则征之,无则已。其岁,收,田一井,出稷禾秉、缶、米、刍藁不是过,先王以为之足。君子之行必度于礼,施取其厚,事举其中,敛从其薄,若是其已,丘亦足矣。不度于礼,而贪冒无厌,则虽赋田、将有不足。且子孙若以行之而取法,则有周公之典在,若欲犯法则苟行之,又何访焉?(《孔子家语·正论解》)

孔子这段话很长,但中心思想很明确,就是主张实行"丘赋",反对"田赋"。用他的话就是"丘亦足矣",而田赋是"贪冒无厌"。所谓丘赋,就是按丘征收军赋。《周礼》杜注:九夫为井,四井为邑,四邑为丘。丘十六井,出戎马一匹,牛三头。这是丘赋。这种丘赋,鲁国早在成公元年(公元前590年)就实行了。季康子这次实行田赋,就是要废弃丘赋,采取按每户土地多少来征收车、马、甲、兵、军粮等军用人员和军用物资。这里,具体征收方法没有记载,但肯定要比丘赋重,所以孔子称之为"贪冒无厌"。

这里,孔子在坚持自己实行丘赋时,提到了周公时的赋税制度,也提到了自己的赋税原则。

涉及周公时的制度有几条:第一,征收军赋,有战争则征,无战争则不征;第二,要考虑民众的承受能力,有能力的可征,无承受能力的不征;第三,要充分照顾鳏、寡、孤、疾的人和老年人;第四,每年征收数量,一井农户最多不能超过稯(640 斛)禾、秉(340 斗)刍、缶(16 斗)米。

孔子提出的赋税原则是:"施取其厚、事举其中,敛从其薄。"也就是"厚施薄敛,适得其中"。

以上这段话记载于《孔子家语》的《正论解》中,在《左传·哀公十一年》和《国语·鲁语》中各有一半。《孔子家语》把二者合在一起,可能更接近原貌。文字上稍有出入,如"获秉、缶米、刍",《国语》中为"稯禾、秉刍、缶米"等,大意差不多。

哀公十一年七月,季康子派冉有征求孔子意见,孔子反对。哀公十二年初,季康子宣布实行田赋。孔子知道以后很不高兴,《论语·先进》篇中有那么一段话:

> 季氏富于周公、而求也为之聚敛而附益之。子曰:"非吾徒也,小子鸣鼓而攻之可也。"

后来,战国时的孟轲也有一段话:

> 求也为季氏宰,无能改于其德,而赋粟倍他日。孔子曰:"求非吾徒也,小子鸣鼓而攻之可也……"(《孟子》)

从以上两段话,我们还可看出:第一,鲁国民众,确实又遭到一次征收粟米之苦。第二,季康子确实是为了私利,他本来就很富,他暴敛,就是为了使自己富上加富,根本不是为了鲁国的富强。

可是,就在这一田赋问题上,有人认为季康子是封建革新派,而孔子是保守派、复辟派。

我认为,这一历史是非问题应具体联系当时的历史环境来作出判断。

那么,当时鲁国的历史环境如何呢?

我认为,就当时鲁国、齐国等国来说,早已从封建农奴制国家转化为封建地租制国家,在齐国,这个转化发生在齐桓公时,离鲁哀公时已有 100 多年历史。在鲁国,实行"初税亩",在公元前 594 年,即鲁宣公十五年,那时就实现了这个重大生产关系的转化,这离季康子实行了田赋的公元前 483 年也有 100 多年了。在这 100 多年中鲁国的主要矛盾已经发生变化,这时的主要矛盾已变为封建地主阶级内部争权夺利而不是封建农奴主或奴隶主和封建实物地租者之间的斗争。如果说,这时斗争是以公室为代表的奴隶主或农奴主和新兴实物地租者,即季孟叔三家之间的斗争,那么,怎么理解"初税亩"时的两家斗争呢? 实行"初税亩"时公室即鲁宣公是奴隶主阶级代表吗? 季氏孟氏叔氏三家是新兴势力吗? 这简直是无稽之谈;实际上,当时鲁宣公是"初税亩"的真正执行者,是封建实物地租地主的代表人物,季孙、孟孙、叔孙三家呢? 当时真正的执政大臣是东门氏公孙归父,根本没听说过这三家提出"初税亩"主张,何来他们是革新派之说。有人又说,田赋是"初税亩的最终落实者"。这说法也不对,因为田赋不是田税,不是封建实物地租制的根本载体,田赋说到底只是军赋,只是征收军用物资而已。而在这一时期,鲁国的根本出路在于停止地主阶级内部的争权夺利,轻徭薄赋,富国强兵,走大一统之路。首先像齐桓公、晋文公、越王勾践那样让国家富强起来,然后争取全国统一,而不是像齐景公那样走暴敛之路。所以,如果说这时的革新派,那就应当是反对田赋的人,而不是像季康子那样为私利进行暴敛,把整个鲁国陷入内部争权夺利而对外软弱无力的人。

　　总之,孔子的思想是符合当时前进的历史潮流的,季康子能算得上革新派吗? 可以这样说,他是封建实物地租制的既得利益代言人,但思想并不符合前进历史潮流,算不上是革新派,而孔子的思想恰巧符合历史前进步伐。

第十五讲

孔子的大同社会理想

孔子的社会理想，就是实现大同社会和小康社会，其中更主要的是实现大同社会。孔子这一思想是他整个政治观点的要害和精彩之处，是闪亮点，对后人的影响也很大。它对于当代中国社会来说，又有其重要现实意义。

一、大同思想为人类提供了一座社会理想的灯塔

孔子的大同思想，集中记载于《礼运》篇中，其他著作也多有涉及，但在《礼运》篇中谈得最为明确，也最为系统。按这篇文章记载，说周代冬天十二月，有一种祭鬼神的宗教仪式，名为蜡祭。有一次，孔子和他的弟子们，作为名流和有影响的人物，被邀参加了祭祀并饮酒。饮酒完后，在门楼上游观。这时候，他很有感慨地叹了一口气。他弟子子游在身边，就问孔子："老师，你叹什么啊？"紧接着孔子就说了一大段有关大同世界和小康社会的言论。

有关大同世界的言论是这样的：

> 大道之行也，与三代之英，丘未之逮也，而有志焉。大道之行也，天下为公。选贤与能，讲信修睦。故人不独亲其亲，不独子其子。使老有所终，壮有所用，幼有所长，矜、寡、孤、独、废疾者，皆有所养。男有分，女有归。货恶其弃于地也，不必藏于己；力恶其不出于身也，不必为己。是故谋闭而不兴，盗窃乱贼而不做，故外户而不闭，是谓大同。（《礼记·礼运》）

在这一大段言论中，我们可以看到孔子有关大同社会的一系列观点。

第一，他把这个社会叫作"大道之行"的社会。孔子一生，以"闻道"为最大志愿。他曾说："朝闻道，夕死可矣"（《论语·里仁》）。"士志于道，而耻恶衣恶食者，未足与议也"（《论语·里仁》）。他这里所谓"道"，有规律、真

理之意。"大道",就是大的规律,大的真理。在他看来,实现大同社会,就等于实现了社会生活中最大的规律,实现了最理想的真理境界。

第二,他指出大同社会最大的特点,就是"天下为公"。可以说,这是孔子在社会发展史上最重要的发现,也是最重要的论断。他认为社会发展的最早时期是公有制社会,是一切"为公"的社会。他这个发现,符合社会发展的实际情况。恩格斯的《家庭、私有制和国家的起源》和摩尔根的《古代社会》等著作完全证实了这一点。人类社会发展初期,由于生产力低下,人们在氏族内部确实是实行公有制的,"凡是共同制作和使用的东西,都是共同财产:如房屋、园圃、小船"①。人与人之间"大家都是平等、自由的,包括妇女在内"②。孔子根据周代已有的历史资料,发现了这一点,这就很了不起。他还把"天下为公"看成今后人类应当争取的目标,这就更了不起,他为人们提供了一座社会理想的灯塔。

第三,孔子指出,在大同社会"货恶其弃于地也,不必藏于已;力恶其不出于身也,不必为已"。这正证明,原始社会实行的是公有制,不是私有制。在原始社会,氏族成员每天出去采野果、捕鱼、打猎,目的都是为了氏族成员的温饱,所以说"不必为已",不是为了自己。采集来的食物、财富全部归氏族所有,生产资料、生活资料都归氏族大家庭所有,没有必要自己藏起来,但不能浪费,不能随便抛弃,所以又说:"货恶其弃于地也,不必藏于已。"原始社会这一特征,贯穿着各个方面,使它和奴隶社会、封建社会、资本主义社会区别开来。

第四,他指出大同社会在人与人的关系上是互相爱护,互相关心的关系,不是剥削和压迫的关系。"故人不独亲其亲,不独子其子","使老有所终,壮有所用,幼有所长,矜寡孤独废疾者,皆有所养"。

在氏族社会,上面一个氏族首领,下面的男人女人都是她的儿子、女儿、外孙子、外孙女等,不管是亲生还是不亲生的,都能得到同样的爱,也有同样的义务去爱别人。他们之间相互帮助。老年人、幼童、矜而无妻者、寡而无夫者、孤儿、独身无靠者、病人、残废者,都有人抚养,壮年人也不会失业。"共产制的家庭经济和氏族都知道它们对于老年人、病人和战争残废者所负的义务。"③这都是事实。

第五,"选贤与能"。孔子这里指出,在夏商周以前的"天下为公"的社会,其首领是推选出来的贤人和能人,不是世袭的。这一点完全符合事实。

---

① 《马恩选集》第4卷,北京:人民出版社,1972年版,第155页。
② 《马恩选集》第4卷,北京:人民出版社,1972年版,第93页。
③ 《马恩选集》第4卷,北京:人民出版社,1972年版,第93页。

他认为三皇五帝,包括尧舜禹这些帝王都是公众推选出来的,是禅让而不是世袭的。在原始社会,事实确实是这样的。原始社会的氏族酋长都是由议事会或人民代表会议选出来的。那时国家作为压迫人民的机器还没有产生。这可说是管理权上的公有制。

第六,"讲信修睦"。这就是说,大同社会是一个讲究诚信和睦的社会,相互之间和谐相处,不搞阴谋诡计,即使在氏族之间也如此。在原始社会,面临的强大敌人,主要是自然灾害,为了战胜自然灾害,人与人之间必须团结起来,休戚与共,必须以诚相待。

第七,"男有分,女有归"。这是说,男人都有自己的事,职业分工,女的不怕找不到伴侣、丈夫,到时候都有人张罗。在原始社会,男子打猎、捕鱼、制作生产工具,妇女管家、做饭、纺织、做衣服,管理幼小儿童,各有分工,这些"分工是纯自然产生的。它只存在于两性之间"。①

第八,"是故谋闭而不兴,盗窃乱贼而不做,故外户而不闭"。正因为原始社会是公有制,没有私人财产,相互之间也没有图财害命的事,没有偷盗抢劫,人与人之间没有戒心,连过路的人都可以随意在任何人家里过夜住宿,晚上睡觉用不着关门户。孔子的这些思想和古代社会的实际情况是一致的,是符合实际的。

孔子这些思想,在中国历史上影响巨大,它有很大鼓舞作用。这正如列宁所说:

> 剥削的存在,永远会在被剥削者本身和个别知识分子代表中间产生与这一制度相反的理想。……这些理想对马克思主义者说来是非常宝贵的。②

新中国成立以后,大跃进时期曾大搞供给制,农村办公共食堂、幼儿园、养老院,搞共产主义,这虽是一股浮夸风,但也反映了广大人民对大同社会的向往。

在清朝光绪年间,康有为的《大同书》,就是以孔子的这一思想作为理论武器,宣传变法维新的。孙中山实行资产阶级民主革命,但也公开宣传"世界大同","天下为公",以此作为奋斗目标。

当然,孔子这一理论存在着一个重大缺陷,就是没有看到生产力的巨大作用。他没看到原始共产主义之所以存在,是由于当时生产力极不发达。

---

① 《马恩选集》第4卷,北京:人民出版社,1972年版,第91页。
② 《列宁全集》第1卷,北京:人民出版社,1955年版,第393—394页。

而大同社会之所以转化为小康社会，也正是由于生产力进一步发展，才产生了"天下为家"的私有社会。而大同社会的最终实现，更需要生产力的高度发展。对于历史发展的这一辩证法，孔子是没有认识到的。尤其重要的是，他没认识到统治者、知识分子应当积极研究生产技术、自然科学，他把这方面的责任推给劳动者，说"吾不如老农"，"吾不如老圃"（《论语·子路》），这是一个重大失误，也是几千年来儒学的重大失误。但就孔子大同思想的提出而言，其功绩是不可磨灭的，它几千年来成为人们向往的目标。

二、大同思想确为孔子的思想理论

现在学术界有一种说法，认为《礼运》篇的大同思想不属于孔子，它是孔子后学子游学派的儒家后学为了抬高自己身价，假托孔子的作品。又说，作为孔子思想的代表作《论语》中"找不出孔子对大同世界的论述和向往"。①

这种说法是错误的，因为我们看孔子思想，不能只以《论语》为依据。事实是，《孔子家语》、《礼记》、《大戴礼记》，包括《礼记·礼运》篇中引用的孔子的话都不能说是伪托的。孔子自己说，他是述而不作。他的思想都是后人追记的。如果说，后人追记的东西都是伪托，那么连《论语》都不能算孔子的了。过去也确实有人连《论语》都怀疑，都认为不可靠。这种疑古思想随着目前地下考古资料的不断积累，已经越来越证实为主观臆断的产物。应当说，后人追记的著作，可能有错漏，但一般都是有依据的，有些作品，即使想伪造也是造不出来的，如过去有人说《孔子家语》是三国时王肃伪造的。其实，王肃如果真想伪造，也很难造出那么精深的作品来的。现在地下出土文物已经证实《孔子家语》是王肃之前早已有之的。其他著作《礼记》、《大戴礼记》也是如此。再说，在《论语》中，真的是这方面的思想一点也没有吗？我看也不是。

为了证明孔子大同思想的出现不是孤立的，我们可以找出很多和《礼记》篇一致和类似的材料。

首先，在近几年出土的郭店楚墓中，人们发现竹简中有一篇《唐虞之道》，记载了孔子的言论。在这篇文章中，孔子谈到了尧舜之间禅让的历史。他说：

> 爱亲忘贤，仁而未义也。

① 古棣等著：《孔子批判上》，长春：时代文艺出版社，2001 年，第 64 页。

尊贤遗亲,义而未仁也。爱亲故孝,尊贤故禅。①

他在这里把孝敬父母和尧舜禅让看成两个同样重要的道德范畴。这说明,在《礼运》篇说的"天下为公"、"选贤与能",这些思想完全是属于孔子的。

其次,就《论语》本身来说,也有几条和大同思想一致的说法。比如:

巍巍乎、舜、禹之有天下也而不与焉。(《论语·泰伯》)

这话的"不与"有两种解释,一种是"不是争夺来的",一种是"不为自己"。不管哪一种解释都说明舜、禹取得天下是禅让的结果,是大同社会出现的特殊现象。这正说明孔子和大同思想的联系。

老者安之,朋友信之,少者怀之。(《论语·公冶长》)

这说明了孔子关心老人、幼儿的胸怀,和"老有所终、幼有所长"的思想一致。

己欲立而立人,己欲达而达人。(《论语·雍也》)

这和"故人不独亲其亲,不独子其子"的思想一致。

泰伯,其可谓至德也已矣。三以天下让,民无得而称焉。(《论语·泰伯》)

这里说的是西周太王时的事,但实际上是在歌颂大同社会的禅让制度。

樊迟问仁。子曰:"爱人。"(《论语·颜渊》)

这和《礼运》篇的"不独亲其亲,不独子其子"的思想是一致的。"爱人"是大同思想的重要组成部分。

子贡曰:"如有博施于民而能济众,何如?"子曰:"何事于仁,必

---

① 廖名春:《郭店楚简儒家著作考》,见《孔子研究》1998 年第 3 期。

由于圣乎？尧舜其犹病诸！"（《论语·雍也》）

　　这里"博施于民而能济众"是孔子的学生说的，但又是孔子所赞许的。这实际上也是和"不独亲其亲，不独子其子"的思想一致的。

　　所以，说《论语》书中根本看不出有关大同社会的思想，那是不客观的。

　　再次，在有关孔子思想的其他著作中，和大同思想一致的言论就更多了。比如：

　　　　进用贤良，退贬不肖。（《孔子家语·王言解》）

这和"选贤与能"一致。

　　　　哀鳏寡，养孤独，恤贫穷，诱孝弟，选才能。（《孔子家语·王言解》）

这和"矜寡孤独废疾者皆有所养"完全一致，也与"选贤与能"一致。

　　　　古者明王必尽知天下良士之名。既知其名，又知其实，又知其数及其所在焉。然后因天下之爵以尊之，此之谓至礼不让而天下治。（《孔子家语·王言解》）

这与《礼运》篇"选贤与能"的思想一致。

　　　　上之亲下，如手足之于腹心，下之亲上，如幼子于慈母矣。（《孔子家语·王言解》）

这和《礼运》篇"不独亲其亲，不独子其子"的思想一致。

　　　　爱人者，则人爱之。（《说苑·政理》）

这和"不独亲其亲，不独子其子"一致。

　　　　黄帝者，少典之子……敦敏诚信。……仁厚及于鸟兽昆虫。（《大戴礼记·五帝德》）

这和"讲信修睦""不独亲不亲,不独子其子"一致。

> 玄枵之孙、乔极之子,曰高辛。博施厚利,不于其身。……子抚教万民而利诲之。……春夏秋冬,育护天下。(《孔子家语·五帝德》)

这与"天下为公","货不必藏于已"一致。

> 舜孝友闻于四方,……畏天而爱民,恤远而亲近。(《孔子家语·五帝德》)

这和"不独亲其亲,不独子其子"一致。

> 天无私覆,地无私载,日月无私照,奉此三者以劳天下,此之谓三无私。(《礼记·孔子闲居》)

这实际上就是"天下为公"的思想。

> 子言之曰:后世虽有作者,虞帝弗可及也已矣。君天下,生无私,死不厚其子,子民如父母。(《礼记·表记》)

这就是"天下为公","不独亲其亲,不独子其子"的思想。

> 身以及身,子以及子,妃以及妃,君能修此三者,则大化忾乎天下矣。(《孔子家语·大昏解》)

这也就是"不独亲其亲,不独子其子"的思想。

> 所谓贤人者……富则天下无宛财,施则天下不病贫。(《孔子家语·五仪解》)

这和"货……不必藏于已"的精神是一致的。

> 儒有不宝金玉而忠信以为宝,不祈土地而仁义以为土地……委之以货财而不贪……(《孔子家语·儒行解》)

这和"货……不必藏于已"的精神是一致的。

　　儒有……推贤达能，不望其报。(《孔子家语·儒行解》)

这是"选贤与能"的思想。

　　儒者……爱其死以有待也，养其身以有为也。……可近而不可迫，可杀而不可辱。(《孔子家语·儒行解》)

这是"天下为公"和"力……不必为已"的思想。

　　君子有三思……有而不施，穷莫之救也……有思其穷，则务施。(《孔子家语·三恕》)

这是"货……不必藏于已"的思想。

　　昔尧舜听天下，务求贤以自辅。(《孔子家语·辩政》)

这是"选贤与能"思想的具体说法。

　　冉有问于孔子曰："古者三皇五帝不用五刑，信乎?"孔子曰："圣人之设防，贵其不犯也。制五刑而不用，所以为至治也。凡民之为奸邪窃盗，靡法妄行者，生于不足，不足生于无度。无度，则小者偷惰，大者侈靡，各不知节，是以上有制度，则民知所止。民知所止，则不犯。故有奸邪贼盗靡法妄行之狱，而无陷刑之民。"(《孔子家语·五刑解》)

这里，实际上是说大同社会"盗窃乱贼而不做，谋闭而不兴"。

　　哀公问于孔子曰："寡人闻东益不祥，信有之乎?"孔子曰："不祥有五，而东益不与焉。夫损人自益，身之不祥;弃弃老而取幼，家之不祥，释贤而任不肖，国之不祥。老者不教，幼者不学，俗之不祥;圣人伏匿，愚者擅权，天下不祥。不祥有五，东益不与焉"。(《孔子家语·正论解》)

这里鲁哀公问孔子涉及的是风水迷信问题,孔子这里回答的则是涉及大同社会道理,"损人自益"的思想是不符合大同社会"天下为公"思想的,"弃老取幼"是不符合"使老有所终……幼有所长"原则的,"释贤而任不肖"是不符合"选贤与能"原则的,"老者不教,幼者不学"是不符合"幼有所长"精神的,"圣人伏匿,愚者擅权"也是不符合"选贤与能"的精神,这一段实际上是从反面论述了大同思想的重要性。

> 昔有虞氏贵德而尚齿,夏后氏贵爵而尚齿。(《孔子家语·正论解》)

这里强调了大同社会"选贤与能"和"老有所终"的思想。

> 太古之民,秀长以寿者,食也。在今之民,羸醜以齿者,事也。太古无游民,食节事时,民各安其居,乐其宫室,服事信上,上下交信,地移民在。(《大戴礼记·千乘》)

这是谈原始社会"讲信修睦","老有所终","壮有所用",各种人"皆有所养",能各安其居,能长寿,没有无业游民。

> 方冬三月,草木落,庶虞藏,五谷必入于仓。于时有事,蒸于皇祖皇考,息国老六人,以成冬事。民咸知孤寡之必不末也,咸知有大功之必进等也,咸知用劳力之必以时息也。推而内之水火,入也弗之顾矣……(《大戴礼记·千乘》)

这里,谈的是商周时期的诸侯如何执政的问题,但有些做法是和大同思想有关系的。比如:"息国老"、恤"孤寡"、赏"有功"者,这就和"老有所终","矜寡孤独……皆有所养","选贤与能"思想有关。最后老百姓"推而内之水火,入也弗顾矣",这就是"力……不必为己"的思想。

> 上敬老则下益孝,上顺齿则下益悌,上乐施则下益谅,上亲贤则下择友,上好德则下不隐,上恶贪则下耻争……(《大戴礼记·主言》)

这里"敬老""顺齿"和"老有所终"一致,"乐施"与"货……不必为己"一致,"亲贤""好德"与"选贤与能"一致。"恶贪"与"盗窃乱贼不作"也有联系。

从以上一系列有关孔子思想的引文中,我们可以看出。这些引文中,有很多与《礼运》篇大同说类似和一致的说法,《礼运》篇大同思想的出现,绝不是偶然的,完全符合孔子思想的内在逻辑。有些人说《礼运》篇的大同思想不属于孔子,这是完全不顾事实,抹杀这些著作之间的内在联系。

三、孔子大同思想是历史上优秀思想的继承和发展

孔子的大同思想,不只是《礼运》篇那段话,这在上一节中,我们已作了交代。现在还应指出,他的大同思想的出现,并非无源之水。他的思想是继承过去先进思想的结果。《尚书》的《尧典》《舜典》《大禹谟》等篇章,就是他的重要前驱。

首先,关于"天下公为,选贤与能"的思想。在《尚书》中,清楚地记载了尧、舜、禹帝位禅让之事。

> 昔在帝尧,聪明文思,光宅天下,将逊于位,让于虞舜,作《尧典》。(《尚书·尧典》)
> 虞舜侧微,尧闻之聪明,使嗣位,历试诸难,作《舜典》。(《尚书·舜典》)

这是帝尧让位于虞舜的记载,孔子作为古籍的整理者,对这一历史事件,当然是很熟悉的。

> 禹!……予懋乃德,嘉乃丕绩,天之历数在汝躬,汝终陟元后。
> 正月朔旦,受命于神宗,率百官若帝之初。(《尚书·大禹谟》)

这是帝舜禅位于夏禹的记载。

> 禹曰:"朕德罔克,民不依。皋陶迈种德,德乃降,黎民怀之。帝念哉!"(《尚书·大禹谟》)

在这段里,记载的是帝舜让位于夏禹时,夏禹很谦逊,他要虞舜传位给皋陶。尧、舜、禹时期帝位禅让的事,就在《尚书》中明明白白地记载着,孔子根据这些历史资料,断定尧、舜、禹时期帝位传授不同于夏禹传子以后情况,认为前一时期是"天下为公,选贤与能"的时期,而夏禹传子以后的社会则是

王位世袭的"天下为家"时期。他把历史分成这两大阶段,这是他的重要贡献。

其次,"讲信修睦"。《大禹谟》中有一段有关三苗的叙述。说在虞舜时期,有一个叫三苗的部族,经常和华夏族闹纠纷,虞舜曾下令要夏禹去征讨,夏禹率军在苗地打了三十天,仍然没有取得胜利。这时候,有一个叫益的大臣,向夏禹提意见,他说:

> 惟德动天,无远弗届,满遭损,谦受益,时乃天道。帝初于历山,往于田,日号泣于旻天,于父母,负罪引慝。祗载见瞽瞍,夔夔斋栗,瞽亦允若。至诚感神,矧兹有苗。(《尚书·大禹谟》)

益这段话,中心是讲诚信的重要性,他这里讲了虞舜和他父亲、后母的关系问题。虞舜的父亲、继母、弟弟对舜不好,甚至要置舜于死地,但由于虞舜孝顺,以诚心对待父亲、弟弟和继母,最后还是感动了他们,使他的父亲的态度得到改善。益讲这段故事落脚点是,他认为对三苗也要待以诚心,以诚心感动他们,达到和三苗和睦相处,化干戈为玉帛的目的。后来,由于夏禹接受了益的忠告,把军队撤回,七十天以后,夏禹的至诚之心感动了三苗,三苗归顺了。

这段故事,正是孔子在《礼运》篇中说的"讲信修睦"的绝好写照。《尚书·大禹谟》这一思想也可说是孔子"讲信修睦"思想的前驱。

第三,"矜寡孤独废疾者,皆有所养"。在《大禹谟》一文中,谈到帝尧是个好君主时,曾说他:

> 不虐无告,不废困穷,惟帝时克。(《尚书·大禹谟》)

这里的"无告""困穷"是指"矜寡孤独废疾者",这几句话的意思就是说,帝尧很关心这些极其困难的人群,处处为他排除困难。

在《尚书》其他一些著作中,也有许多这方面的言论,有些虽然不是谈原始社会,但对孔子大同思想的形成都是有密切关系的。比如:

> 无虐茕独。(《尚书·洪范》)
> 先王子惠困穷,民服厥命,罔有不悦。(《尚书·太甲中》)
> 不敢侮鳏寡。(《尚书·康诰》)
> 无胥戕,无胥虐,至于敬寡,至于属妇。(《尚书·梓材》)
> 其在祖甲……旧为小人,作其即位,爰知小人之依,能保惠于

庶民,不敢侮鳏寡。(《尚书·无逸》)

文王……惠鲜鳏寡。(《尚书·无逸》)

以上这些,虽未直接谈唐虞原始社会的事,但在孔子看来,无疑都应成为大同社会思想道德的组成部分。

除了《尚书》,在《周礼》、《礼记》中记载的有关资料,对孔子大同思想的形成也是有启迪作用的。

《周礼》中有这样的一些记载:

邦饗耆老。(《周礼·天官冢宰第一·外饗》)

饗耆老孤子。(《周礼·天官冢宰下·酒正》)

以保息六养万民,一曰慈幼,二曰养老,三曰振穷,四曰恤贫……(《周礼·地官司徒第二·大司徒之职》)

服公事者、老者、疾者皆舍。(《周礼·地官司徒第二·乡大夫之职》)

辨其贵贱老幼废疾。(《周礼·地官司徒第二·小司徒之职》)

稽其夫家众寡,辨其老幼贵贱废疾马牛之物,辨其可任者与其施舍者。(《周礼·地官司徒第二·乡师之职》)

在孔子给学生的教材《礼记》中,除《礼运》篇外,还记载了不少这方面的内容。如:

七年四悼。悼与耄,虽有罪,不加刑焉。(《礼记·曲礼》)

大夫七十而致事。若不得谢,则必赐之几杖,行役以妇人,适四方,乘安车。(《礼记·曲礼》)

上恤孤而民不倍。(《礼记·大学》)

养耆老以致孝,恤孤独以逮不足。(《礼记·王制》)

凡养老:有虞氏以燕礼,夏后氏以飨礼……五十养于乡,六十养于国,七十养于学……(《礼记·王制》)

凡三王养老皆引年。(《礼记·王制》)

八十者,一子不从政。九十者,其家不从政。(《礼记·王制》)

少而无父者谓之孤,老而无子者谓之独,老而无妻者谓之矜,老而无夫者谓之寡。此四者,天民之穷而无告者也,皆有常饩。喑、聋、跛、躄、断者、侏儒、百工,各以其器食之。(《礼记·王制》)

君子耆老不徒行,庶人耆老不徒食。(《礼记·王制》)

乡饮酒礼,六十者坐,五十者之侍以听政役,所以明尊长也。六十者三豆,七十者四豆,八十者五豆,九十者六豆,以明养老也。(《礼记·乡饮酒义》)

凡养老……五十杖于家,六十杖于乡……八十杖于朝,九十者,天子欲有问焉,则就其室以珍从。(《礼记·内则》)

天子布德行惠,命有司发仓廪,赐贫穷,振乏绝,开府库,出币帛,同天下。(《礼记·月令》)

以上这些,虽都是私有制社会规定的礼节制度,都是孔子教学生的教材,但由此可以看出,即使在"天下为家"的私有社会里,鳏寡孤独废疾者,贫困无告的人都应得到优待,那么,在"天下为公"的公有制社会里,这些人受到特殊关照,还有什么不可以的呢?孔子在《礼运》篇中,正是在这些思想材料为基础之上,概括总结而提出了大同小康两阶段的理论学说,这虽是一大贡献,但也是顺理成章。

四、大同思想和小康思想不可分割

按《礼运》篇的内容来看,孔子不仅谈到大同社会,而且还谈了小康社会,这两者有本质区别,但又是孔子思想体系中不可分割的组成部分。他在谈大同社会以后,紧接着谈小康社会。他说:

今大道既隐,天下为家,各亲其亲,各子其子,货力为已。大人世及以为礼,城郭沟池以为固,礼仪以为纪,以正君臣,以笃父子,以睦兄弟,以和夫妇,以设制度,以立田里,以贤勇知,以功为已。故谋用是作,而兵由此起。禹、汤、文、武、成王、周公,由此其选也。此六君子者,未有不谨于礼者也。以著其义,以考其信,著有过,刑仁讲让,示民有常。如有不由此者,在势者去,众以为殃,是谓小康。(《礼记·礼运》)

在这里,孔子对小康社会的叙述和评价,和他对大同社会的叙述评价是有很大不同的。对大同社会,他是非常赞扬,是完全肯定的;对小康社会,他有肯定之处,但揭露了很多缺点。

第一,他说"大道既隐",说小康社会不是最理想的"大道"社会。

第二,"天下为家,各亲其亲,各子其子,货力为已",这说明,小康社会是私有制社会。货指财富货物,力指劳动力。财富、劳动力都成了私人财产。

人与人之间的关系也是各亲其亲，各子其子，不是互助关系的。分配上也是自己管自己，不管别人。

第三，"大人世及以为礼"，"城郭沟池以为固"，这里的"世及"指王位、君位，甚至大夫都是世袭，都是父子相传，不是"选贤与能"。天子、国君的儿子，不管是天才还是痴呆、傻子、圣人，还是大坏蛋，一律世袭。另外，为了掠夺他人他国利益，就发动掠夺战争，就要建城、挖沟。"谋用是作，而兵由此起"，由于战争，各种阴谋诡计都使用，根本不谈什么诚信了，不再"讲信修睦"了。

第四，"礼仪以为纪，以正君臣，以笃父子，以睦兄弟，以和夫妇，以设制度，以立田里，以贤笃和"。这说明小康社会虽有缺点，但还是可以通过礼仪来治理的，还是可以通过道德规范和各种礼仪制度把国家和社会治理好的。

第五，孔子还指出，在小康社会时期也有把国家治理得很好的佼佼者，这些人以禹、汤、文、武、成王、周公为代表，他称"六君子"。他认为这"六君子"治理国家的主要工具是礼。他说这些人"未有不谨于礼者也，以著其文，以考其信，著有过，刑仁讲让，示民有常"。这也就是说这六位杰出人物治理国家，是通过礼这一手段，以礼体现仁义，体现诚信的。

恩格斯曾经在《家庭·私有制和国家的起源》一书中指出，在希腊人处于氏族社会时期，氏族成员有"选举和撤换酋长的权利"[1]。恩格斯又说："我们知道，每一个氏族都有自己的酋长，但是，任何地方都没有提到过这一职务是在一定的家里世袭的。……因为这种世袭制是富人和穷人在氏族内部享有完全平等权利的秩序不相容的。"[2]恩格斯这段话说明，从权力公有制到权力私有制，这是一个巨大变化，孔子大同说和小康说的提出，说明他不仅看出了从大同到小康是公有制经济到私有经济的变化，同时也看到了这是权力公有转变为权力私有的变化。他发现了这个变化，这是理论上的重要贡献，是任何人都无法否认的。

五、《礼运》篇的大同思想不属于墨子

现在我国学术界有一种说法，认为《礼运》篇的大同思想属于墨子，不属于孔子，孔子是不可能有这思想的。他们的理由是，在《墨子》这一著作中有些观点和《礼运》篇的大同思想一致。第一，"天下为公，选贤与能"，即墨子的尚贤、尚同；第二，"故人不独亲其亲，不独子其子"，即墨子的"兼相爱，交相利"、"爱利万民"；第三，"老有所终……幼有所长，矜寡孤独废疾者皆有所

---

① 《马恩选集》第4卷，北京：人民出版社，1972年版，第97页。
② 《马恩选集》第4卷，北京：人民出版社，1972年版，第97页。

养"，便是墨子的"老而无子者有所得而终其寿,孤独无兄弟者有所杂于生人之间,少失其父母者有所放依而长";第四,"货恶其弃于地也,不必藏于已,力恶其不出于身也,不必为已",便是墨子的"有力者疾以助人,有财者勉以分人,有道者劝以教人"。他们还认为这四条是大同说出于墨子的"铁证"。[①]

他们这些看法对吗? 我认为不对。

我不否认墨子的社会理想和《礼运》篇的大同说有相同和一致之处,墨子的社会理想确实也是很优秀的,但是墨子毕竟不是《礼运》篇大同思想的作者。理由是:

第一,墨子的尚同,不是《礼运》篇说的"大同"。墨子的尚同,是上同于天帝,而《礼运》篇的大同,是同于"天下为公"的"大道",这里没天帝参与。

第二,他们从《墨子》书中抄了这几条,说和《礼运》篇的大同说一致,但我们在孔子的言论中可以找到更多与大同说一致的言论,完全可以证明大同说是属于孔子的。孔子的这些言论,我们在本文第二节中已经指出来了。如果说,他们从《墨子》中抄的那几条,可以作为"铁证",那么,第二节中所列的三十一条孔子言论,就更是"铁证"了。

第三,既然《礼运》的大同说是属于墨子的,那么,为什么在文章中明明写着孔子参加蜡祭,而不是墨子参加蜡祭? 为什么是孔子与子游对话,而不是墨子与别的什么人对话呢?

第四,如果《礼运》大同说是墨子的,那么,小康说又属于谁的呢? 大同和小康,这里是紧密不可分的,又是有严格区别的社会发展两个阶段。这两个阶段,一个是"天下为公",一个是"天下为家",一个是货力不为已的阶段,一个是货力为自己的阶段。为什么在墨子著作中根本看不到这种区分呢? 小康说强调以礼治国,而墨子是反对儒家"繁饰礼乐以淫人"(《墨子·非儒下》)的。他始终是以尚贤、兼爱、尚同、非攻、节葬、节用、非命、非乐、天志、明鬼等十大政治主张来治国的,他根本没有说他的思想原则适用于小康社会,还是大同社会。如果说大同说属于墨子,小康说属于孔子,与墨子无关,这不是把大同思想和小康思想完全割裂开来了吗? 这合乎逻辑吗?

第五,在《礼运》篇中,孔子对古代帝王是有严格区分的。他认为尧舜是"天下为公"时期的帝王,而禹、汤、文、武、成王、周公是小康时期的帝王和政治首领,他称为"六君子"。可是在《墨子》中,我们可以看出,它根本没有这种区分。他在谈到尚贤、兼爱、尚同、非命等思想时,都是笼统地把尧、舜、禹、汤、文、武联在一起,把他们看成代表人物的,他从未说过夏禹以后的王位是世袭的,是"天下为家"的产物,也未说过商汤、周文王、周武王是具有

———————————

[①] 蔡尚思:《中国传统思想总批判》,长沙:湖南人民出版社,第78页。

"家天下"思想的帝王,没有指出他们的思想境界和尧舜之间的巨大差别。这都说明《礼运》篇的思想与墨子无关,它只能属于孔子。

总之,我认为蔡尚思先生和古棣先生的说法理由不可靠。大同社会的理想确实是孔子提出来的,是孔子的思想理论成果。他为人类社会提出了大同社会和小康社会的思想学说,其功绩是不容抹杀的。

环顾当今文明社会火车站的乞讨和街头孤寡残疾者的无奈,古人天下为公、协和万邦的思想总是在不断叩击着人们的心。不久前,我还写下了几句顺口诗,我在这里写下来,就作为本文的结尾吧!

　　　　读《礼运》有感
　　　大同社会常顾盼,
　　　科技兴邦争年年。
　　　万国共处黎民福,
　　　山花烂漫竞艳妍。

后 记

　　本书在出版过程中,碰到了经费困难。由于我已于 1991 年退休,按郑州大学的规定,是不能给予科研经费的。我向学校领导求援,幸得郑永扣书记和高丹盈副校长的特别关注,要社科办以万元重金作为奖励。资金不足部分,又获郑州大学出版社给予补贴。就这样,总算顺利地把书印出来了。在此,我特向郑州大学领导和郑大出版社的领导表示衷心感谢,感谢领导对老年退休知识分子的积极支持。要不然,我作为一个老年科研工作者,即使想老有所为,也只能是一句空话了。与此同时,我还要向郑大出版社的吕双喜、郜毅诸老师表示感谢,感谢他们以自己的辛勤劳动对我实实在在的帮助。

赵士孝

2013 年 6 月 17 日